ATALA, RENÉ,
LES AVENTURES DU
DERNIER ABENCÉRAGE

CHATEAUBRIAND

ATALA, RENÉ
LES AVENTURES DU DERNIER ABENCÉRAGE

Édition présentée et annotée
par
Jean-Claude Berchet

GF Flammarion

© Flammarion, Paris, 1996, pour cette édition.
ISBN : 978-2-0807-0862-5

INTRODUCTION

C'est au tome XVI de ses *Œuvres complètes* (juin 1826) que Chateaubriand décida de publier pour la première fois ensemble *Atala, René* et *Les Aventures du dernier Abencérage*, qui avaient connu depuis vingt-cinq ans une fortune diverse. Après la parution anticipée des « Amours de deux sauvages dans le désert » (1801), *Atala* et *René* avaient été intégrés dans le cadre du *Génie du christianisme* (1802), puis réunis dans une édition séparée dès 1805. En revanche, la diffusion du *Dernier Abencérage* avait été beaucoup plus confidentielle : quelques lectures devant un auditoire choisi dans les années 1812-1814. Pourquoi avoir ainsi associé à des ouvrages depuis longtemps célèbres une nouvelle inédite encore inconnue du grand public ? Sans doute Chateaubriand obéissait-il à des motivations commerciales : il fallait gonfler un volume qui, sans ce texte, aurait été un peu mince, et raviver la curiosité des lecteurs. Mais ce nouveau montage avait aussi pour conséquence inévitable une réévaluation du statut de ces trois œuvres. Leur réunion tardive dans un « espace romanesque » commun devenait une occasion, pour Chateaubriand, de restaurer une image de créateur (de fictions comme de personnages) que les aléas des publications antérieures avaient fini par brouiller. Avait-il été, en définitive, un romancier original, un *vrai* romancier ? C'est la question que nous pose ce volume à valeur de bilan au terme duquel le vieil écrivain se tournera vers la rédaction de ses *Mémoires*, tandis que de nouvelles étoiles viendront éclore dans le ciel du Romantisme.

Nous avons quelque mal, aujourd'hui, à situer cette période de notre histoire littéraire dans le cadre figé du découpage par siècles que nous impose encore la tradition universitaire. Ou alors, il faudrait dire que le « siècle » de Chateaubriand commence avec la mort de Montesquieu, et qu'il se termine avec celle de Balzac. En son milieu, la Révolution, qu'on aura réussi à traverser, comme un fleuve débordé, mais qui demeure au centre de toutes les pensées, de tous les cauchemars. Pour comprendre la première partie de son œuvre, il faut donc moins songer au Romantisme dont la problématique le concerne à peine, qu'à la crise des Lumières. Chateaubriand a grandi au moment précis où le rationalisme optimiste des « philosophes » va se trouver compromis dans la faillite sanglante de la Terreur. Adam a goûté au fruit défendu de la science ; au lieu de devenir « semblable à Dieu », il aperçoit qu'il est nu. Œdipe croyait régner dans la clarté paisible des énigmes résolues ; il ne découvre plus, au cœur de sa destinée, qu'inceste et parricide. Il ne reste plus à Prométhée qu'à se ronger le foie, c'est-à-dire à nourrir un intense sentiment de culpabilité. Grandeur et bassesse, contradictions du cœur humain : la génération de Chateaubriand va pouvoir relire Pascal, et redécouvrir, dans le *Paradis perdu*, un mythe à sa mesure. S'il est un horizon de lecture pour ces trois textes, c'est bien celui-là.

Voilà donc un homme qui est né dans les dernières années du règne de Louis XV. Lorsque moururent, à quelques semaines de distance, Voltaire, puis Rousseau, c'était un gamin enfermé depuis un an au collège de Dol, et qui attendait avec impatience le moment de passer ses secondes vacances à

Combourg. Mais, si enraciné qu'il fût dans une province de la vieille France « catholique et royale », ce Malouin avait aussi passé son enfance dans une cité ouverte au vent du large : il avait compris que sa chère Bretagne ne le vouait pas seulement au repli sur soi dans un univers mélancolique et clos de bocages, de landes ou de futaies, mais qu'à son « vaste appétit », elle offrait aussi « un océan sans borne et des mondes inconnus ». Ce fut, dans la rade de Brest, la révélation de ses quinze ans. Son imagination ne cesserait plus, désormais, de se structurer à partir de cette double postulation inscrite dans le paysage natal. Le besoin de circonscrire son existence, sans jamais rompre le cordon ombilical du moi intime, ira sans cesse de pair avec le désir non moins irrépressible de la répandre dans les espaces illimités du désir.

Chateaubriand devra néanmoins patienter quelque peu avant de pouvoir réaliser sa vocation de voyageur. Refusé par la marine royale à laquelle, enfant, il avait été destiné, il se retrouve, à vingt ans, modeste sous-lieutenant dans de médiocres garnisons, après avoir reculé autant que possible le moment de prendre un état (ce sera le problème de René), et quitté pour toujours le château paternel. Le régiment de Navarre ne lui offre, à la veille de la Révolution, aucune perspective de carrière, mais lui laisse, en revanche, beaucoup de loisir. De 1786 à 1791, le chevalier de Combourg (le titre de comte de Chateaubriand est réservé à son frère aîné) va donc partager son temps libre entre la Bretagne et Paris. Son esprit est déjà orienté vers la littérature, mais il lui reste encore bien des choses à apprendre. Aussi est-il animé du plus vif désir de rencontrer ses illustres contemporains. Par chance, sa sœur Julie, comtesse de Farcy, et Lucile, la compagne spectrale de son adolescence, sont parvenues à se constituer, dans la capitale, un petit cercle littéraire : occasion rêvée, pour leur jeune frère, de côtoyer les célébrités du moment, le Breton Ginguené, Delisle de Sales, le poète Lebrun, Parny, Chamfort même...

Mais Chateaubriand se cantonne alors dans un rôle

de figuration respectueuse, ayant conscience de sa « nullité ». Il travaille en secret, avec acharnement, pour combler les lacunes de son éducation. Il est alors un autodidacte inexpérimenté, timide, muet : observateur ébloui de cette volière où le moindre oisillon passe pour un aigle. Il lui arrive aussi de prendre, non sans soulagement, la route de Fougères où, depuis leur mariage, vivent ses autres sœurs. Là, dans une atmosphère familiale détendue, il se montre sous un autre jour : plus naturel, plus communicatif, mais déjà « travaillé » par son futur personnage :

> « En dépit de mes goûts naturels, je ne sais quoi se débattant en moi contre l'obscurité me demandait de sortir de l'ombre [...]. Je sentais donc dans mon existence un malaise par qui j'étais averti que cette existence n'était pas ma destinée. »

Que faire, lorsque la route tracée ne mène plus nulle part ? Chercher un nouvel itinéraire ; se fixer un autre objectif. Or, pour un jeune officier sans vocation, la carrière militaire se transforme alors en impasse. Néanmoins, Chateaubriand attendra pour se « retirer » les décrets de septembre 1790 qui lui enlèvent toute chance de promotion et, de surcroît, exigent un serment de fidélité à la Constitution qu'il se refuse de prêter, comme beaucoup de ses camarades. C'est qu'envers la Révolution commençante, malgré une sympathie proclamée pour les « idées générales de liberté et de dignité humaine », il se montre réservé : « belle âme » idéaliste, il désire demeurer au-dessus des partis, parce qu'il répugne à descendre dans une arène qu'il juge trop encombrée par les rivalités personnelles.

Dans ce contexte, la littérature apparaît bien comme un antidote de la politique. Elle aurait pu ne pas conduire Chateaubriand beaucoup plus loin que le célèbre *Almanach des Muses* qui, dans ses étrennes poétiques de 1790, publie un « Amour de la campagne » signé : « le Chevalier de *** », son premier texte imprimé. Mais déjà il songe à une entreprise plus ambitieuse, que les circonstances vont favoriser :

« J'étais encore très jeune lorsque je conçus l'idée de faire l'épopée de l'homme de la nature, ou de peindre les mœurs des Sauvages en les liant à quelque événement connu » (*Atala*, préface de la 1re édition). Cette double perspective, à la fois littéraire et didactique, est symptomatique de cette fin de siècle qui pratique volontiers le mélange des genres. Au moment même où Chénier ébauche son *Hermès* et son *Amérique*, Chateaubriand, lui, pense à une épopée anthropologique où serait mis en scène, dans un décor et à travers une histoire spécifiques, le thème du Bon Sauvage.

Dès cette époque fut élaboré un premier scénario que Jean Pommier a pu reconstituer avec une forte probabilité. Prenant comme point de départ une histoire racontée par Charlevoix (la déportation frauduleuse de chefs indiens en 1687 par le gouverneur du Canada), Chateaubriand aurait raconté les aventures de Chactas, promenant son héros, comme Voltaire son Ingénu, dans la France de Louis XIV, puis le ramenant dans sa patrie après lui avoir fait parcourir, comme à Candide, des contrées exotiques. Ces voyages du jeune Chactas auraient été à la fois des voyages « pittoresques » et des voyages « philosophiques » ; ils se seraient terminés par un retour au pays natal, c'est-à-dire au Canada, puisque dans cette version primitive, en effet, Chactas aurait été un Huron, ou un Iroquois. Ce noyau des *Sauvages* (ce fut le titre initial de cette œuvre au contour encore flou) a subsisté dans les livres V à VIII des *Natchez* : il comprenait *Atala* dans sa forme la plus ancienne. Le choix de ce sujet était conforme à une opinion répandue : la seule épopée moderne des Européens avait été, outre les Croisades, la découverte et la conquête du Nouveau Monde. Néanmoins, pour échapper à la platitude du récit « idéologique », mais captiver aussi les imaginations, cette histoire avait besoin de « vraies couleurs ». Chateaubriand comprenait bien que pour faire œuvre originale, il lui faudrait « immerger » ses personnages dans le cadre grandiose de paysages

américains qui, pour le moment, attendaient encore
un peintre à leur mesure. C'est ainsi que se forma peu
à peu dans son esprit le projet de « passer en Amérique ». Sans doute les motivations réelles de ce
voyage furent-elles plus complexes. Mais le souci de
lier à une enquête sur le terrain une œuvre littéraire
correspondait bien à un certain air du temps. Lorsque
Marmontel avait publié ses *Incas* en 1777, on avait
incriminé le caractère conventionnel de ses descriptions. En revanche, le triomphe de *Paul et Virginie*
(1788) venait de souligner avec éclat combien la littérature de voyage pouvait enrichir la littérature de fiction. Grâce à des observations faites vingt ans plus tôt
dans les îles de France et Bourbon, Bernardin de
Saint-Pierre avait pu créer un véritable roman exo-
tique. A son tour Chateaubriand découvrirait un
cadre neuf pour une aventure exemplaire. Volney
était allé, de son côté, méditer sur les ruines des sociétés corrompues ; il irait, lui, contempler une démocra-
tie à son berceau, puis se mêler à des enfants de la
nature dans des paysages qui avaient conservé la grandeur des origines.

La mise en œuvre de ce programme soulevait bien
entendu des difficultés. La chance de Chateaubriand
fut alors de rencontrer un personnage hors du commun qui, contre toute attente, lui fit confiance. Son
frère Jean-Baptiste avait épousé, au mois de
novembre 1787, la petite-fille de Christian-Guillaume
de Lamoignon de Malesherbes. Ancien directeur de la
Librairie, ancien ministre de Louis XVI (avant de
devenir, en 1793, son défenseur), ancien protecteur
des Encyclopédistes et correspondant de Rousseau,
Malesherbes représente ce qu'il y a de meilleur dans la
noblesse parlementaire. A près de 70 ans, quoique
retiré des affaires, il demeure un conseiller très
écouté ; toujours passionné de géographie et de botanique, il continue, en quelque sorte, la tradition des
Lumières. Il fit bon accueil au jeune Breton, devenu
plus ou moins son parent par alliance, et trouva plaisir
à jouer auprès de lui le rôle de Mentor. Il lui ouvrit sa

bibliothèque, remplie des récits de voyages les plus récents, se pencha avec lui sur des cartes, et déploya devant ses yeux émerveillés les planches en couleurs de la monumentale *Histoire naturelle de la Caroline, de la Floride*, etc. de Mark Casteby, qu'il était un des rares Français à posséder. Mais il lui suggéra sans doute de donner aussi à son expédition un « but utile ». Depuis longtemps, les géographes se demandaient s'il existait, au nord-ouest du continent américain, une voie maritime permettant de relier la baie d'Hudson au Pacifique. La question est encore indécise : elle ne sera résolue (par la négative) qu'à la fin du siècle, par Mackenzie. Chateaubriand camoufla donc ses arrière-pensées littéraires sous un objectif « scientifique » : découvrir le passage du nord-ouest, ou du moins procéder à une exploration préparatoire. Il a raconté dans ses *Mémoires* (V, 15) comment le vieillard illustre, plus excité encore que son romanesque disciple, lui « montait la tête » sur ce projet qui, malgré (ou à cause de) son caractère insensé, finit par se réaliser; on trouva le moyen de financer le voyage et, le 7 avril 1791, quelques jours après la mort de Mirabeau, François-René de Chateaubriand prenait la mer à Saint-Malo : il avait 22 ans et sept mois.

La traversée fut longue, ralentie par des escales à Graciosa (archipel des Açores) et à Saint-Pierre (près de Terre-Neuve). Enfin, le 10 juillet 1791, le voyageur foulait le sol américain, à Baltimore. Il commença par visiter les villes de la côte Est (il avait une lettre du marquis de La Rouerie à remettre au président Washington), puis gagna la région des Lacs où il fut obligé de séjourner trois semaines, en août, près des chutes du Niagara, pour soigner une fracture occasionnée par une chute de cheval. On ignore quel fut ensuite son itinéraire exact; il se rendit, par portage, à Pittsburg pour descendre vers le bassin du Mississipi, mais ne poussa sans doute pas plus loin que le Tennessee (où il placera, dans *Atala*, la mission du père Aubry). Il repassa les Appalaches pour regagner Philadelphie dans le cours du mois de novembre.

Fort désargenté, Chateaubriand trouva néanmoins un passage pour la France. Le voyage de retour fut beaucoup plus rapide : poussé par un vent violent, et malgré une tempête essuyée au large du Cotentin, le jeune homme arriva au Havre le 2 janvier 1792.

Cette aventureuse expédition fut sans doute comprise comme une dernière folie de jeunesse : « Voilà une belle équipée! », aurait pu répéter le père, comme au retour de Brest. Cette fois, néanmoins, la famille de Chateaubriand ne tarda pas à lui présenter la note à payer, en lui faisant épouser, le 21 février suivant, à Saint-Malo, une inconnue qui avait des « espérances ». Le jeune couple gagne ensuite Paris, où Chateaubriand avait rendez-vous avec Malesherbes. En réalité, il ne songeait qu'à repartir, et ce dernier aurait alors accepté de « présenter (ses) plans au gouvernement ». Mais il rapportait surtout les « premiers fragments » de ce qui allait devenir *Atala*. Le voyageur avait peut-être échoué à découvrir le monde polaire; mais *là-bas*, ses rêves avaient pris une forme éclatante; il avait rencontré une « muse inconnue » à laquelle il avait juré fidélité pour toujours : « Je recueillis quelques-uns de ses accents; je les marquai sur mon livre, à la clarté des étoiles, comme un musicien vulgaire écrirait les notes que lui dicterait quelque grand maître des harmonies » (*Mémoires*, VII, 7; Bordas, t. 1, 1989, p. 406). C'est dans ce sens que Chateaubriand pourra déclarer : « *Atala* a été écrite dans le désert, et sous la hutte des sauvages »; comme cette « Nuit chez les Sauvages » qu'on lira bientôt à la fin de son *Essai historique*, mais qui, dès ce printemps 1792, aurait été « connue des gens de lettres de Paris » et, paraît-il, « fort applaudie ». Ainsi, à 23 ans, il commence à faire ses gammes. Quatre ans après la parution de *Paul et Virginie*, il ambitionne de devenir une sorte de Bernardin de Saint-Pierre américain qui élargirait le cadre un peu étriqué de la pastorale des mers du sud à la dimension épique du Nouveau Monde.

Mais les événements vont venir contrecarrer ces projets littéraires. Le processus révolutionnaire se

radicalise à Paris ; Chateaubriand est obligé de partir
le 15 juillet pour rejoindre, avec son frère, les émigrés
que le prince de Condé est en train de rassembler en
Rhénanie, afin de marcher sur la capitale en même
temps que les troupes du roi de Prusse. S'il abandonne sa femme (il ne la retrouvera que douze ans
plus tard), il emporte avec lui « le manuscrit de (son)
voyage » : il a raconté, au livre IX de ses *Mémoires*,
comment ces « précieuses paperasses » le protégèrent
des balles au siège de Thionville, tout en lui faisant
« cracher le sang », à cause de leur poids. Le voilà
donc engagé à contrecœur (et du mauvais côté) dans
une guerre sans avenir. Le 20 septembre, Valmy
sonne le glas des espérances royalistes et entraîne la
dispersion des émigrés. Démobilisé, blessé, malade,
Chateaubriand arrive à prendre, à Ostende, un bateau
pour Jersey ; de là, une fois sa convalescence terminée,
il gagne Londres au mois de mai 1793. C'est un exil
de sept ans qui commence, avec pour seul héritage un
nom qui suffit à le rendre suspect dans son propre
pays. Les plus belles années de la vie ont été pour
Chateaubriand des années de « galère » : difficultés
matérielles, ennuis de santé, solitude affective, mais
encore plus morale. Très tôt il a eu le sentiment obsé-
dant qu'une sorte de malédiction pesait sur sa « génération perdue » :

> « Malheureux, ô vous qui commencez à vivre quand
> les révolutions éclatent ! Amour, amitié, repos, ces
> biens qui composent le bonheur des autres hommes,
> vous manqueront ; vous n'aurez le temps ni d'aimer ni
> d'être aimés. Dans l'âge où tout est illusion, l'affreuse
> vérité vous poursuivra. »

C'est de ce malheur de vivre qu'il a voulu tirer une
œuvre.

Au cours de cette odyssée mouvementée, Chateaubriand avait-il réussi à sauver son manuscrit américain ? C'est bien peu probable. Dans une note de
1797, il déplore la disparition à peu près totale de ses
premiers écrits : « J'étais destiné à perdre dans la
Révolution, fortune, parents, amis, et [...] le fruit des

travaux de la pensée, seul bien peut-être qui soit réellement à nous. » (*Essai historique*, p. 443.) Le plus urgent était donc de se remettre au travail et de recomposer de mémoire ce qu'il avait déjà rédigé. Encore fallait-il résoudre le problème du pain quotidien. Pour les émigrés pauvres, comme Chateaubriand, le début du séjour anglais fut très pénible (voir le livre X des *Mémoires*) ; mais on ne tarda pas à se serrer les coudes et le bouche à oreille fonctionna bien. C'est ainsi que le « chevalier de Combourg » trouva un emploi de professeur de français dans une école paroissiale du Suffolk, où il demeura près de trente mois (janvier 1794-juin 1796). La *gentry* locale ainsi que le clergé anglican lui firent bon accueil. Il y avait là une tradition de culture bien étrangère à la province française, et des bibliothèques fournies. Parmis les hôtes de Chateaubriand, certains avaient voyagé, comme le pasteur Ives, qui avait été missionnaire en Amérique. Sa fille Charlotte (comme dans *Werther*) fut la première à émouvoir le cœur du jeune homme ; elle avait 16 ans lorsque leur idylle se dénoua brusquement : il était déjà marié ! Elle ne devait laisser de traces que dans les réincarnations ultérieures de la Sylphide...

Nous ignorons si Chateaubriand consacra beaucoup de temps à ses chers Indiens au cours de cette période, car la sanglante actualité ne devait pas tarder à se rappeler à son esprit : au mois de mai 1794, un journal lui apprenait la mort de son frère, de sa belle-sœur et de Malesherbes, guillotinés à Paris le 22 avril. Sans doute est-ce peu après qu'il se lança dans un ouvrage plus approprié à la situation présente : une histoire comparée des révolutions « anciennes et modernes » ; vaste sujet qui exigeait une documentation considérable, mais auquel il ne se priva pas non plus de mêler des souvenirs de ses voyages : c'est par exemple dans une note de ce livre qu'on trouve sa première description des chutes du Niagara, transportée ensuite dans *Atala*. Revenu à Londres au milieu de 1796, Chateaubriand se hâta de terminer la première partie de son ouvrage (celle qui concerne les révolutions grecques) qui devait paraître le 18 mars 1797 sous le titre suivant : *Essai historique, politique et moral sur les révolutions anciennes et modernes considérées dans leurs rapports avec la révolution française*. Mais il ne devait jamais publier la suite. Tandis qu'à Paris se poursuivait la réaction thermidorienne, Chateaubriand songea même à revenir en France et, dans cette perspective, se tourna de nouveau vers son manuscrit des *Sauvages*, comme nous le prouve une note de cette époque : « Si la paix se fait, j'obtiendrai aisément ma radiation, et je retournerai à Paris, où je prendrai un logement au Jardin des Plantes ; je publierai mes *Sauvages*, et je reverrai toute ma société » (*Essai*, variante a, p. 1531). De 1797 à 1798, le scénario initial est revu, le titre est modifié. Dans une lettre du 6 janvier 1798, il propose à un libraire parisien « un roman à grands traits et à grands caractères » intitulé *René et Céluta*. Quatre mois plus tard, il choisit un autre titre, auquel il se tiendra désormais : *Les Natchez*. *Atala* et *René* ont commencé par être des épisodes intégrés à ce vaste ensemble narratif. Pour retrouver leur contexte, il est indispensable de retracer brièvement les grandes lignes de cette étrange saga, contemporaine du dernier Sade ou du roman noir anglais.

Vers 1725, un Français nommé René arrive en Louisiane. Il demande à être admis dans la tribu des Natchez, établis près du Mississipi, sur les rives duquel se sont aussi installés des colons européens, sous la protection du fort Rosalie. Un sachem aveugle, Chactas, accepte de le prendre pour fils, malgré la sourde hostilité de certains de ses compatriotes. René ne tarde pas à se mêler à la vie des Indiens ; il cherche à oublier un passé qu'il préfère ne pas divulguer. Il inspire bientôt un amour discret à la jeune Céluta, repousse les agaceries charmantes de la petite Mila. Une chasse au castor offre à Chactas une occasion de raconter son histoire à René : son inconsolable passion pour Atala, puis ses voyages dans la France de

Louis XIV et de Fénelon, ses interminables errances parmi les solitudes glacées du Labrador, son passage chez les Sioux du Canada, enfin son retour auprès des siens. Une maladresse de René déclenche ensuite une guerre entre les Natchez et les Illinois, qui, malgré sa bravoure, font prisonnier le jeune Blanc. Il est alors sauvé du poteau de torture par son ami Outougamiz, frère de Céluta, que René finit par épouser, par reconnaissance. Mais ce mariage se révèle un échec. Malgré la fille que lui a donnée Céluta, René se détourne de sa femme. Il est du reste en butte à la jalousie du féroce Ondouré qui intrigue pour dresser les Natchez contre les Français, puis dénonce son rival comme traître au gouverneur de La Nouvelle-Orléans ; mais René se disculpe, tandis que Céluta se lance à sa recherche. Revenu parmi les Natchez, il accepte enfin de confier son secret au père Souël, ainsi qu'à Chactas : c'est en vain qu'il a longtemps cherché à assouvir un désir insatiable, ne parvenant qu'à inspirer à sa sœur Amélie un coupable amour qu'il expie désormais, loin de sa patrie, comme sa propre faute, incapable de goûter le moindre bonheur sur la terre. Cette « confession déplorable » prélude à la dispersion des protagonistes, qui elle-même ouvre la voie vers la catastrophe finale. Avec la mort paisible de Chactas au milieu des siens, disparaît le dernier obstacle au soulèvement général des Indiens, qui se termine par un massacre. Outougamiz est tué au combat, René assassiné par Ondouré qui viole Céluta au milieu du carnage. Les vaincus se dispersent ; bientôt Céluta se précipite dans une cataracte inconnue, en compagnie de Mila. Un demi-siècle plus tard, un voyageur étranger rencontre, près des chutes de Niagara, un jeune couple qui berce un enfant mort : c'est le dernier Natché, arrière-petit-fils de René et de Céluta.

En choisissant comme sujet principal la révolte des Natchez, puis leur anéantissement, Chateaubriand a déplacé le centre de gravité de son histoire vers un sud imaginaire qu'il a reconstitué à partir de sources livresques. Mais, à la faveur des épisodes secondaires, et sans trop tenir compte des distances réelles, il ne manque pas une occasion de conduire ses personnages vers les régions plus septentrionales (le Canada, au sens large du XVIIIe siècle) qu'il connaissait. Ainsi, les Natchez de Louisiane vont-ils chasser le castor jusque dans « les magnifiques déserts du Kentucky » et c'est sur la « belle rivière », cet Ohio qu'il avait lui-même descendu en automne, qu'il situe le récit de Chactas. Le procédé est encore plus visible dans *Atala* qui commence dans les parages de la Floride pour se terminer dans le Tennessee (où se trouve la mission du père Aubry), tandis que le cadre élargi de la narration transporte le lecteur du Mississipi (prologue) à Niagara (épilogue) ; c'est là une sorte de rapatriement autobiographique de la fiction.

De son côté, le système des personnages souligne le parallélisme de Chactas et de René. Confrontés dès le début, ils ne sont pas seulement unis par une relation symbolique. Tour à tour placés dans une situation réciproque de narrateur et de narrataire, ils ont le privilège de se raconter directement leur propre histoire, et c'est ainsi que vont prendre forme les épisodes que Chateaubriand intitulera plus tard *Atala* et *René*. Les *Natchez* de 1798 (nous ne les connaissons que par une version tardive de 1826) se voulaient donc à la fois une *Iliade* et une *Odyssée*. La technique narrative relevait aussi bien de la tradition épique que du roman alexandrin ou baroque : début *in medias res*, retour en arrière, enchâssement de séquences, scènes de terreur, descriptions merveilleuses, etc. On y rencontre des combats, des fêtes, des assemblées de guerriers, des rivalités amoureuses, une amitié exemplaire. Au cœur du récit, un véritable enjeu épique : la confrontation de la nature et de la civilisation à travers une guerre coloniale ; mais aussi des aventures exotiques (les navigations de Chactas ; peut-être les voyages de René) et même une sorte de romanesque ethnographique où la fable se découvre un alibi scientifique.

Nous ne savons pas ce qui empêcha la publication

des *Natchez* au printemps 1798. Chateaubriand se laissa convaincre par son ami Fontanes qu'il fallait retravailler son manuscrit pour lui donner une présentation plus classique, mais il ne tarda pas à se dégoûter lui-même de cette entreprise absurde. C'est qu'à trente ans passés, le « solitaire anglais » est amené à dresser un bilan morose de son exil prolongé : la guerre incessante, la république redevenue jacobine après Fructidor, des relations de plus en plus difficiles avec Paris et son milieu littéraire, une existence précaire, un horizon bouché. Il en résulte une angoisse grandissante qui explique la crise religieuse de 1799. Selon Chateaubriand, la mort de sa mère, puis celle de sa sœur, auraient frayé le chemin à la grâce : « J'ai pleuré et j'ai cru. » Au lieu de suspecter la sincérité de cette conversion, il faut comprendre son sens : qu'elle surgisse dans une expérience de la déréliction, cela ne fait guère de doute ; mais elle actualise aussi, à sa manière, un besoin plus diffus de se retremper dans une certitude, de rejoindre une communauté, de retrouver une identité. On ne saurait non plus réduire à une simple conduite régressive de *retour* à la religion maternelle ce qui déboucha sur la réorientation de toute une vie. Par son adhésion renouvelée à la promesse de son baptême, Chateaubriand ne se replie pas sur le passé. Le Dieu chrétien lui restitue au contraire la plénitude de son avenir. En réaffirmant une espérance et une foi, le gentilhomme déraciné réaffirme une volonté. Il découvre, sans le savoir, un moyen à sa portée de « reprendre » au réel, donc de continuer à écrire.

Il va désormais se consacrer, avec un zèle de néophyte, à cette nouvelle mission : célébrer les *Beautés de la religion chrétienne*. Au début, il ne songe qu'à un opuscule de circonstances ; puis, se prenant au jeu, il le développe, au fil des mois, dans des proportions de plus en plus considérables pour aboutir, trois ans plus tard, au *Génie du christianisme*. Cette stratégie implique le sacrifice provisoire des *Natchez* : pour enrichir le nouvel ouvrage de ses perles les plus rares,

Chateaubriand va puiser largement dans son manuscrit américain, comme le prouvent les épreuves qu'il fit imprimer à Londres au mois de décembre 1799. Certes, à réutiliser de la sorte des passages naturalistes ou « harmoniques » prévus pour une autre destination, à vouloir enrôler *ad majorem Dei gloriam* Natchez ou Siminoles, baleines ou carcajous, et les « ours enivrés de raisins », et les « crocodiles cachés sous les tamarins des fleuves », Chateaubriand ne pouvait qu'offusquer les puristes de la morale ou de la théologie (par exemple, toute la tradition janséniste) ; mais il prenait aussi le risque inverse de compromettre la sauvagerie de son inspiration initiale.

Dans le même temps, les événements politiques lui offraient une occasion de ralliement. Le 18 Brumaire (9 novembre 1799), le général Bonaparte avait mis fin au régime directorial, de plus en plus déconsidéré. Son programme de réconciliation nationale ne se précisera que peu à peu, mais il a de quoi séduire les émigrés modérés comme Chateaubriand. Ces exilés involontaires sont par avance disposés à reconnaître le nouveau pouvoir, pourvu que leur soit reconnu, dans des conditions acceptables, un droit au retour. Or, Fontanes, le grand ami du moment, est rentré en France. Il a su gagner la faveur du Premier Consul. Il presse donc Chateaubriand de venir le rejoindre à Paris, en lui faisant espérer une assez prompte radiation de la liste des émigrés (c'est-à-dire une amnistie pour son passé contre-révolutionnaire). Ce dernier se laisse convaincre : le 6 mai 1800, pour la première fois depuis sept ans, il foule à Calais le sol de sa patrie. Bien sûr, il a fallu prendre des précautions. Chateaubriand débarque sous une fausse identité, sans bagage trop voyant. S'il apporte avec lui les bonnes feuilles du *Génie du christianisme*, une malle entière de papiers est restée à Londres avec, entre autres choses, la version intégrale des *Natchez*. Il a néanmoins eu soin de prélever sur ce manuscrit de courtes séquences utilisables séparément : le début du récit de Chactas, et la confession de René. Présenté de manière explicite

comme un « épisode des *Natchez* », le premier de ces
fragments fut publié le 2 avril 1801 sous ce titre :
Atala, ou les amours de deux sauvages dans le désert.
C'est, écrit Chateaubriand dans la préface de cette
première édition, « une anecdote extraite de mes
voyages en Amérique », que les circonstances auraient
amenée à paraître un peu plus tôt que prévu. En
dehors même de raisons financières évidentes, cette
publication anticipée obéissait en réalité à une double
stratégie : il lui fallait se faire connaître au plus vite
sous un jour favorable, pour accélérer la régularisation
de sa situation administrative ; il fallait aussi préparer
le public en lui donnant un avant-goût du futur *Génie
du christianisme*. Ces objectifs furent remplis au-delà
de toute espérance. *Atala* fut un triomphe, et les polé-
miques qu'elle déclencha ne furent qu'un hommage
de plus. Chateaubriand avait signé son livre de son
véritable nom : le 21 juillet 1801, Napoléon contre-
signa enfin son arrêté de radiation ; ce qui allait lui
permettre de consacrer un été paisible à mettre la dernière main à son ouvrage sur le christianisme.

Au début de la nouvelle, le narrateur avait présenté
un personnage énigmatique, ce « Français nommé
René » qui ne joue dans *Atala* aucun autre rôle que
celui de destinataire du récit de Chactas. Lorsque fut
enfin publié, un an plus tard, le *Génie du christianisme*
(avril 1802), Chateaubriand ne se contenta pas de
reprendre *Atala* pour illustrer les « Harmonies de la
religion chrétienne avec les scènes de la nature et les
passions du cœur humain », il inséra aussi dans sa
« Poétique du christianisme » la vie de ce René,
comme un cas spécifique de passion moderne. Ainsi,
René allait constituer le livre IV de la seconde partie,
Atala le livre VI de la troisième partie, chaque partie
étant alors composée de 6 livres. Désormais détaché
de son support narratif initial des *Natchez*, chacun de
ces « épisodes » devenait une sorte de nouvelle auto-
nome. Bien entendu, pour les adapter à leur nouveau
cadre, il avait fallu revoir leur texte. Le gros du travail
porta sur les conclusions. Si celle de *René* ne posa sans

doute pas de problème particulier à Chateaubriand (le discours du père Souël se borne à résumer sa propre expérience), celui-ci a lui-même raconté les difficultés que lui causa le remaniement du discours du père Aubry dans *Atala* : « Avant de risquer l'ouvrage au grand jour, je le montrai à M. de Fontanes : il en avait déjà lu des fragments manuscrits à Londres. Quand il fut arrivé au discours du père Aubry, au bord du lit de mort d'Atala, il me dit brusquement d'une voix rude : "Ce n'est pas cela ; c'est mauvais ; refaites cela !" Je me retirai désolé ; je ne me sentais pas capable de mieux faire. Je voulais jeter le tout au feu ; je passai depuis huit heures jusqu'à onze heures du soir dans mon entresol, assis devant ma table, le front appuyé sur le dos de mes mains étendues et ouvertes sur mon papier. J'en voulais à Fontanes ; je m'en voulais ; je n'essayais pas même d'écrire, tant je désespérais de moi. Vers minuit, la voix de mes tourterelles m'arriva adoucie par l'éloignement et rendue plus plaintive par la prison où je les tenais renfermées : l'i..spiration me revint ; je traçai de suite le discours du missionnaire, sans une seule interligne, sans en rayer un seul mot, tel qu'il est resté et tel qu'il existe aujourd'hui. Le cœur palpitant, je le portai le matin à Fontanes, qui s'écria : "C'est cela ! c'est cela ! je vous l'avais bien dit, que vous feriez mieux !" » (*Mémoires*, XIII, 6 ; t. 2, p. 28.)

Autant Chateaubriand accepte de christianiser Atala, autant il se refuse à éluder la brûlante révolte du Sauvage : « Périsse le Dieu qui contrarie la nature ! Homme, prêtre, qu'es-tu venu faire dans ces forêts ? » À la terrible apostrophe de Chactas, le père Aubry ne pouvait apporter qu'une réplique énergique et digne de sa foi : ce qui produit un dialogue « électrique » entre la Nature et la Grâce. Car, même replacés dans le *Génie du christianisme*, ni *Atala* ni *René* ne se veulent des histoires édifiantes. La perspective religieuse qui les oriente désormais, loin de les affadir, leur confère au contraire une intensité plus forte, ainsi qu'une valeur exemplaire. La thèse du livre est que le

christianisme a, pour ainsi dire, créé la psychologie
ou, du moins, qu'il lui a donné une profondeur
inconnue des Anciens. Il a donc renouvelé la « poétique » des caractères, aussi bien que celle des passions. Du reste, la religion chrétienne doit être « consi-
dérée elle-même comme passion ». Chateaubriand se
propose de démontrer que, sur le plan littéraire (le
seul qui soit le sien), le sens du péché apporte une
richesse supplémentaire, et que, par exemple, dans la
série des « grandes amoureuses », Héloïse, Phèdre,
Julie sont plus *intéressantes* que Didon. C'est comme
preuve de la complexité croissante du « cœur
humain », de ses impasses ou de ses contradictions
lorsqu'il est livré à lui-même, qu'est cité le cas de
René : le premier névrosé des temps modernes !

René faisait partie de la section du *Génie du christianisme* intitulée « Poétique » (seconde partie) ; *Atala* termine en revanche, de manière peut-être moins
convaincante, la section « Beaux-Arts et littérature »
(troisième partie). Là, elle succède à un livre qui, sous
couleur de traiter des « Harmonies de la religion chrétienne », évoque les effets pittoresques des ruines, les
sites des monastères, les dévotions populaires. A sa
suite, au début de la quatrième partie, viendra le livre
consacré au culte (les cloches, la messe, les Rogations,
les funérailles, etc.). Un tel cadrage invite le lecteur à
ne pas sous-estimer la seconde moitié du texte : les
activités missionnaires du père Aubry, son rôle de
pasteur qui civilise les Indiens grâce à ses compé-
tences profanes (médecine, agriculture, etc.), mais
leur administre aussi les sacrements et sanctifie leur
vie, dans la meilleure tradition de la Compagnie de
Jésus. Par ailleurs, *Atala* renvoie, de manière plus
générale, à certains autres passages du *Génie* sur les
merveilles de la nature enfin rendue à sa grandeur primitive : « Le vrai Dieu, en rentrant dans ses œuvres, a
donné son immensité à la nature. » Il est donc facile de
justifier la présence dans le *Génie du christianisme*, de
ces anecdotes. Néanmoins, leur autonomie relative
(reproduisant du reste celle qui avait été la leur par

rapport au « récit premier » des *Natchez*) pouvait aussi
ouvrir la voie à une libération totale. Dès 1805, pour
répondre au vœu du public mondain, *Atala* et *René*
furent réunis dans une petite édition séparée ; mais ils
continuèrent à figurer, parallèlement, dans le *Génie*
jusqu'à la 5ᵉ édition incluse (1809). Puis, la rupture
fut consommée : le *Génie du christianisme* pourrait
désormais être mis sans danger entre les mains de la
jeunesse catholique, tandis qu'*Atala* et *René* poursui-
vraient une carrière indépendante, que devait consacrer la publication des *Œuvres complètes* de 1826.

Le Chateaubriand de 1802 avait à peu près épuisé
le filon américain. Sa nomination à Rome, comme
secrétaire de légation, au printemps 1803 ; le passage
des 35 ans ; la solitude retrouvée, dans un nouvel exil,
après la mort de son amie Pauline de Beaumont, vont
précipiter son évolution. Sa *Lettre sur la campagne
romaine* (1804) exprime déjà une vision désenchantée
du présent : « Aujourd'hui, [...] je suis beaucoup
moins sensible à ces charmes de la nature ; je doute
que la cataracte de Niagara me causât la même admiration qu'autrefois. Quand on est très jeune, la nature
muette parle beaucoup ; il y a surabondance dans
l'homme ; tout son avenir est devant lui [...] ; il espère
communiquer ses sensations au monde, et se nourrit
de mille chimères. Mais dans un âge avancé, lorsque
la perspective que nous avions devant nous passe derrière, [...] alors la nature est froide et moins parlante
[...] : nous nous suffisons moins à nous-mêmes ; la
solitude absolue nous pèse, et nous avons besoin de
ces conversations *qui se font le soir à voix basse entre des
amis.* » La solution consiste alors à se replier sur un
espace intime (celui de la rétrospection autobiographique) ou du moins privé (un cercle amical). Mais,
reprenant un peu plus tard, dans son *Itinéraire* (1811),
une opposition analogue, Chateaubriand lui donne
une orientation toute différente : « Je me rappelle
encore le plaisir que j'éprouvais autrefois à me reposer
ainsi dans les bois [...]. Il me faut à présent de vieux
déserts qui me rendent à volonté les murs de Baby-

lone ou les légions de Pharsale, *grandia ossa*!» A la
jouissance des espaces démesurés va donc se substituer la remontée vers les sources de notre passé :
double Histoire, à la fois sainte (la Bible) et profane
(la vie des hommes illustres de la Grèce et de Rome).
Là où elle a laissé son empreinte, le paysage est
devenu un texte. Dans le Nouveau Monde, le voyageur avait cru retrouver une origine mythique à travers la « pure immanence du sensible », même si cette
beauté de la nature pouvait renvoyer à la gloire du
Créateur. Cette origine est à rechercher désormais
dans la profondeur du temps qui constitue le Monde
Ancien comme un espace de mémoire, comme un
ensemble de vestiges à déchiffrer : inscriptions,
tombes, ruines, traces, signes... Nature/Histoire : ce
sera désormais la double dimension de son espace
imaginaire.

Dès lors Chateaubriand va se tourner vers des pays
qui ont quelque chose à dire. Il associe, comme autrefois, un projet de voyage à un projet littéraire. Avant
même de quitter Rome, il avait songé à visiter la
Grèce, pour compléter sa culture classique. De retour
à Paris, voilà qu'il ébauche un roman historique (le
premier du genre) intitulé : *Les Martyrs de Dioclétien*
(1804-1805). Il situe son histoire sous le Bas-Empire
romain et lui assigne un cadre très étendu : de la Judée
à la Bretagne, de la Germanie à la Thébaïde. Ce serait
encore un roman-voyage mais, cette fois, sur le
modèle du *Jeune Anacharsis*. Chateaubriand ne tarda
pas à éprouver le besoin de marcher lui-même sur les
traces de ses personnages et de parcourir à son tour le
terrain de sa propre fiction (c'était aussi, dans un
autre sens, réaliser les voyages imaginés pour René).
Telle est la raison explicite du voyage en Orient qui,
de juillet 1806 à juin 1807, va conduire le grand écrivain à Venise, Sparte, Athènes, Smyrne, Constantinople, Jérusalem, Alexandrie, Carthage... Autant de
cités magiques, pour la première fois réunies dans un
même « espace littéraire ». Dans la préface de son *Itinéraire*, Chateaubriand a souligné la dimension reli-

gieuse de ce voyage qu'il présente comme un pèlerinage « de Paris à Jérusalem ». Il voulait aussi « chercher des images » pour *Les Martyrs* et visiter les ruines des villes jadis célèbres. Mais il y avait une troisième raison :

> « Ai-je tout dit dans l'*Itinéraire* sur ce voyage commencé au port de Desdémone et fini au pays de Chimène ? Allais-je au tombeau du Christ dans les dispositions du repentir ? Une seule pensée remplissait mon âme ; je dévorais les moments : sous ma voile impatiente, les regards attachés à l'étoile du soir, je lui demandais l'aquilon pour cingler plus vite. Comme le cœur me battait en abordant les côtes d'Espagne ! »

Ce passage censuré des *Mémoires* (mais divulgué par Sainte-Beuve) nous révèle qu'au plus extrême occident de son périple, Chateaubriand avait rendez-vous avec une femme. A Grenade, au cœur de cette Andalousie déjà vantée par toute une tradition romanesque, le nouveau chevalier du Saint-Sépulcre, parvenu au terme de ses aventures, devait recevoir de sa dame la suprême récompense. Et rien ne nous empêche aujourd'hui de croire que le 12 ou 13 avril 1807, ayant enfin réussi à se rejoindre, François de Chateaubriand et Natalie de Noailles vécurent en effet, dans un Alhambra transfiguré par le clair de lune, des heures inoubliables.

Le retour à Paris fut suivi, pour lui, de graves ennuis. Amant comblé, voyageur fêté, il semble avoir un peu perdu la tête. Se croyait-il encore chargé de combattre monstres et démons ? Toujours est-il qu'il signa, dans le *Mercure de France* du 4 juillet 1807, un article où, sous couleur de rendre compte du *Voyage en Espagne* de Laborde (le propre frère de la comtesse de Noailles), il se crut obligé de comparer Napoléon (alors en train de prendre le thé, à Tilsitt, avec le tsar Alexandre Ier) à Néron ! La réponse ne se fit guère attendre : ce fut la suppression de la revue, et une interdiction de séjour dans la capitale pour le paladin de la liberté. Chateaubriand et sa femme achetèrent alors, dans un vallon sauvage de Châtenay, une « maison de jardinier » (le domaine de la Vallée-aux-Loups) qui sera leur résidence ordinaire jusqu'en 1814. Cette retraite fut productive. Il fallait commencer par retoucher le texte des *Martyrs de Dioclétien* à la lumière des impressions de voyage. Chateaubriand voulut aussi leur donner une forme épique (roman/épopée : c'est le dilemme déjà rencontré à propos des *Natchez*) ; si bien que le livre ne parut qu'au mois de mars 1809, avec un titre modifié : *Les Martyrs, ou le triomphe de la religion chrétienne*. Puis, au début de 1811, ce fut la publication de son *Itinéraire de Paris à Jérusalem*, que retarda la censure. Or, ces ouvrages ne font, pour ainsi dire, aucune mention du monde ibérique. Sans doute, dans *Les Martyrs*, cette absence pouvait-elle se comprendre : Fénelon avait déjà immortalisé la Bétique dans *Télémaque*. Mais c'était une omission plus surprenante dans le récit même du voyage où le séjour en Espagne du printemps 1807 se trouve si vite expédié. Pourquoi ce silence ? Parce que dans les premières semaines de 1810, alors qu'il achevait la rédaction de son *Itinéraire*, Chateaubriand avait composé une nouvelle inspirée par la rencontre de Grenade, et qu'il avait voulu réserver toutes ses images andalouses pour cette œuvre plus intime qu'il intitula : *Les Aventures du dernier Abencérage*. Dès le mois de mars 1810, il communiqua son manuscrit à la duchesse de Duras, mais il ne le publia pas. Il se contenta de le lire devant des auditoires choisis, réunis pour la circonstance : à Méréville, au domicile même de son enchanteresse, en 1812 ; à Paris, chez la comtesse de Ségur, en 1813 ; à Paris encore, au mois de juin 1814, dans le salon de Mme Récamier, en présence de Mme de Staël, du duc de Wellington et du prince de Metternich, pour ne citer que les plus illustres noms de la nombreuse assistance. Au mois de juillet 1820, c'est au tour de la duchesse de Berry de le lui demander. Chateaubriand accepta non sans avoir prévenu : « Le conte est long et triste : c'est une lecture de plus d'une heure. »

Après avoir hésité longtemps, il se résigna enfin à une véritable publication. Il choisit pour cela de faire

place au *Dernier Abencérage* dans la première livraison
(t. XVI) de ses *Œuvres complètes*; c'est alors seulement
qu'il décida de le joindre à *Atala* et à *René* pour constituer un volume que la table générale des matières intitulera : « Nouvelles ». Le caractère commun à ces trois
textes, c'est en effet leur brièveté. Celle-ci est dans
une certaine mesure la conséquence de leur nature
fragmentaire : en effet, chaque récit se rattache plus
ou moins à un hors-texte, dont il a été détaché. Mais
chacun offre aussi à Chateaubriand une occasion de
mettre en œuvre une esthétique de la concentration
qui se réclame de la préface de *Bérénice*. On dirait
qu'avec lui, à la veille de se couler dans le moule réaliste qui semble être devenu, depuis le xviiie siècle, sa
vocation inéluctable, le roman cherche à reprendre
leur bien à des genres épuisés; qu'il ambitionne de
redevenir, tour à tour, épique, tragique, lyrique, élé-
giaque, poétique. Dans cette perspective chacune de
ces trois nouvelles pourrait illustrer un aspect de ce
néo-classicisme qui préluda, de manière si originale,
au romantisme français.

Les épigones de Voltaire ou de Diderot, les Ginguené, les Morellet, les Marie-Joseph Chénier avaient
traversé la crise révolutionnaire sans rien apprendre,
ni rien oublier. Ils accueillirent *Atala* par un immense
éclat de rire; ils lui opposèrent les règles du bon goût
et, du haut de leur fauteuil académique retrouvé,
crurent qu'il suffisait de ridiculiser son auteur. Mais
ils ne furent pas suivis : « Le reste de la France,
observe Sainte-Beuve, ne comprit pas ce rire et la
société, déjà sérieuse par ses malheurs, fut pour celui
qui ne riait pas. » En réalité, le public de 1801, comme
celui qui, bien plus tard, se laissera envoûter par la
musique « nègre », avait besoin de sensations, de
rythme, de couleur. Les harmonies trop savantes ou
les mélodies trop subtiles lui paraissaient fades ou
ennuyeuses. Or, Chateaubriand ne lui propose pas les
ingrédients ordinaires du romanesque : ni une intrigue
à rebondissement, ni une psychologie originale;

encore moins une « anecdote » sociale (les moyens de parvenir), libertine ou sentimentale. Le lecteur est au contraire invité, dès le début, à rechercher dans le récit une autre logique que celle des événements, à vrai dire très minces, qui lui servent de prétexte. C'est, nous dit Chateaubriand, « une sorte de poème, moitié descriptif, moitié dramatique ». Si André Breton a pu qualifier son exotisme de « surréaliste » dans le *Manifeste* de 1924, c'est qu'à partir de références hétéroclites, en général livresques, se recompose un univers sans modèle connu, mais au contraire marqué par la plus inquiétante étrangeté. Les éléments du texte (lexique, images), comme leur syntaxe, paraissent renvoyer à une activité onirique. Certains épisodes privilégiés baignent dans une mystérieuse lumière nocturne, tandis que la narration tout entière se présente comme un récit de rêve :

> « Une nuit, à la clarté de la lune, tandis que tous les Natchez dorment au fond de leurs pirogues, et que la flotte indienne, élevant ses voiles de peaux de bêtes, fuit devant une légère brise, René, demeuré seul avec Chactas, lui demanda le récit de ses aventures. »

Le Nouveau Monde a donc, dans *Atala*, une éminente fonction poétique. Il autorise, loin des « anciens parapets », le dérèglement des codes. Par exemple, pour faire parler les Indiens, Chateaubriand crée un idiome insolite qui utilise toutes les ressources du langage figuré pour imiter la savoureuse énergie de la poésie primitive (la Bible, Homère). Parfois, ce sont de véritables poèmes en prose, comme la chanson de Mila ou celle de la « patrie absente », qui suggèrent avec bonheur une sorte de lyrisme naturel, propre à la vie sauvage, qu'à la même époque, mais sous un autre ciel, Parny avait tenté de faire revivre dans les *Chansons madécasses* (1787). Chateaubriand trouve aussi dans les mœurs indiennes de quoi nourrir ses propres obsessions : on ne sera pas surpris de le voir insister sur les rites de naissance ou de mort; il multiple les images de tombe ou de berceau dans un récit qui nous conduit précisément vers un « enfant-mort » : descen-

dance ultime de René, comme des Natchez. Le paysage américain impose enfin non seulement le pittoresque coloré de sa faune et de sa flore, mais aussi la
grandeur inconcevable de son espace. Cette « autre
scène » constitue un alibi rêvé pour développer une
technique de la description que Bernardin avait été le
premier à expérimenter. Au départ, une idée simple :
pourquoi ne pas utiliser, pour représenter la nature,
tous les sens qui sont à notre disposition pour la percevoir ? Le procédé consiste à élaborer un véritable
paysage sensoriel par la mise en œuvre de sensations
multiples. C'est ainsi que le « tableau de la nature »
associe, chez Chateaubriand, le tracé, la couleur, la
lumière (vue) ; les indications de volume, de grain, de
mouvement — souffles ou brises (toucher) ; enfin, les
odeurs, les sons. Parfois, un élément isolé suffit à
caractériser une situation ou un paysage. C'est par
exemple une notation visuelle qui termine la description de la vallée du Tennessee par ce que nous appel-
lerions aujourd'hui un « arrêt sur image » :

> « Le fleuve qui nous entraînait, coulait entre de
> hautes falaises, au bout desquelles on apercevait le
> soleil couchant. Ces profondes solitudes · n'étaient
> point troublées par la présence de l'homme. Nous ne
> vîmes qu'un chasseur indien qui, appuyé sur son arc et
> immobile sur la pointe d'un rocher, ressemblait à une
> statue élevée dans la montagne au Génie de ces
> déserts. »

A ces évocations plastiques, qui ne cesseront pas de
lui être chères, il arrive que Chateaubriand préfère, au
contraire, un détail incongru qui fonctionne, cette
fois, comme un gros plan sur une sensation visuelle,
ou auditive :

> « Quelques renards dispersés par l'orage allon-
> geaient leurs museaux noirs au bord des précipices, et
> l'on entendait le frémissement des plantes qui, séchant
> à la brise du soir, relevaient de toutes parts leurs tiges
> abattues. »

Mais le plus souvent, ce sont des paysages *composés*
que nous rencontrons. La description repose alors sur

un ordre des sensations qui organise la séquence selon
un parcours immuable : on commence par les percep-
tions les plus objectives (la vue); on progresse ensuite
vers ce qui ébranle les sens plus intimes. Chateaubriand commence donc, à la manière des peintres, par
transcrire des notations visuelles; mais il aime à les
faire suivre par des sensations à la fois plus ténues et
plus insinuantes : odeur ou impression sonore. Le
rythme et les sonorités viennent en général accentuer,
dans la phrase ou le paragraphe, ce gonflement, puis
ce brisement de vague qui instaurent dans le paysage
une profondeur nouvelle. Le procédé contribue à
intérioriser la description. La conscience du lecteur
incorpore, pour ainsi dire, le paysage à son propre
imaginaire. Au lieu de le contempler du dehors,
comme une pure image, ou comme un spectacle extérieur à soi-même, on le respire, on se laisse envahir
par son murmure dont les échos de plus en plus
assourdis viennent se prolonger dans un espace intérieur. Pareille incarnation du langage opère, sur le
plan littéraire, une audacieuse révolution. Avec Chateaubriand, le style se donne les moyens de produire
une sensation physique. Le mot possède désormais
une couleur, un rythme propres; il est devenu *matière*
sonore. Maurras sera le premier à déceler, pour la
réprouver, cette « hypostase du signifiant ». Certains
contemporains ont préféré ne voir dans cette métamorphose qu'un avatar du sensualisme. Lorsque Joubert appelle Chateaubriand un *enchanteur*, il identifie
avec lucidité un pouvoir de séduction qui échappe au
contrôle de la raison. Pauline de Beaumont, grande
lectrice de Condillac, ne signifie pas autre chose
lorsqu'elle déclare : « Il joue du clavecin sur toutes
mes fibres. » Accepter cette magie, c'est reconnaître
au langage un pouvoir qui passe désormais par le
corps et qui révèle sa profonde connivence avec le
désir.

On arrive à la même conclusion lorsqu'on examine
la syntaxe narrative du récit. Dès la préface de 1801,
Chateaubriand souligne qu'il ne se passe à peu près

rien dans *Atala* : « Tout consiste dans la peinture de
deux amants qui marchent et causent dans la solitude. » Or, leur amoureuse traversée du désert possède, elle aussi, tous les caractères du voyage onirique.
On ne progresse, dans cette partie du moins, que par
association, par une sorte de glissement thématique. A
partir du moment où Atala lui est donnée, comme
dans un rêve, Chactas est entraîné dans une aventure
qu'il ne maîtrise à aucun degré : il est clair qu'il est
dépourvu de toute volonté propre, comme de toute
stratégie de conquête amoureuse. On a voulu voir
dans son entreprise une sorte de rite de passage. Sans
doute le jeune Natché est-il soumis, dans une certaine
mesure, à des épreuves pour être initié au mystère de
la vie et de la mort. Mais elles ne suffiront pas à le
faire devenir adulte. La magistrale lecture psychanaly-
tique de Pierre Glaudes (*Le Désir cannibale*, 1994)
montre au contraire que, dans *Atala*, le héros demeure
immergé dans le marécage des pulsions infantiles. Si
le roman illustre bien des harmonies « avec les scènes
de la nature et les passions du cœur humain », c'est
que la nature y figure sans cesse la violence anar-
chique ou mortifère du désir. Rappelons que, dans le
prologue, le Meschacebé emporte vers la mer « les
cadavres des pins et des chênes », tandis qu'à la fin la
cataracte de Niagara offre la « bouche béante » de son
gouffre. Double image de la perte, ou de la castration,
qui encadre un récit où les « eaux-mères » ne
paraissent vouées qu'à déborder, aspirer, engloutir ;
du moins jusqu'à ce que le feu du Ciel vienne restaurer, avec les « paroles foudroyantes » du vieil ermite, la
loi du Père. Double menace, double censure qui pèse
sur la formation épanouie du couple. Si toute idylle
est désormais impossible, c'est que les enfants de la
nature sont devenus les enfants du péché. Chateaubriand propose alors une autre solution, chrétienne
cette fois. Lorsque le premier rayon du soleil levant
illumine, au cours de la messe matinale, le corps
consacré du Sauveur, on imagine qu'il sera possible
de reconstituer une Nouvelle Alliance entre le Ciel et

la Terre. Mais la société missionnaire ne saurait incarner qu'une harmonie provisoire. Elle ne résistera pas au retour du refoulé : la violence de cette sauvagerie naturelle qui, lorsque Chactas reviendra visiter la tombe de son amante, aura de nouveau anéanti le travail des hommes.

En effet, dans *Atala*, la beauté des nocturnes exprime déjà un « grand secret de mélancolie » et la lune ne déverse « sa lumière gris de perle [...] sur la cime indéterminée des forêts » que pour éclairer une veillée funèbre. Nous avons vu que, dès son ouverture, le récit est orienté vers cette scène finale de mise au tombeau symbolique destinée à nous rappeler que la nature est mortelle, qu'elle est *la mort même*. Sans doute peut-on inscrire le spectacle de cette mort dans un riche paradigme où viennent confluer la série des « sépultures au désert » (de Manon à Virginie) et celle des « scènes philosophiques » (la mort édifiante de Julie dans *La Nouvelle Héloïse*, sur le modèle de celle de Socrate). On songe aussi à « la belle et infortunée Saint-Yves » de Voltaire, expirant dans le « calme affreux de la nature affaissée », en présence de son amant huron au désespoir. Mais Chateaubriand dépasse le simple mode pathétique : avec lui, c'est le ciel et la terre qui viennent se livrer un dernier combat au chevet de la mourante. Ce nouvel enjeu dramatise la scène ; il confère aussi au corps de la jeune agonisante, à son cadavre même, un redoutable pouvoir de fascination érotique, dans lequel ne se révèle pas seulement une morbidité de roman noir mais encore une sorte de dérision tragique de la chair « nue ». Sans la tension qu'impose au récit la perspective chrétienne, *Atala* ne serait qu'une de ces banales « anecdotes indiennes » mises à la mode dans le dernier tiers du XVIIIe siècle. Si sa publication marque une rupture, c'est parce qu'avec Chactas, le « bon sauvage » cesse de nous offrir des images édifiantes de la vertu naturelle ou du désir légitimé. Il a désormais vocation à transcender une nature déchue pour accéder au monde de la grâce, par la douloureuse expérience de la vanité du désir.

Se remémorant la lointaine époque où il écrivait, à
Londres, les premières pages de *René*, Chateaubriand,
devenu ambassadeur dans la capitale anglaise,
observe : « Je voulais alors mener de front la poésie du
Nouveau Monde et l'histoire d'un cœur mélancolique
dans l'ancien[1]. » En effet, dans *Atala*, la « voix harmonieuse » du narrateur vibre encore des émotions de sa
jeunesse ; dans la mémoire du vieil Indien, les impressions ont conservé leur vivacité, les images leur éclat,
le désir son énergie. Il ne reste au contraire à René
qu'un instrument désaccordé. Son cœur est « une lyre
où il manque des cordes ». La révélation trop longtemps retardée de son étrange secret ne soulage pas sa
conscience malheureuse. Peut-être, du reste, ce secret
est-il un leurre ? Malgré sa ressemblance avec Œdipe,
Chactas ne saurait seconder son fils adoptif dans sa
recherche de la vérité, et le père Souël, malgré sa clair-
voyance, incarne trop la Loi pour servir de psychana-
lyste. Chateaubriand a sans doute compris la nécessité
de maintenir dans son récit une sorte de point aveugle
pour que fonctionne aussi bien ce théâtre de la mauvaise foi. Avec *René*, nous arrivons sur une nouvelle
scène psychique. La « voix blanche » du protagoniste
suppose un traumatisme non résolu, une parole
impossible à délivrer. Elle impose à sa confession le
ton monocorde des rescapés de grandes catastrophes,
pour qui le monde a perdu pour toujours son relief :
ils en ont *trop vu*.
Sans doute est-ce la raison pour laquelle ce récit
montre si peu. Le retour vers le monde ancien semble
avoir pour conséquence de décolorer la réalité extérieure, et même de compromettre toute forme de nom
propre. Cette fois, plus de description éclatante, ni de
héros individualisé (sinon par les inévitables références personnelles du narrateur) : Amélie même est
sans visage. Au contraire, un lyrisme contenu, didactique, inspiré par des modèles austères : la Bible,

1. Marcellus, *Chateaubriand et son temps*, Michel Lévy, 1859,
p. 151.

Ossian, les orateurs sacrés du grand siècle. Chateaubriand leur emprunte des images simples mais fortes,
une psychologie de directeur de conscience, des
cadences lancinantes, pour aboutir à une suite de
scènes emblématiques dont est souligné le caractère
« moral », ou harmonique. C'est en particulier le cas
de cette variation persistante sur le thème automnal
qui associe pour la première fois de manière aussi sys-
tématique les « scènes de la nature » et les « passions
du cœur humain ». On a comparé, dès 1805, *René* à
Werther; ce fut pour opposer, au nom du beau idéal,
le *poète* français au « romancier vulgaire » des tartines
de Charlotte, dans lequel on feignait de ne voir encore
qu'un avatar romanesque du drame bourgeois. Le critique Delalot écrit par exemple, à propos de Chateaubriand : « Quelle verve dans cette passion concentrée
[...]! Ici tout est créé : le sentiment, la pensée, le style,
les images. » Mais cette énergie verbale du narrateur
contraste, là encore, avec la minceur des événements :
« Ma vie est sans aventures, et le cœur de René ne se
raconte point », avait déclaré René au début des *Natchez*. Il répète dans le préambule de son récit que son
histoire se borne « à celle de ses pensées et de ses sentiments ». Il se présente donc comme un héros problématique (le premier, sans doute, du roman moderne).
C'est un « personnage immobile » qui ne cesse de se
poser la question de son identité, de son désir, de son
existence. Il ne serait sans doute pas difficile de lui
trouver des modèles littéraires : le Dolbreuse de Loai-
sel de Tréogate, le héros de la mystérieuse *Odérahi* ou
même le Dorval de Diderot : « Ce cœur est flétri, et je
suis, comme vous voyez [...] sombre et mélancolique.
J'ai de la vertu, mais elle est austère ; des mœurs, mais
sauvages... une âme tendre, mais aigrie par de longues
disgrâces. Je peux encore verser des larmes mais elles
sont rares et cruelles... » C'est au protagoniste du *Fils
naturel* qu'on explique que seul le méchant recherche
la solitude ou se trouve délaissé (allusion que Rousseau avait prise pour lui). Dorval a la même histoire
familiale que René (« A peine ai-je connu ma mère.

Une jeune infortunée, trop tendre, trop sensible, me
donna la vie, et mourut peu de temps après »), la
même aversion pour la procréation (« Quoi, je met-
trais des enfants au monde! »), etc.

Mais le drame de René a une origine plus profonde : c'est le sens même de son « être au monde »
qui se trouble ou se délite. Avec lui, on assiste à une
crise du sujet qui affecte toutes les composantes de la
personnalité et qui a pour conséquence de remettre en
cause le personnage de roman ; à la fois comme sujet
de son désir et comme sujet de son histoire.

Il y a dans les premières œuvres de Chateaubriand
une présence obsédante de la « philadelphie ». On rencontre déjà cette dimension incestueuse dans le cadre
général des *Natchez*. On la retrouve dans les liens qui
unissent Atala et Chactas. Mais c'est dans *René* que la
relation du frère et de la sœur va le plus loin. Avec
Amélie, René forme en effet une sorte de couple
archétypal où tous les rôles seraient déclinables pour
chacun des partenaires : ils peuvent être tour à tour
frère et sœur, père et fille (la scène symbolique de la
prise de voile), fils et mère (« C'était presque une
mère »), amant et amante (« C'était quelque chose de
plus tendre »). Cette insistance thématique accorde du
reste à la relation incestueuse plusieurs significations
possibles.

Elle renvoie pour commencer à un inceste originel
que célèbre curieusement le père Aubry lorsqu'il
évoque, dans *Atala*, les « mariages des premiers-nés
des hommes, ces unions ineffables, alors que la sœur
était l'épouse du frère, que l'amour et l'amitié fraternelle se confondaient dans le même cœur, et que la
pureté de l'une augmentait les délices de l'autre ». Cet
âge adelphique représente en quelque sorte la préhis-
toire du désir, comme celle du monde. Il incarne la
nostalgie du paradis perdu, qui se module comme le
regret du monde enfantin : « Tous mes sentiments se
venaient confondre en elle, avec la douceur des souvenirs de mon enfance », soupire René. Le désir adelphique se fantasme alors comme une relation en

miroir, vécue comme une harmonie musicale entre des êtres restitués à leur innocence primitive, indistincte, heureuse. René ne pourra jamais oublier ce bonheur éphémère : « Mon cœur se rouvrit à toutes les joies ; comme un enfant, je ne demandais qu'à être consolé ; [...] Nous fûmes plus d'un mois à nous accoutumer à l'enchantement d'être ensemble. Quand le matin, au lieu de me retrouver seul, j'entendais la voix de ma sœur, j'éprouvais un tressaillement de joie. » La sœur ne serait-elle qu'une figure de substitution, un analogue de la mère disparue, la figure même de la régression ?

A cette configuration où la fraternité la plus brûlante ne cherche à se vivre que comme un *enfantillage*, Chateaubriand oppose dans *Atala* un autre cas de figure où la prise de conscience de sa dimension incestueuse apporte au désir un surplus énergétique, qui lui confère une folle intensité. Ainsi pour Chactas, lorsqu'il apprend qu'Atala est la fille de Lopez : « C'en était trop pour nos cœurs que cette amitié fraternelle qui venait nous visiter, et joindre son amour à notre amour », etc. Cette révélation porte à son paroxysme un désir enfin accordé au déchaînement des éléments ; mais ce délire érotique, à travers lequel paraissent enfin se libérer *toutes* les forces de la nature, tourne au fiasco (intervention du père Aubry). Il se heurte donc à un interdit : il transgresse un menaçant ordre du Père.

Dans *René*, la « criminelle passion » de la sœur pour le frère « trop aimé » se déclare, après un aveu longtemps retardé, comme un désir interdit qui ne saurait se réaliser, ni même se partager. Mais il suffit qu'il soit énoncé pour engendrer une curieuse épouvante. Il en résulte aussi un étrange transfert de responsabilité : le pardon est accordé à Amélie, victime en définitive innocente de la maléfique passion ; en revanche, une mystérieuse fatalité poursuivra désormais son involontaire séducteur, pour lui interdire toute espèce de bonheur. « Il ne faut pas perdre de vue, écrit Chateaubriand dans la préface de 1805, qu'Amélie meurt heureuse et guérie, et que René finit misérablement. Ainsi le *vrai coupable* (c'est moi qui souligne) est puni, tandis que sa trop faible victime [...] sent renaître une joie ineffable du fond même des tristesses de son cœur. » C'est donc moins la nature de la faute (son origine) qui intéresse le romancier que ses conséquences : la dénaturation qu'elle implique pour un univers à jamais souillé. Il cherche donc moins à décrire les manifestations spécifiques, psychologiques, du désir adelphique, qu'à plonger son lecteur dans la terreur du monde corrompu, né de la Chute originelle ; il ne désire pas montrer *un* inceste, mais *la* culpabilité.

Il est vrai que Chateaubriand a cherché, dans *René*, à expliquer son « inexplicable cœur » ; mais il est clair que le thème de la passion incestueuse est ce qu'il y a de moins autobiographique dans cette histoire. Il fonctionne au contraire comme une sorte de leurre, destiné à inscrire le héros dans un paradigme tragique : c'est le nom de la fatalité moderne. *René* ne désigne un objet interdit (un inceste) que pour signifier un désir sans objet, ce « vague des passions » qui engendre des monstres, parce que voué à errer dans le vide, à la fois coupable et frustré. Certes, Rousseau avait déjà étudié dans *Émile* le déséquilibre, propre à toute adolescence, entre les énergies désirantes et leur possibilité concrète de réalisation. Mais avec Chateaubriand, nous ne sommes plus dans la psychologie pubertaire. Lorsque René arrive en Amérique, il a trente ans ; il a beaucoup vécu ; il pourrait dire, avec Guy Debord : « A la moitié du chemin de la vraie vie, nous étions environnés d'une sombre mélancolie, qu'ont exprimée tant de mots railleurs et tristes dans le café de la jeunesse perdue. » Les mots de René ne sont pas les mêmes, mais ils expriment la même détresse : « Qui ne se trouve quelquefois accablé du fardeau de sa propre corruption, et incapable de rien faire de grand, de noble, de juste ? » Ce langage implique la condition humaine dans sa globalité. Il renvoie à une anthropologie de type rousseauiste pour laquelle la décomposition de la société civile va de pair avec une aliénation croissante de chacun de ses membres. Mais il renvoie aussi bien à une théologie chrétienne du péché originel. C'est donc le problème de la possibilité même du désir authentique dans un monde corrompu qui se trouve ainsi posé. Sans doute est-ce cette double dimension, où la politique est inséparable de la métaphysique, qui donne au personnage de René sa complexité, sa densité, son pouvoir de fascination inégalé.

Pour Chateaubriand, les « contradictions du cœur humain » ne sont donc pas pensables en dehors de certaines crises historiques des sociétés. C'est pourquoi il se moquera plus tard des épigones de René qui ont cru pouvoir rendre universelle une « affection » que la nature humaine ne justifie pas : « Dans *René*, j'avais exposé une maladie de mon siècle. » La formule a été prise à contre-sens. Il faut, pour la comprendre, oublier Musset ; le mal de René, comme celui de Chateaubriand, c'est le mal du *dix-huitième* siècle auquel le mémorialiste se rattache de manière précise : « Pourquoi ai-je survécu au siècle et aux hommes à qui j'appartenais par la date de ma vie ? » (*Mémoires*, XXIV, 17 ; t. 2, p. 712.)

Le personnage de René pousse à sa plus extrême tension la double polarité qui caractérise la psychologie des Lumières (ennui-léthargie/inquiétude-convulsion) et qui, dans une certaine mesure, représente chez Rousseau le stade ultime de la dénaturation, ou de la corruption sociale (on a depuis longtemps rapproché *René* des lettres de *La Nouvelle Héloïse* sur Paris). Le héros de Chateaubriand se rattache lui aussi à une situation historique. Un fragment du *Génie du christianisme* de 1799, repris dans la version définitive (II, III, 2), analyse, à propos de Didon, les formes modernes de l'amour en des termes proches de *René* (voir note 234) : c'est pour insister sur son contexte social. Aimer, dit en substance Chateaubriand, est le privilège des classes oisives. C'est une « grande maladie de l'âme des riches de la terre », du moins lorsqu'ils sont privés de toute participation

réelle à la vie de la société. En effet, « les Anciens ont
peu connu cette inquiétude secrète, cette aigreur des
passions étouffées qui fermentent toutes ensemble :
une grande existence politique, les jeux du gymnase et
du Champ de Mars, les affaires du forum et de la
place publique, remplissaient tous leurs moments, et
ne laissaient aucune place aux ennuis du cœur. » Une
explication politique est donc requise.

Ce « dégoût de tout », qui va conduire René
jusqu'au village des Natchez, puis le faire errer dans la
profondeur des bois, ce manque à être, comme à
jouir, François de Chateaubriand les avait sans doute
éprouvés au sein de sa propre famille, cadet sans héritage ni affection. Mais on doit y lire aussi le malheur
de toute la noblesse française depuis Louis XIV. C'est
par la monarchie absolue qu'a été peu à peu marginal-
isée une aristocratie exclue de son pouvoir naturel de
classe dirigeante, interdite de réalité puisque vouée
désormais à ne plus désirer qu'à vide, à dépenser ses
dernières forces dans le jeu illusoire du paraître. Bar-
rès avait raison de dire, dans *Scènes et doctrines du
nationalisme* : « Chateaubriand dépensa dans la littérature les tristesses hautaines accumulées par des féo-
daux sans emploi sur leur terre. Il enchanta les premières générations démocratiques avec la sensibilité
que lui avaient préparée les derniers représentants
d'une France féodale opprimée par une France
monarchique qui elle-même venait de disparaître. »

Cette monarchie déclinante après un « grand siècle », Chateaubriand ne cesse de la représenter, dans
le reste de son œuvre, comme la dégénérescence
même : des êtres épuisés soumis à un pouvoir despo-
tique. Ce tableau de la France moribonde associe de
manière symptomatique des thèmes propres à la réaction nobiliaire et des analyses venues de Rousseau.
Mais Chateaubriand a beau situer sous la Régence
une histoire écrite au lendemain de la Terreur, il ne
songe pas à faire un roman historique. Il subsiste au
cœur du récit un non-dit que tous les contemporains
ont identifié. C'est bien entendu la Révolution qui est

responsable du malheur *actuel* : c'est elle qui exile, qui
vide ou ferme les demeures ancestrales, qui impose
silence à la « cloche natale », qui bouleverse les cérémonies du culte avant de les interrompre, qui atomise
le corps social pour faire des métropoles modernes un
véritable « désert » humain ; c'est elle qui empêche
René, comme Chateaubriand, de vivre leur jeunesse ;
c'est elle qui les persuade qu'ils sont venus au monde
trop tard, pour être à jamais bannis de la société des
hommes. Incapable de découvrir de nouvelles racines,
ou de se retremper dans une nouvelle sève, le personnage de René se borne à murmurer la plainte des exilés de Babylone. Coupé de son passé, il est aussi exclu
du monde à venir, dans lequel le Tiers-État va désormais pouvoir investir sa débordante énergie. Autour
de lui règne une atmosphère de « fin de partie » qui ne
laisse plus aucun espoir. Plus tard, le « jeune homme
pauvre » du romantisme se réclamera de ce déshérité
pour reprendre à son compte, contre la « meilleure des
républiques », le chant des aristocraties défuntes.

Ce détour historique ne pourrait-il nous conduire à
réinterpréter le mythe adelphique de *René* ?

Le désir chateaubrianesque oscille entre une double
polarité, qu'incarne dans son œuvre la double figure
de la *sœur* et de la *sylphide* ; mais celles-ci ne sont peut-
être que des variations secondaires sur un motif initial
que j'identifierais volontiers avec le mythe de Narcisse. On sait qu'une interprétation tardive de la
légende (Pausanias, IX, XXXI, 6-7) considère la
nymphe Écho comme la sœur jumelle du beau jeune
homme, son double féminin, son *imago* morte. Il est
probable qu'au cœur de la philadelphie, réside un fantasme androgyne : une irrémédiable nostalgie de la
plénitude antérieure à la section mutilante opérée par
la sexualisation. On voit parfois affleurer, sous la
plume de Chateaubriand, un rêve du féminin qui est
désir de totalité : « Je me dépouillais de ma nature
pour me fondre avec la fille de mes désirs, pour me
transformer en elle, pour toucher plus intimement la
beauté, pour être à la fois la passion reçue et donnée,

l'amour et l'objet de l'amour. » (*Mémoires*, III, 11 ; t. 1, p. 228.) De la même façon, la relation amoureuse du frère et de la sœur est une relation spéculaire qui reconstitue un androgyne originel : un nom unique, actualisé dans un double genre. Dans la mesure où elle récuse toute différenciation, cette configuration constitue bien le plus absolu des incestes, le plus libre aussi (à égalité). Mais c'est en même temps le plus narcissique.

A cette attitude de repli sur sa propre image, de régression infantile vers un univers indifférencié, correspond une expansion inverse du désir vers un objet inaccessible. C'est ce « vague des passions » que Chateaubriand a emblématisé sous le nom de Sylphide. La Sylphide est aussi un objet narcissique exemplaire, image mouvante, polymorphe, qui représente, pour reprendre les termes de Michel Jeanneret à propos de Nerval, « un signe vacant susceptible de toutes les significations », un lieu vide où le sujet inscrit la projection de son propre désir, où la variation ne sert qu'à « feindre la différence sans compromettre la relation mimétique ». Mais la structure « chimérique » de son désir conduit du même coup le moi à épancher sa propre image dans un univers où il est à la fois absorbant et absorbé. Dans ces conditions, la symbolique de Narcisse se rapproche de celle de Pygmalion, voire de Prométhée. Comme Prométhée, René est un créateur solitaire qui anime le produit de ses rêves; comme Pygmalion, il est épris de sa propre création. Il cherche bien à réaliser ce désir du même, qui égale Dieu (défini, dans le *Génie du christianisme*, comme « éternel célibataire des mondes »).

Il reste à expliquer la prégnance, chez le jeune exilé de Londres, de ce mode de structuration du désir, qui après avoir marqué de son empreinte la longue histoire de René, disparaîtra peu à peu des œuvres ultérieures (*Les Martyrs, Le Dernier Abencérage*), où va au contraire prédominer, à travers le choc des identités ou des cultures, le problème de la confrontation avec autrui. C'est que cette philadelphie de type narcissique renvoie à un inceste symbolique, qui exprime moins un conflit individuel qu'une crise de la société, qui constitue une réponse historique à un défi lui-même aussi historique. Lorsqu'il ébauche *René*, Chateaubriand est encore un aristocrate proscrit. Le monde se désagrège autour de lui. La caste millénaire, au sein de laquelle il a grandi, se trouve réduite par la Révolution à une existence « imaginaire ». Chassée du pouvoir, comme des terres ancestrales où elle avait depuis des siècles enraciné son identité, la noblesse française est en perte de réel depuis 1789 ; elle est dépourvue de toute prise sur une Histoire qui la marginalise. Alors que vacille son socle identitaire, le rejeton orphelin ne voit de recours que dans un repli forcené sur son enfance, sur sa famille, sur *son sang*. La relation incestueuse est dès lors, au moins sur le plan fantasmatique, la seule solution aristocratique vivable. Désirer la sœur, c'est conserver intacte son énergie, sans déperdition objectale. Mieux vaut mourir ensemble plutôt que de déchoir : *Potius mori quam foedari*. La devise de la Bretagne que Chateaubriand cite dans ses *Mémoires*, ce pourrait être celle de Narcisse, qui préfère lui aussi, à toute impureté venue du dehors, une extinction dans son propre reflet. Car par définition, cette adelphie aristocratique demeure stérile : son orgueil, son horreur du mélange la voue au clonage génétique ; passion suicidaire qui ne cherche qu'à mettre en scène sa propre disparition. Le fantasme de pureté nobiliaire se réalise à merveille dans cette union du frère et de la sœur : c'est le triomphe du solipsisme narcissique.

C'est une solution bien différente que son neveu Tancrède propose, dans *Le Guépard*, au prince Salina. Pour que le monde demeure inchangé, il faut qu'il se modifie sans cesse. Pour persévérer réellement dans son être, c'est-à-dire pour rester *vivant*, il faut accepter les altérations que le destin vous impose. René se cabre contre cette philosophie héraclitéenne du fleuve toujours identique, toujours changeant. Pas Chateaubriand. Pour continuer à vivre, à écrire, il accepte de regagner la France au printemps de 1800. C'est affronter la véritable Altérité : celle qui a emprisonné sa mère, sa femme, ses sœurs; celle qui a dispersé les cendres de son père, guillotiné son frère, décapité le roi. Mais, dans cette histoire sanglante qui continue de se faire à Paris, il sait que réside la seule réalité possible, donc la seule chance de survie. C'est pourquoi, au spectre archaïque de la Sœur, il décide de substituer le visage moderne de Bonaparte.

Dans ces conditions, la « morale » qui termine *René* est moins artificielle qu'on a pu le penser. Elle commence par formuler la doctrine catholique du salut dans le monde : chacun a le *devoir* de prendre un *état*, pour se mettre au service de ses semblables. Elle représente aussi un appel implicite à la responsabilité des émigrés. Par la bouche du père Souël, Chateaubriand les convie à un « compromis historique » : que la nouvelle génération aristocratique consente à collaborer avec le nouveau pouvoir « national » pour reconstruire une société viable. Mais le discours du missionnaire jésuite ne vise pas un simple ralliement politique. Sa véhémente exhortation rappelle au pécheur la nécessité de la conversion. Sur son lit de mort, Atala avait proféré, sans émouvoir outre mesure le père Aubry, des paroles sacrilèges :

> « Quelquefois en attachant mes yeux sur toi, j'allais jusqu'à former des désirs aussi insensés que coupables : tantôt j'aurais voulu être avec toi la seule créature vivante sur la terre; tantôt, sentant une divinité qui m'arrêtait dans mes horribles transports, j'aurais désiré que cette divinité se fût anéantie, pourvu que serrée dans tes bras, j'eusse roulé d'abîme en abîme avec les débris de Dieu et du monde! »

On retrouve chez René la violence autodestructrice de ce défi luciférien dans lequel le confesseur a raison de subodorer la tentation majeure. Cette affirmation totalitaire de son propre désir constitue le péché par excellence dans la mesure où il détourne au profit de la créature un amour que réclame le Dieu jaloux.

Inspirer du désir, vouloir, comme on dit, être *adoré*,

c'est usurper la place du Créateur. En ce sens le
séducteur joue le rôle diabolique du corrupteur,
ennemi du genre humain. Telle est en définitive la
faute involontaire que René devra expier. S'il est plus
coupable qu'Amélie, c'est parce qu'il a été « aimé, trop
aimé » ; parce qu'il a incarné pour sa sœur le Souverain Bien. Le spectre de la morte va désormais le
poursuivre sans pouvoir être exorcisé, puisqu'il est le
terrible instrument de la vengeance divine. Le cercle
infernal va dès lors se refermer sur ce *Wanderer*
immobile, condamné à errer sans fin dans son propre
labyrinthe. Sainte Thérèse définissait le diable « ce
malheureux qui ne peut pas aimer ». René incarne à
son tour cette frénésie suicidaire du désir sans amour
qui se dévore lui-même : il est bien le frère de Mel-
moth.

Pour vaincre ses réticences à raconter son histoire, il
a fallu un événement extérieur : la nouvelle de la mort
de sa sœur. Amélie vivante, le récit ne servait à rien ;
c'est parce qu'elle est morte qu'il est indispensable de
fixer son image, par un aveu pervers où le père Souël
est seul à soupçonner une ruse narcissique. Loin de
lever le blocage, cette confession truquée le renforce.
Loin de libérer René, elle soumet au contraire son
désir au désir de la morte pour une aliénation définitive. C'est pourquoi, malgré sa mise en scène « analy-
tique », le récit de René se révèle dépourvu de valeur
thérapeutique. Sans doute peut-on analyser son cas en
termes pathologiques ; le texte ne cesse de le représenter comme un malade inguérissable, comme un être
anéanti par des forces obscures qu'il est incapable de
maîtriser : cela reviendrait à faire de la névrose une
forme moderne de la damnation.

Pour aller jusqu'au bout de cette lecture augusti-
nienne du roman, il faut revenir à la déclaration initiale des *Confessions* : « Tu nous a créés pour toi, Seigneur, et notre cœur ne connaît pas de repos tant qu'il
ne le trouve pas en Toi. » Comme Augustin, René est
un homme de désir. Ce *vide* que rien ne saurait
combler, cette *inquiétude*, que rien ne saurait apaiser,

signifient que toute réalité manque au désir : Dieu seul est à sa mesure. « Le Christianisme, écrira Chateaubriand dans les *Études historiques* (1831), a fait vibrer dans ces cœurs une corde jusqu'alors muette ; il a créé des hommes de passion, de rêverie, de tristesse, de dégoût. » Nul doute que le personnage de René ne soit inspiré par les pages où Pascal analyse la misère de la créature et son caractère incompréhensible dès qu'elle oublie sa destination première. Chateaubriand amène René, comme Pascal son libertin, jusqu'au seuil de la conversion : mais il ne le sauve pas. Il lui fait éprouver le néant de son existence, le besoin de la plénitude infinie, mais le laisse à son aridité intérieure. S'il arrive à René de prier, c'est toujours pour implorer la fin de ses souffrances, ou pour exprimer son désir de régénération dans une sorte de dérive narcissique. En réalité, René est incapable de se perdre ; il réussit parfois à convertir son amour de soi en haine de soi, mais lui demeure inaccessible le plan de la véritable charité (solidarité avec autrui, oubli de soi en Dieu). On pourrait du reste soutenir que cette impossible conversion découle à la fois de son blocage psychique (refus de se détacher du passé), et de la dissolution, autour de lui, de toute société civile. Chateaubriand a beaucoup pratiqué les orateurs sacrés comme Massillon, qui soulignent dans une perspective voisine les ambivalences du désir : il vous arrache à vous-même, sans vous combler ; sa puissance de déstabilisation peut vous ouvrir à Dieu, vous conduire à lui ; elle peut aussi vous en éloigner à jamais, pour vous refermer sur vous-même. René est imprégné de christianisme, il « parle chrétien » : mais il est exclu à jamais de la Rédemption. Amélie sera sauvée, pas lui.

Tout cela parce qu'une Faute a été commise (au moins en pensée), à laquelle *René* ne donne qu'un nom provisoire parce que particulier : un *inceste*. Mais en réalité, le bonheur demeure inaccessible jusqu'à ce qu'une faute bien plus grave obtienne réparation. C'est en effet le péché originel de la théologie chrétienne que René expie à travers son destin symbolique

de « juif errant ». Il me semble que Chateaubriand a
voulu situer dans ces confins « jansénistes » le dilemme
de son héros. René est un pécheur à qui la grâce a
manqué. Il ne fascine que pour (se) perdre. Ce
réprouvé transporte à son insu un germe de corruption néfaste. Il est à la fois un homme dénaturé (aliéné
au sens de Rousseau), incapable de retrouver au fond
des forêts la bonté primitive de la Nature, et un
pécheur privé de la Grâce rédemptrice. C'est une
« âme captive », sans espoir de délivrance.

Le Chateaubriand de 1802 avait cru pouvoir sauver
la sienne, et échapper à cette angoisse de ne pouvoir
ni aimer, ni agir, ni croire. Sa carrière avait donc pris
une direction opposée à celle de son héros. Il avait, si
je puis dire, suivi le conseil du père Souël, *ad majorem
Dei gloriam*. Mais le nouveau régime consulaire, puis
impérial, s'il avait bénéficié de son soutien, ne lui avait
apporté en retour ni le repos, ni le pouvoir, ni le bonheur. Le malentendu se dissipe peu à peu : la voie
triomphale de la restauration catholique se révèle aussi
une impasse, à partir du moment où elle impose une
réelle vie de couple avec une femme qui lui est indif-
férente, et dès qu'elle mène au césarisme. Une fois le
nouveau Constantin devenu un nouveau Néron, les
contradictions de la position du grand écrivain vont
éclater. Il a désormais une épouse, un empereur, des
messes le dimanche : même s'il a voulu cela, il aspire
toujours à autre chose. Peu après son retour de Jérusalem, une première bourrasque le force à quitter Paris
pour se retirer à la Vallée-aux-Loups (octobre 1807).
Dans les mois qui ont suivi, la rédaction des *Martyrs*
et sa liaison avec Natalie de Noailles, qui conserve
encore toute son incandescence, lui font accepter son
nouvel exil avec une relative sérénité : sa vie de « jardinier » lui semble romanesque. Mais au printemps de
1809, le ciel se couvre de nouveau. Alors que son livre
est déjà sous presse, son cousin germain, agent royaliste, est arrêté, puis condamné à mort pour espion-
nage ; malgré des interventions au plus haut niveau, il

ne peut empêcher qu'Armand de Chateaubriand ne
soit exécuté le 31 mars, quatre jours après la publication des *Martyrs*. Or, cette épopée chrétienne, fruit de
quatre ans de travail, prétexte de son voyage en
Orient, est mal accueillie par la critique. Chateaubriand traverse alors une terrible épreuve ; il est à la
fois touché dans son honneur familial et dans sa réputation littéraire : double blessure infligée à son *nom*. Il
commence par dénoncer la misérable conspiration des
gens de presse et du pouvoir ; puis demeure quelque
temps abattu, indécis, prostré. Mais il ne tarde pas à
reprendre courage. Dès octobre 1809, après un séjour
à Méréville, auprès de son enchanteresse, il prépare
une réédition des *Martyrs*, avec des notes explicatives.
Cette troisième édition, précédée par un *Examen* et
suivie de *Remarques* a paru au mois de janvier 1810.
C'est dans les semaines qui ont suivi cette publication
que Chateaubriand a entrepris, à Paris, la rédaction
des *Aventures du dernier Abencérage*, qu'il achève dans
le courant du mois de mars. Ces précisions ne sont
pas inutiles pour apprécier le contexte moral dans
lequel a été élaboré ce dernier récit : une âme meur-
trie, sans doute ; endeuillée, peut-être ; mais ni décou-
ragée, ni dolente, ni soumise ; une âme combative, au
contraire, et passionnée, qui, avec une rage impuis-
sante, use toute son énergie à vouloir affronter une
situation intenable : on aura reconnu, à peu près, la
configuration qui associe, pour le meilleur et pour le
pire, les personnages de la nouvelle.

On a longtemps considéré, depuis Sainte-Beuve, le
Dernier Abencérage comme un poncif de style Empire,
« drapé comme dans les tragédies » et « plus noble que
naturel ». C'est que, pour évoquer (distancer ?) son
aventure espagnole, Chateaubriand utilise un code
suranné : celui du roman grenadin qui, de Mme de
Lafayette (*Zayde*, 1671) à Florian (*Gonzalve de Cordoue*, 1791) a constitué un aspect durable du goût
français, et que venait précisément de remettre à la
mode une traduction nouvelle, par Sané, des *Guerres
civiles de Grenade* de Perez de Hitar, un contemporain

de Cervantès et leur modèle à tous. La reviviscence de cette inspiration andalouse rencontre des conditions favorables dans le mouvement plus général qui porte alors le public à redécouvrir les anciens romans de chevalerie, adaptés, depuis la seconde moitié du XVIIIe siècle par le comte de Tressan. *Richard Cœur de Lion*, de Sedaine et Grétry, date de 1784. Mais c'est sous le Ier Empire, puis la Restauration, que ce *gothic revival* à la française, auquel on a donné le nom de genre ou style « troubadour », va produire ses œuvres les plus significatives. Après le *Génie du christianisme* qui lance le signal du retour au Moyen Age, ce sera *Mathilde* de Mme Cottin (1805), puis, de 1808 à 1822, la monumentale *Histoire des Croisades* de J. Michaud. A la fin de son livre Chateaubriand avait lui-même, au nom du « beau idéal » chrétien (c'est-à-dire : moderne), contribué à idéaliser la « Vie et (les) mœurs des chevaliers » (IVe partie, livre V, chap. 4). Mais entre ce résumé un peu niais des *Mémoires* de Lacurne de Sainte-Palaye (1759) et la nouvelle de 1810, la distance est grande.

Certes, le narrateur des *Aventures du dernier Abencérage* multiplie, à la limite du pastiche, les marques de son allégeance au modèle supposé : archaïsmes mièvres, allusions littéraires, personnages stéréotypés, casuistique amoureuse et rite courtois sans surprise, qui finissent par engendrer une fiction sans aspérité. Il est non moins vrai que ce respect des conventions est parfois accompagné de surprenants écarts. A quelques lignes de distance, les « haquenées » deviennent des « mules » (p. 218) ; et les « varlets » sont bien vite remplacés par des serviteurs qui « portaient le chocolat, les pâtes de fruits et les petits pains de sucre de Malaga » (p. 215-216). Le Refresco est suivi de la *Zambra*, et pour exécuter cette danse de caractère, Blanca utilise des castagnettes. Chateaubriand manifeste donc une certaine indifférence envers la reconstitution historique : la chronologie est floue, et des échos contemporains ne cessent de retentir dans le récit. Il ne cherche pas davantage à retracer des cir-

constances exactes ou à ressusciter, comme dans les
Martyrs, un univers disparu ; encore moins, malgré les
apparences, à enluminer de bel or fin et de suave azur,
un rêve nostalgique. Mais il ne cherche pas non plus à
décrire le site de Grenade avec la précision qui serait
requise dans un récit de voyage. Dans le compte
rendu qu'il avait donné, au mois de juillet 1807, du
Voyage pittoresque de Laborde, il avait formulé ce
vœu : « On doit bien désirer qu'un talent délicat et
heureux nous peigne un jour ces lieux magiques. »
C'était rendre par avance hommage au beau volume
de planches andalouses que le frère de son amie ne
devait publier qu'en 1812 ; c'était aussi fixer sa propre
orientation. Cette volonté de produire un effet
« magique » se rattache au rôle que joue Grenade dans
le récit. Car la capitale de Boabdil ne se borne pas à
être un décor pittoresque : c'est un *corps* emblématique, un véritable personnage de la fiction autour
duquel se noue un ensemble de significations
complexes. Malgré une narration à la troisième personne, la technique descriptive vise à inscrire dans la
conscience du protagoniste la topographie du paysage. A mesure qu'il la découvre, Aben-Hamet donne
la couleur de son désir ou de ses angoisses à une ville
qui, de toute évidence, représente pour lui un enjeu
affectif majeur, une épreuve qu'il doit affronter.
Certes, elle incarne une *arabité* idéale, exquise fleur de
civilisation que Chateaubriand se plaît à opposer,
contre toute vraisemblance historique, à la « barbarie »
turque. Mais la douteuse origine de son nom (cette
fausse étymologie qui configure la ville comme une
« grenade entr'ouverte ») assimile aussi Grenade à un
sexe féminin où viennent se confondre des images de
maternité, mais aussi de prostitution. Dans le corps
bafoué de cette ville « prise », il est désormais vain de
vouloir retrouver la pureté du sang des ancêtres. Grenade figure donc la patrie trahie, perdue, quoique toujours aimée : avec la cité andalouse, nous sommes
ramenés sur la scène immuable du désir coupable, à
jamais frustré. Reste qu'avec ses quatre personnages

« forcément sublimes », *Les Aventures du dernier Abencérage* sont à replacer dans une tradition bien française, qui va du *Cid* au *Maître de Santiago*, de la tragédie héroïque à sujet espagnol. C'est une tragédie de la
séparation, comme *Bérénice*; mais elle se joue dans le
fracas cornélien des grandes âmes. C'est aussi une tragédie du renoncement qui se termine par un grand air
du sacrifice, où chacun des quatre héros se laisse
emporter, non sans volupté, par les orages désirés de
la sublimation narcissique.

Dans cette impossibilité du bonheur, dans cette
malédiction qui continue de peser sur la satisfaction
du désir, la différence des races ou des religions ne
joue, malgré les apparences, qu'un rôle secondaire.
On est, au contraire, frappé de voir combien Aben-
Hamet est vite intégré dans la nouvelle Grenade. C'est
le propre du genre hispano-mauresque que de propo-
ser un idéal chevaleresque valable pour tous, et de
chercher à faire oublier les incompatibilités réci-
proques pour imposer, au moins au niveau du langage, une mixité des cultures et des codes où les équi-
valences sont de règle : « Suivez-moi, seigneur
chevalier : je vais vous reconduire au kan des
Maures », dit par exemple Blanca. Le roman semble
même se diriger vers une annulation de toutes les dif-
férences, puisqu'à la fin Aben-Hamet est disposé à se
convertir au « Dieu des nobles âmes ». Dans ces
conditions, quel est le sens de la rupture finale ? Pourquoi ne pas adopter la conclusion du *Cid* : « Laisse
faire le temps, ta vaillance et ton roi » ? Pourquoi faire
du sang versé un obstacle infranchissable ? Pourquoi
« retourner au désert » ?

Il est sans doute nécessaire, pour répondre à ces
questions, de revenir à un épisode dramatique de la
vie de Chateaubriand, qui a représenté pour lui un
traumatisme durable : son « aventure » avec Charlotte
Ives, telle qu'il la raconte au livre dixième de ses
Mémoires. Comme René, le jeune émigré se laissa
aimer mais il conserva une lucidité suffisante pour cla-
rifier la situation : « Arrêtez! [...] je suis marié! » Cette

scène se trouve inscrite en filigrane de toute son
œuvre de fiction, contrainte de réinventer sans cesse
des scénarios où le désir est poussé à son paroxysme
sans jamais pouvoir être comblé. Car, pour Chateaubriand, le bonheur ne saurait exister que dans la
durée, c'est-à-dire dans le couple. Cette vérité a été
reconnue comme inéluctable dans un presbytère
anglais par un homme qui avait accepté sans réfléchir,
quatre ans plus tôt, de se laisser marier à une
inconnue. Or, le sacrement du mariage constitue, au
même titre que le sacerdoce ou le vœu monastique, un
indissoluble lien (voir *Le Génie du christianisme*). Chateaubriand devra donc expier toute sa vie la coupable
légèreté de ses vingt-trois ans, avec la certitude désolante de ne pouvoir désormais réaliser son rêve de
bonheur qu'à travers des leurres, les « jours de séduction [...] et de délire » se révélant toujours, au bout du
compte, de décevantes aventures. Il ne faut pas chercher ailleurs le secret de sa mélancolie : c'est lui-même
qu'à la fin du *Dernier Abencérage*, il renvoie à son
désert intime.

Mais, avec Chateaubriand, les failles de la personnalité sont toujours élargies par les fractures de la
société. Chacun de ses personnages incarne aussi un
« archétype unique du banni », auquel Aben-Hamet
donne un relief particulier. Ce dernier partage avec
Lautrec la nostalgie du « joli lieu de (sa) naissance » ;
mais il ne lui suffit pas de revenir au « royaume de
(ses) pères » pour apaiser sa souffrance. En réalité,
son « pèlerinage au pays de ses aïeux » ressemble à la
visite accomplie par René au château de ses ancêtres
racheté par un « nouveau propriétaire ». Aben-Hamet
est désormais un étranger chez lui, un intrus dans sa
propre maison, un exilé dans son propre pays. La fiction du dernier Abencérage exprime donc un *mythe
du retour impossible*, que symbolise « sur le marbre la
tache de sang des infortunés ». Il est impossible de
faire revenir le passé, de lui rendre sa primitive splendeur, de retourner vers lui ; mais on ne saurait pas
davantage oublier ce passé, pour revenir dans le

présent revivre une innocence perdue. Oreste aristocratique, éternel « revenant » à la recherche de ses
racines, le dernier Abencérage est condamné à une
existence errante de spectre. Ainsi le roman peut-il
être lu comme une allégorie du destin des émigrés
quinze ans après la fin de la Terreur. Le royaume
andalou de Boabdil évoque la France de Louis XVI,
incapable de préserver, contre les Barbares, une trop
brillante civilisation. Sans doute voit-on le souverain
arabe, trop faible pour défendre sa couronne, exercer
sa cruauté contre sa propre « noblesse » (les Abencérages). Mais du côté des nouveaux maîtres, se
déchaîne une violence encore plus sanguinaire envers
les vaincus : les « héros » chrétiens (le Cid, les compagnons de Cortez) sont là pour le rappeler. C'est dire
que pour un émigré, le retour ne va pas de soi et
qu'une fois décidé, il est loin de résoudre tous les problèmes.

Nul doute que Chateaubriand ne se plaise à considérer Aben-Hamet comme un *alter ego*. Comme son
héros, il a succombé à la tentation de quitter Londres
(que, dans son *Essai* de 1797, il avait comparé à Carthage) pour revoir son ancienne patrie. Il raconte, au
livre XIII de ses *Mémoires*, son arrivée clandestine à
Paris, par un beau dimanche de mai 1800. Ainsi
Aben-Hamet découvre Grenade, avec un sentiment
de troublante familiarité, mais aussi bien de très
« inquiétante étrangeté ». Une femme va incarner pour
lui la douce illusion qu'il est possible de « refaire sa
vie ». Mais pour répondre à son amour, il lui faudrait
devenir un autre homme. Or, le passé a beau être
refoulé, le meurtre du Père ne se laisse pas oublier.
Son image va refaire surface pour imposer sa loi au
fils orphelin, mis en demeure de lui sacrifier son avenir, ou plutôt de proclamer par son sacrifice qu'il ne
saurait avoir désormais aucun avenir. C'est du reste à
célébrer la disparition de toute espérance historique
que paraissent voués les protagonistes de ce récit
qu'on a pu qualifier de « marche funèbre de la chevalerie » : *Les Aventures du dernier Abencérage*, ou la fin
des aristocraties ?

Ce fantasme de la série qui se referme, correspondant à une Histoire finie, est une des images obsédantes de Chateaubriand. Sa présence dans le roman, dès le titre, se manifeste avec une insistance particulière. La chronologie de la fiction associe la prise de Grenade et la capture de François Ier sur le champ de bataille de Pavie, comme pour désigner un unique événement symbolique : c'est le signe même de la dégénérescence pour une Histoire que ne « recharge » plus ni la conquête du Mexique, ni la récente accession de Charles-Quint à la dignité impériale. A la veille de dominer le monde, la vieille Espagne (celle du Cid) semble parvenue à son crépuscule : on dirait qu'elle repose, avec les Rois catholiques dans la cathédrale de Grenade. Un fantasme de castration traverse en effet la totalité de cette histoire dont presque tous les protagonistes ont « perdu leur épée ». Celle de Boabdil est suspendue, comme un vain trophée, dans une salle du Généralife ; celle du roi de France a été remise à son impérial rival ; celle de Carlos se brise contre la lame de son adversaire, qui résiste (victoire de Damas contre Tolède !), mais dont Aben-Hamet est bien résolu à ne jamais se servir. Les anciens héros de la chevalerie, maures ou chrétiens, ne peuvent donc plus brandir les armes de leur virilité défunte. C'est que le corps violé de la Mère indigne semble frapper de la même impuissance les Pères incapables de la défendre, et les Fils incapables de la venger. Par une insidieuse contagion, les héritiers du pouvoir perdu sont à leur tour frappés de la même stérilité. Une passion inutile pour son semblable (Lautrec) voue Carlos, le héros de la « croisade » à demeurer sans postérité. Mais c'est à Blanca qu'il reviendra de lancer, non sans amère délectation, le cri de la jouissance célibataire : « Je sens que nous sommes les derniers de notre race ! »

Est-ce le sentiment du Chateaubriand de 1810, qui se refuse à épouser la France moderne parce qu'elle a du sang trop frais sur les mains, et qui préfère cultiver son jardin de la Vallée-aux-Loups, reconverti, comme

les Abencérages, dans la botanique, et voué, comme
Aben-Hamet, à une disparition sans gloire? Ce serait
oublier qu'avec lui, la littérature a toujours le dernier
mot : « Je sens fort bien, écrit-il à cette époque, que je
ne suis qu'une machine à livres. » Or, le *Dernier Abencérage* offre une double échappatoire au blocage du
désir dans la réalité. Au centre de la nouvelle, une fois
encore, la promenade des amants présente la solution
imaginaire : la fuite dans un univers onirique; une
illusion lyrique, aussi intense qu'éphémère, qui,
depuis la Sylphide, conserve pour Chateaubriand un
inaltérable pouvoir de séduction; comme s'il pouvait
toujours se dire, au réveil : ce rêve trompeur, c'est ce
que j'aurai eu de meilleur sur cette terre... Néanmoins,
peut-être faut-il chercher sa réponse la plus profonde
à la fin du texte. Ce dernier paragraphe admirable,
incongru, sans lien réel avec le récit qui le précède, lui
donne soudain une autre dimension dans la mesure
où il lui apporte une conclusion proprement *poétique*.
Un indice de 1re personne instaure soudain dans la
narration une sorte de voix off. C'est, encore une fois,
un voyageur qui témoigne : il raconte son pèlerinage
au « tombeau du dernier Abencérage ». Sur le marbre,
plus de sang : juste un peu de pluie pour désaltérer un
oiseau. Dans le désert aride du despotisme impérial,
ces quelques gouttes sont-elles le seul recours?

On pourrait rapprocher ce passage de celui qui termine le livre XXIV des *Mémoires d'outre-tombe*, et qui
sert de conclusion à la vie de Napoléon : « Ah! si du
moins j'avais l'insouciance de ces vieux Arabes de
rivage, que j'ai rencontrés en Afrique! Assis les
jambes croisées sur une petite natte de corde, la tête
enveloppée dans leur burnous, ils perdent leurs dernières heures à suivre des yeux, parmi l'azur du ciel, le
beau phénicoptère qui vole le long des ruines de Carthage; bercés du murmure de la vague, ils
entr'oublient leur existence et chantent à voix basse
une chanson de la mer : ils vont mourir. » Dans cet
« oiseau du ciel » abreuvé par un cadavre, comme dans
le « beau phénicoptère » planant sur une civilisation

disparue, il est difficile de ne pas reconnaître un emblème du pouvoir de résurrection propre à une écriture dans laquelle le réel est invité sans cesse à renaître de ses propres cendres : la puissance aérienne de la plume transfigure le tombeau.

Dans *Les Martyrs*, Chateaubriand avait pris congé des Muses. A la fin de son *Itinéraire*, il renouvelle son adieu à la fiction. C'est pour entreprendre, dès 1812, la rédaction de ses *Mémoires*, et pour commencer une *Histoire* de la France. « La plupart de mes sentiments, écrit-il alors, ne se sont montrés, dans mes ouvrages que comme appliqués à des êtres imaginaires. Aujourd'hui que je regrette encore mes chimères sans les poursuivre [...], je veux remonter vers mes belles années, expliquer mon inexplicable cœur. » Il désire en même temps se plonger dans les annales de son pays pour « élever en silence un monument à (sa) patrie ». Qui ne voit la convergence de cette double entreprise ? Elle relève de la même volonté de reconquête identitaire. Mais pour redécouvrir les racines du moi intime, comme pour réapprendre celles du passé national, le roman ne suffit plus. Chateaubriand, lorsqu'il dénonce les mirages de la fiction, ne renonce pas à la Littérature.

Jean-Claude Berchet.

NOTE SUR LE TEXTE

On ne possède de manuscrit ni pour *Atala*, ni pour *René*. On sait en revanche que, de 1801-1802 à 1805, leur texte a beaucoup évolué : en effet, Chateaubriand a su tenir compte des critiques qui lui ont été faites pour le corriger avec le plus grand soin.

Atala a eu, dans le cours de 1801, cinq éditions successives. Outre la première (avril), qui comporte une « Préface », les plus intéressantes sont la troisième (mai), « revue et corrigée », avec un « Avis », ainsi que la quatrième (juin), avec un nouvel « Avis ». Puis, en avril 1802, *Atala* se trouve incorporé dans le *Génie du Christianisme*, qui donne aussi la première version de *René*. Ce nouvel « épisode » recevra de nombreuses corrections dans les éditions ultérieures du *Génie*, en particulier dans la seconde (1803) et la quatrième (1804), où, de son côté, *Atala* verra encore son texte amélioré.

Enfin, au printemps de 1805, après avoir subi quelques ultimes retouches, *Atala* et *René* ont été réunis dans un volume séparé (voir la note 23). C'est la seule version que Chateaubriand a reconnue comme définitive : elle sera reprise au tome XVI des *Œuvres complètes* (1826).

Nous reproduisons bien entendu ce texte, mais on aura besoin, pour une étude littéraire approfondie, de recourir à des éditions critiques qui seules font apparaître les étapes successives de la rédaction (voir Bibliographie).

La situation est beaucoup plus simple lorsqu'on aborde *Les Aventures du dernier Abencérage*. Nous rééditons la version originale de 1826 qui constitue le seul texte imprimé de référence, repris sans aucun changement par la suite. En revanche, le manuscrit du *Dernier Abencérage* a été conservé (collection particulière). Il comporte des variantes intéressantes qui ont été reproduites par Marie-Jeanne Durry et Paul Hazard dans leur édition critique de 1926 (voir Bibliographie).

PRÉFACES
de Chateaubriand
pour *Atala* et *René*

Citoyen, dans mon ouvrage sur *Le Génie du Christianisme*, ou *Les Beautés poétiques et morales de la Religion chrétienne*, il se trouve une section entière consacrée à la *poétique du Christianisme*. Cette section se divise en trois parties : poésie, beaux-arts, littérature[2]. Ces trois parties sont terminées par une quatrième, sous le titre d'*Harmonies de la Religion, avec les scènes de la nature et les passions du cœur humain*. Dans cette partie j'examine plusieurs sujets qui n'ont pu entrer dans les précédentes, tels que les effets des ruines gothiques, comparées aux autres sortes de ruines, les sites des monastères dans les solitudes, le côté poétique de cette religion populaire, qui plaçait des croix aux carrefours des chemins dans les forêts, qui mettait des images de vierges et de saints à la garde des fontaines et des vieux ormeaux ; qui croyait aux pressentiments et aux fantômes, etc., etc. Cette partie est terminée par une anecdote extraite de mes voyages en Amérique, et écrite sous les huttes mêmes des Sauvages. Elle est intitulée : *Atala, etc.* Quelques épreuves de cette petite histoire s'étant trouvées égarées, pour prévenir un accident qui me causerait un tort infini, je me vois obligé de la publier à part, avant mon grand ouvrage[3].

Si vous vouliez, citoyen, me faire le plaisir de publier ma lettre, vous me rendriez un important service.

J'ai l'honneur d'être, etc.

On voit par la lettre précédente, ce qui a donné lieu à la publication d'*Atala* avant mon ouvrage sur le *Génie du Christianisme*, ou *Les Beautés poétiques et morales de la Religion chrétienne*, dont elle fait partie. Il ne me reste plus qu'à rendre compte de la manière dont cette petite histoire a été composée.

J'étais encore très jeune, lorsque je conçus l'idée de faire l'*épopée de l'homme de la nature*, ou de peindre les mœurs des Sauvages, en les liant à quelque événement connu. Après la découverte de l'Amérique, je ne vis pas de sujet plus intéressant, surtout pour des Français, que le massacre de la colonie des Natchez à la Louisiane, en 1727[5]. Toutes les tribus indiennes conspirant, après deux siècles d'oppression, pour rendre la liberté au Nouveau-Monde, me parurent offrir au pinceau un sujet presque aussi heureux que la conquête du Mexique[6]. Je jetai quelques fragments de cet ouvrage sur le papier; mais je m'aperçus bientôt que je manquais des vraies couleurs, et que si je voulais faire une image semblable[7], il fallait, à l'exemple d'Homère, visiter les peuples que je voulais peindre.

En 1789, je fis part à M. de Malesherbes du dessein que j'avais de passer en Amérique. Mais désirant en même temps donner un but utile à mon voyage, je formai le dessein de découvrir par terre le *passage* tant

cherché, et sur lequel Cook même avait laissé des
doutes. Je partis, je vis les solitudes américaines, et je
revins avec des plans pour un autre voyage, qui devait
durer neuf ans. Je me proposais de traverser tout le
continent de l'Amérique septentrionale, de remonter
ensuite le long des côtes, au nord de la Californie, et
de revenir par la baie d'Hudson, en tournant sous le
pôle. Si je n'eusse pas péri dans ce second voyage,
j'aurais pu faire des découvertes importantes pour les
sciences et utiles à mon pays. M. de Malesherbes se
chargea de présenter mes plans au Gouvernement; et
ce fut alors [8] qu'il entendit les premiers fragments du
petit ouvrage, que je donne aujourd'hui au public. On
sait ce qu'est devenue la France, jusqu'au moment où
la Providence a fait paraître un de ces hommes qu'elle
envoie en signe de réconciliation, lorsqu'elle est lassée
de punir. Couvert du sang de mon frère unique, de
ma belle-sœur, de celui de l'illustre vieillard leur père;
ayant vu ma mère et une autre sœur pleine de talents
mourir des suites du traitement qu'elles avaient
éprouvé dans les cachots, j'ai erré sur les terres étrangères, où le seul ami que j'eusse conservé s'est poi-
gnardé dans mes bras[a].

a. Nous avions été tous deux cinq jours sans nourriture, et les
principes de la perfectibilité humaine nous avaient démontré qu'un
peu d'eau puisée dans le creux de la main à la fontaine publique,
suffit pour soutenir la vie d'un homme aussi longtemps [9]. Je désire
fort que cette expérience soit favorable au progrès des lumières;
mais j'avoue que je l'ai trouvée dure.
Tandis que toute ma famille était ainsi massacrée, emprisonnée et
bannie, une de mes sœurs [10], qui devait sa liberté à la mort de son
mari, se trouvait à Fougères, petite ville de Bretagne. L'armée royaliste arrive; huit cents hommes de l'armée républicaine sont pris et
condamnés à être fusillés. Ma sœur se jette aux pieds de La Roche-
Jacquelin et obtient la grâce des prisonniers. Aussitôt elle vole à
Rennes; elle se présente au tribunal révolutionnaire avec les certifi-
cats qui prouvent qu'elle a sauvé la vie à huit cents hommes. Elle
demande pour seule récompense qu'on mette ses sœurs en liberté.
Le président du tribunal lui répond : *Il faut que tu sois une coquine de
royaliste que je ferai guillotiner, puisque les brigands ont tant de défé-
rence à tes prières. D'ailleurs, la république ne te sait aucun gré de ce que
tu as fait : elle n'a que trop de défenseurs, et elle manque de pain.* Et
voilà les hommes dont Bonaparte a délivré la France.

De tous mes manuscrits sur l'Amérique, je n'ai sauvé que quelques fragments, en particulier *Atala*, qui n'était qu'un épisode des *Natchez*. *Atala* a été écrite dans le désert et sous les huttes des Sauvages. Je ne sais si le public goûtera cette histoire qui sort de toutes les routes connues, et qui présente une nature et des mœurs tout à fait étrangères à l'Europe. Il n'y a point d'aventures dans *Atala*. C'est une sorte de poème[a], moitié descriptif, moitié dramatique : tout consiste dans la peinture de deux amants qui marchent et causent dans la solitude ; tout gît dans le tableau des troubles de l'amour, au milieu du calme des déserts et du calme de la religion. J'ai donné à ce petit ouvrage les formes les plus antiques ; il est divisé en *prologue, récit* et *épilogue*. Les principales parties du récit prennent une dénomination, comme les *chasseurs*, les *laboureurs*, etc. ; et c'était ainsi que dans les premiers siècles de la Grèce, les Rhapsodes chantaient, sous divers titres, les fragments de l'*Iliade* et de l'*Odyssée*. Je ne dissimule point que j'ai cherché l'extrême simplicité de fond et de style, la partie descriptive exceptée ; encore est-il vrai que, dans la description même, il est une manière d'être à la fois pompeux et simple. Dire ce que j'ai tenté, n'est pas dire ce que j'ai fait. Depuis longtemps je ne lis plus qu'Homère et la Bible ; heureux si l'on s'en aperçoit, et si j'ai fondu dans les teintes du désert et dans les sentiments particuliers à mon cœur, les couleurs de ces deux grands et éternels modèles du beau et du vrai.

Je dirai encore que mon but n'a pas été d'arracher beaucoup de larmes ; il me semble que c'est une dangereuse erreur, avancée, comme tant d'autres, par

---

a. Dans un temps où tout est perverti en littérature, je suis obligé d'avertir que si je me sers ici du mot poème, c'est faute de savoir comment me faire entendre. Je ne suis point un de ces barbares qui confondent la prose et les vers. Le poète, quoi qu'on en dise, est toujours l'homme par excellence ; et des volumes entiers de prose descriptive ne valent pas cinquante beaux vers d'Homère, de Virgile ou de Racine.

M. de Voltaire, *que les bons ouvrages sont ceux qui font le plus pleurer*. Il y a tel drame dont personne ne voudrait être l'auteur, et qui déchire le cœur bien autrement que l'*Enéide*. On n'est point un grand écrivain parce qu'on met l'âme à la torture. Les vraies larmes sont celles que fait couler une belle poésie ; il faut qu'il s'y mêle autant d'admiration que de douleur[11].

C'est Priam disant à Achille :

> Ἀνδρὸς παιδοφόνοιο ποτὶ στόμα χεῖρ' ὀρέγεσθαι.

Juge de l'excès de mon malheur, puisque je baise la main qui a tué mes fils[12].

C'est Joseph s'écriant :
Ego sum Joseph, frater vester, quem vendidistis in Ægyptum.

Je suis Joseph, votre frère, que vous avez vendu pour l'Egypte[13].

Voilà les seules larmes qui doivent mouiller les cordes de la lyre, et en attendrir les sons. Les muses sont des femmes célestes qui ne défigurent point leurs traits par des grimaces ; quand elles pleurent, c'est avec un secret dessein de s'embellir.

Au reste, je ne suis point comme M. Rousseau, un enthousiaste des Sauvages ; et quoique j'aie peut-être autant à me plaindre de la société que ce philosophe avait à s'en louer, je ne crois point que la *pure nature* soit la plus belle chose du monde. Je l'ai toujours trouvée fort laide, partout où j'ai eu l'occasion de la voir. Bien loin d'être d'opinion que l'homme qui pense soit un *animal dépravé*, je crois que c'est la pensée qui fait l'homme. Avec ce mot de *nature*, on a tout perdu. De là les détails fastidieux de mille romans où l'on décrit jusqu'au bonnet de nuit, et à la robe de chambre ; de là ces drames infâmes, qui ont succédé aux chefs-d'œuvre des Racine[14]. Peignons la nature, mais la belle nature : l'art ne doit pas s'occuper de l'imitation des monstres.

Les moralités que j'ai voulu faire dans *Atala* étant faciles à découvrir, et se trouvant résumées dans l'épilogue, je n'en parlerai point ici ; je dirai seulement un mot de mes personnages.

Atala, comme *Philoctète*, n'a que trois personnages. On trouvera peut-être dans la femme que j'ai cherché à peindre, un caractère assez nouveau. C'est une chose qu'on n'a pas assez développée, que les contrariétés du cœur humain : elles mériteraient d'autant plus de l'être, qu'elles tiennent à l'antique tradition d'une dégradation originelle, et que conséquemment elles ouvrent des vues profondes sur tout ce qu'il y a de grand et de mystérieux dans l'homme et son histoire[15].

Chactas, l'amant d'*Atala*, est un Sauvage, qu'on suppose né avec du génie, et qui est plus qu'à moitié civilisé, puisque non seulement il sait les langues vivantes, mais encore les langues mortes de l'Europe. Il doit donc s'exprimer dans un style mêlé, convenable à la ligne sur laquelle il marche, entre la société et la nature. Cela m'a donné de grands avantages, en le faisant parler en Sauvage dans la peinture des mœurs, et en Européen dans le drame et la narration. Sans cela il eût fallu renoncer à l'ouvrage : si je m'étais toujours servi du style indien, *Atala* eût été de l'hébreu pour le lecteur.

Quant au missionnaire, j'ai cru remarquer que ceux qui jusqu'à présent ont mis le prêtre en action, en ont fait ou un scélérat fanatique, ou une espèce de philosophe[16]. Le *P. Aubry* n'est rien de tout cela. C'est un simple chrétien qui parle sans rougir *de la croix, du sang de son divin maître, de la chair corrompue*, etc., en un mot, c'est le prêtre tel qu'il est. Je sais qu'il est difficile de peindre un pareil caractère aux yeux de certaines gens, sans toucher au ridicule. Si je n'attendris pas, je ferai rire : on en jugera.

Après tout, si l'on examine ce que j'ai fait entrer dans un si petit cadre, si l'on considère qu'il n'y a pas une circonstance intéressante des mœurs des Sauvages que je n'aie touchée, pas un bel effet de la

nature, pas un beau site de la Nouvelle-France [17] que
je n'aie décrit; si l'on observe que j'ai placé auprès du
peuple chasseur un tableau complet du peuple agri-
cole, pour montrer les avantages de la vie sociale sur la
vie sauvage; si l'on fait attention aux difficultés que
j'ai dû trouver à soutenir l'intérêt dramatique entre
deux seuls personnages, pendant toute une longue
peinture de mœurs, et de nombreuses descriptions de
paysages; si l'on remarque enfin que dans la catastrophe même, je me suis privé de tout secours, et n'ai
tâché de me soutenir, comme les anciens, que par la
force du dialogue : ces considérations me mériteront
peut-être quelque indulgence de la part du lecteur.
Encore une fois, je ne me flatte point d'avoir réussi;
mais on doit toujours savoir gré à un écrivain qui
s'efforce de rappeler la littérature à ce goût antique,
trop oublié de nos jours.

Il me reste une chose à dire; je ne sais par quel
hasard une lettre de moi, adressée au citoyen Fontanes, a excité l'attention du public beaucoup plus que
je ne m'y attendais [18]. Je croyais que quelques lignes
d'un auteur inconnu passeraient sans être aperçues; je
me suis trompé. Les papiers publics ont bien voulu
parler de cette lettre, et on m'a fait l'honneur de
m'écrire, à moi personnellement, et à mes amis, des
pages de compliments et d'injures. Quoique j'aie été
moins étonné des dernières que des premiers, je pen-
sais n'avoir mérité ni les unes, ni les autres. En réflé-
chissant sur ce caprice du public, qui a fait attention à
une chose de si peu de valeur, j'ai pensé que cela pouvait venir du titre de mon grand ouvrage : *Génie du
Christianisme*, etc. On s'est peut-être figuré qu'il
s'agissait d'une affaire de parti, et que je dirais dans ce
livre beaucoup de mal à la révolution et aux philosophes.

Il est sans doute permis à présent, sous un gouvernement qui ne proscrit aucune opinion paisible, de
prendre la défense du Christianisme, comme sujet de
morale et de littérature. Il a été un temps où les adver-
saires de cette religion avaient seuls le droit de parler.

Maintenant la lice est ouverte, et ceux qui pensent que le Christianisme est poétique et moral peuvent le dire tout haut, comme les philosophes peuvent soutenir le contraire. J'ose croire que si le grand ouvrage que j'ai entrepris, et qui ne tardera pas à paraître, était traité par une main plus habile que la mienne, la question serait décidée sans retour.

Quoi qu'il en soit, je suis obligé de déclarer qu'il n'est pas question de la révolution dans le *Génie du Christianisme*; et que je n'y parle le plus souvent que d'auteurs morts; quant aux auteurs vivants qui s'y trouvent nommés, ils n'auront pas lieu d'être mécontents : en général, j'ai gardé une mesure, que, selon toutes les apparences, on ne gardera pas envers moi.

On m'a dit que la femme célèbre, dont l'ouvrage formait le sujet de ma lettre, s'est plaint *(sic)* d'un passage de cette lettre. Je prendrai la liberté d'observer que ce n'est pas moi qui ai employé le premier l'arme que l'on me reproche, et qui m'est odieuse. Je n'ai fait que repousser le coup qu'on portait à un homme dont je fais profession d'admirer les talents, et d'aimer tendrement la personne. Mais dès lors que j'ai offensé, j'ai été trop loin; qu'il soit donc tenu pour effacé ce passage. Au reste, quand on a l'existence brillante et les beaux talents de Mme de Staël, on doit oublier facilement les petites blessures que peut nous faire un solitaire, et un homme aussi ignoré que je le suis[19].

Pour dire un dernier mot sur *Atala* : si, par un dessein de la plus haute politique, le gouvernement français songeait un jour à redemander le Canada à l'Angleterre, ma description de la Nouvelle-France prendrait un nouvel intérêt. Enfin, le sujet d'*Atala* n'est pas tout de mon invention; il est certain qu'il y a eu un Sauvage aux galères et à la cour de Louis XIV[20]; il est certain qu'un missionnaire français a fait les choses que j'ai rapportées; il est certain que j'ai trouvé des Sauvages emportant les os de leurs aïeux, et une jeune mère exposant le corps de son

enfant sur les branches d'un arbre; quelques autres
circonstances aussi sont véritables : mais comme elles
ne sont pas d'un intérêt général, je suis dispensé d'en
parler.

J'ai profité de toutes les critiques pour rendre ce petit ouvrage plus digne des succès qu'il a obtenus. J'ai eu le bonheur de voir que la vraie philosophie et la vraie religion sont une et même chose; car des personnes fort distinguées, qui ne pensent pas comme moi sur le Christianisme, ont été les premières à faire la fortune d'*Atala*. Ce seul fait répond à ceux qui voudraient faire croire que la *vogue* de cette anecdote indienne, est une affaire de parti. Cependant j'ai été amèrement, pour ne pas dire grossièrement censuré; on a été jusqu'à tourner en ridicule cette apostrophe aux Indiens[a] :

> « Indiens infortunés, que j'ai vus errer dans les déserts du Nouveau-Monde avec les cendres de vos aïeux; vous qui m'aviez donné l'hospitalité, malgré votre misère! Je ne pourrais vous l'offrir aujourd'hui, car j'erre, ainsi que vous, à la merci des hommes, et moins heureux dans mon exil, je n'ai point emporté les os de mes pères. »

C'est sur la dernière phrase de cette apostrophe que tombe la remarque du critique. Les cendres de ma famille, confondues avec celles de M. de Malesherbes; six ans d'exil et d'infortunes, ne lui ont offert qu'un sujet de plaisanterie[21]. Puisse-t-il n'avoir jamais à regretter les tombeaux de ses pères!

a. *Décade philosophique*, n° 22, dans une note.

Au reste, il est facile de concilier les divers juge-
ments qu'on a portés d'*Atala* : ceux qui m'ont blâmé,
n'ont songé qu'à mes talents; ceux qui m'ont loué,
n'ont pensé qu'à mes malheurs.

P.S. — J'apprends dans le moment qu'on vient de
découvrir à Paris une contrefaçon des deux premières
éditions d'*Atala*, et qu'il s'en fait plusieurs autres à
Nancy et à Strasbourg. J'espère que le public voudra
bien n'acheter ce petit ouvrage que chez *Migneret* et à
l'ancienne Librairie de *Dupont*.

Avis sur la
quatrième édition

Depuis quelque temps, il a paru de nouvelles critiques d'*Atala*. Je n'ai pas pu en profiter dans cette
quatrième édition. Les avis qu'on m'a fait l'honneur
de m'adresser, exigeaient trop de changements, et le
public semble maintenant accoutumé à ce petit
ouvrage, avec tous ses défauts. Cette quatrième édition est donc parfaitement semblable à la troisième.
J'ai seulement rétabli dans quelques endroits le texte
des deux premières.

ATALA-RENÉ

Préface de 1805

L'indulgence avec laquelle on a bien voulu accueillir mes ouvrages, m'a imposé la loi d'obéir au goût du public, et de céder au conseil de la critique.

Quant au premier, j'ai mis tous mes soins à le satisfaire. Des personnes chargées de l'instruction de la jeunesse, ont désiré avoir une édition du *Génie du Christianisme*, qui fût dépouillée de cette partie de l'Apologie, uniquement destinée aux gens du monde : malgré la répugnance naturelle que j'avais à mutiler mon ouvrage, et ne considérant que l'utilité publique, j'ai publié l'abrégé que l'on attendait de moi [22].

Une autre classe de lecteurs demandait une édition séparée des deux épisodes de l'ouvrage : je donne aujourd'hui cette édition [23].

Je dirai maintenant ce que j'ai fait relativement à la critique.

Je me suis arrêté pour le *Génie du Christianisme* à des idées différentes de celles que j'ai adoptées pour ces épisodes.

Il m'a semblé d'abord que par égard pour les personnes qui ont acheté les premières éditions, je ne devais faire, du moins à présent, aucun changement notable à un livre qui se vend aussi cher que le *Génie du Christianisme* [24]. L'amour-propre et l'intérêt ne m'ont pas paru des raisons assez bonnes, même dans ce siècle, pour manquer à la délicatesse.

En second lieu, il ne s'est pas écoulé assez de temps depuis la publication du *Génie du Christianisme,* pour que je sois parfaitement éclairé sur les défauts d'un ouvrage de cette étendue. Où trouverais-je la vérité parmi une foule d'opinions contradictoires ? L'un vante mon sujet aux dépens de mon style ; l'autre approuve mon style et désapprouve mon sujet. Si l'on m'assure, d'une part, que le *Génie du Christianisme* est un monument à jamais mémorable pour la main qui l'éleva, et pour le commencement du XIXe sièclc[a] ; de l'autre, on a pris soin de m'avertir[25], un mois ou deux après la publication de l'ouvrage, que les critiques venaient trop tard, puisque cet ouvrage était déjà oublié[b].

Je sais qu'un amour-propre plus affermi que le mien trouverait peut-être quelques motifs d'espérance pour se rassurer contre cette dernière assertion. Les éditions du *Génie du Christianisme* se multiplient, malgré les circonstances qui ont ôté à la cause que j'ai défendue, le puissant intérêt du malheur. L'ouvrage, si je ne m'abuse, paraît même augmenter d'estime dans l'opinion publique à mesure qu'il vieillit, et il semble que l'on commence à y voir autre chose qu'un ouvrage de *pure imagination.* Mais à Dieu ne plaise que je prétende persuader de mon faible mérite ceux qui ont sans doute de bonnes raisons pour ne pas y croire. Hors la religion et l'honneur, j'estime trop peu de choses dans le monde, pour ne pas souscrire aux arrêts de la critique la plus rigoureuse. Je suis si peu aveuglé par quelques succès, et si loin de regarder quelques éloges comme un jugement définitif en ma faveur, que je n'ai pas cru devoir mettre la dernière main à mon ouvrage. J'attendrai encore, afin de laisser le temps aux préjugés de se calmer, à l'esprit de parti de s'éteindre ; alors l'opinion qui se sera formée sur mon livre sera sans doute la véritable opinion ; je saurai ce qu'il faudra changer au *Génie du Christianisme,*

a. M. de Fontanes.
b. M. Ginguené.

pour le rendre tel que je désire le laisser après moi, s'il me survit[26].

Mais si j'ai résisté à la censure dirigée contre l'ouvrage entier par les raisons que je viens de déduire, j'ai suivi pour *Atala*, prise séparément, un système absolument opposé. Je n'ai pu être arrêté dans les corrections, ni par la considération du prix du livre, ni par celle de la longueur de l'ouvrage. Quelques années ont été plus que suffisantes pour me faire connaître les endroits faibles ou vicieux de cet épisode. Docile sur ce point à la critique, jusqu'à me faire reprocher mon trop de facilité, j'ai prouvé à ceux qui m'attaquaient que je ne suis jamais volontairement dans l'erreur, et que dans tous les temps et sur tous les sujets, je suis prêt à céder à des lumières supérieures aux miennes. *Atala* a été réimprimée onze fois : cinq fois séparément, et six fois dans le *Génie du Christianisme*; si l'on confrontait ces onze éditions, à peine en trouverait-on deux tout à fait semblables.

La douzième que je publie aujourd'hui, a été revue avec le plus grand soin[27]. J'ai consulté des *amis prompts à me censurer*; j'ai pesé chaque phrase, examiné chaque mot. Le style, dégagé des épithètes qui l'embarrassaient, marche peut-être avec plus de naturel et de simplicité. J'ai mis plus d'ordre et de suite dans quelques idées; j'ai fait disparaître jusqu'aux moindres incorrections de langage. M. de La Harpe[28] me disait au sujet d'*Atala* : « Si vous voulez vous enfermer avec moi seulement quelques heures, ce temps nous suffira pour effacer les taches qui font crier si haut vos censeurs. » J'ai passé quatre ans à revoir cet épisode, mais aussi il est tel qu'il doit rester. C'est la seule *Atala* que je reconnaîtrai à l'avenir.

Cependant il y a des points sur lesquels je n'ai pas cédé entièrement à la critique. On a prétendu que quelques sentiments exprimés par le P. Aubry renfermaient une doctrine désolante. On a, par exemple, été révolté de ce passage (nous avons aujourd'hui tant de sensibilité !) :

« Que dis-je ! ô vanité des vanités ! Que parlé-je de la

puissance des amitiés de la terre! Voulez-vous, ma chère fille, en connaître l'étendue? Si un homme revenait à la lumière quelques années après sa mort, je doute qu'il fût revu avec joie par ceux-là même qui ont donné le plus de larmes à sa mémoire : tant on forme vite d'autres liaisons, tant on prend facilement d'autres habitudes, tant l'inconstance est naturelle à l'homme, tant notre vie est peu de chose même dans le cœur de nos amis! »

Il ne s'agit pas de savoir si ce sentiment est pénible à avouer, mais s'il est vrai et fondé sur la commune expérience. Il serait difficile de ne pas en convenir. Ce n'est pas surtout chez les Français que l'on peut avoir la prétention de ne rien oublier. Sans parler des morts dont on ne se souvient guère, que de vivants sont revenus dans leurs familles et n'y ont trouvé que l'oubli, l'humeur et le dégoût! D'ailleurs quel est ici le but du P. Aubry? N'est-ce pas d'ôter à Atala tout regret d'une existence qu'elle vient de s'arracher volontairement, et à laquelle elle voudrait en vain revenir? Dans cette intention, le missionnaire, en exagérant même à cette infortunée les maux de la vie, ne ferait encore qu'un acte d'humanité. Mais il n'est pas nécessaire de recourir à cette explication. Le P. Aubry exprime une chose malheureusement trop vraie. S'il ne faut pas calomnier la nature humaine, il est aussi très inutile de la voir meilleure qu'elle ne l'est en effet.

Le même critique, M. l'abbé Morellet[29], s'est encore élevé contre cette autre pensée, comme fausse et paradoxale :

« Croyez-moi, mon fils, les douleurs ne sont point éternelles; il faut tôt ou tard qu'elles finissent, parce que le cœur de l'homme est fini. C'est une de nos grandes misères : nous ne sommes pas même capables d'être longtemps malheureux. »

Le critique prétend que cette sorte d'incapacité de l'homme pour la douleur est au contraire un des grands biens de la vie. Je ne lui répondrai pas que si cette réflexion est vraie, elle détruit l'observation qu'il a faite sur le premier passage du discours du

P. Aubry. En effet, ce serait soutenir, d'un côté, que
l'on n'oublie jamais ses amis; et de l'autre, qu'on est
très heureux de n'y plus penser. Je remarquerai seulement que l'habile grammairien me semble ici
confondre les mots. Je n'ai pas dit : « C'est une de nos
grandes *infortunes* »; ce qui serait faux, sans doute;
mais : « C'est une de nos grandes *misères* », ce qui est
très vrai [30]. Eh! qui ne sent que cette impuissance où
est le cœur de l'homme de nourrir longtemps un sentiment, même celui de la douleur, est la preuve la plus
complète de sa stérilité, de son indigence, de sa
misère ? M. l'abbé Morellet paraît faire, avec beaucoup
de raison, un cas infini du bon sens, du jugement, du
naturel. Mais suit-il toujours dans la pratique la théorie qu'il professe ? Il serait assez singulier que ses idées
riantes sur l'homme et sur la vie, me donnassent le
droit de le soupçonner, à mon tour, de porter dans ses
sentiments l'exaltation et les illusions de la jeunesse.

La nouvelle nature et les mœurs nouvelles que j'ai
peintes, m'ont attiré encore un autre reproche peu
réfléchi. On m'a cru l'inventeur de quelques détails
extraordinaires, lorsque je rappelais seulement des
choses connues de tous les voyageurs. Des notes ajou-
tées à cette édition d'*Atala* m'auraient aisément justi-
fié; mais s'il en avait fallu mettre dans tous les
endroits où chaque lecteur pouvait en avoir besoin,
elles auraient bientôt surpassé la longueur de
l'ouvrage. J'ai donc renoncé à faire des notes. Je me
contenterai de transcrire ici un passage de la *Défense
du Génie du Christianisme*. Il s'agit des ours enivrés de
raisin, que les doctes censeurs avaient pris pour une
gaieté de mon imagination. Après avoir cité des autorités respectables et le témoignage de Carver, Bartram, Imley, Charlevoix, j'ajoute : « Quand on trouve
dans un auteur une circonstance qui ne fait pas beauté
en elle-même, et qui ne sert qu'à donner de la ressemblance au tableau; si cet auteur a d'ailleurs montré
quelque sens commun, il serait assez naturel de supposer qu'il n'a pas inventé cette circonstance, et qu'il
n'a fait que rapporter une chose réelle, bien qu'elle ne

soit pas très connue. Rien n'empêche qu'on ne trouve
Atala une méchante production ; mais j'ose dire que la
nature américaine y est peinte avec la plus scrupu-
leuse exactitude. C'est une justice que lui rendent tous
les voyageurs qui ont visité la Louisiane et les Florides. Les deux traductions anglaises d'*Atala* sont parvenues en Amérique ; les papiers publics ont annoncé,
en outre, une troisième traduction publiée à Philadelphie avec succès ; si les tableaux de cette histoire
eussent manqué de vérité, auraient-ils réussi chez un
peuple qui pouvait dire à chaque pas : « Ce ne sont
pas là nos fleuves, nos montagnes, nos forêts. » *Atala*
est retournée au désert, et il semble que sa patrie l'ait
reconnue pour véritable enfant de la solitude[a]. »

René, qui accompagne *Atala* dans la présente édition, n'avait point encore été imprimé à part. Je ne sais
s'il continuera d'obtenir la préférence que plusieurs
personnes lui donnent sur *Atala*. Il fait suite naturelle[31] à cet épisode, dont il diffère néanmoins par le
style et par le ton. Ce sont à la vérité les mêmes lieux
et les mêmes personnages, mais ce sont d'autres
mœurs et un autre ordre de sentiments et d'idées.
Pour toute préface, je citerai encore les passages du
Génie du Christianisme et de la *Défense*, qui se rap-
portent à *René*.

Extrait du *Génie du Christianisme*, IIe Partie,
Liv. III, Chap. ix, intitulé : « *Du Vague des Passions.* »

« Il reste à parler d'un état de l'âme, qui, ce nous
semble, n'a pas encore été bien observé : c'est celui
qui précède le développement des grandes passions,
lorsque toutes les facultés, jeunes, actives, entières,
mais renfermées, ne se sont exercées que sur elles-
mêmes, sans but et sans objet. Plus les peuples
avancent en civilisation, plus cet état du *vague* des

---

a. *Défense du Génie du Christianisme.*

passions augmente; car il arrive alors une chose fort triste : le grand nombre d'exemples qu'on a sous les yeux, la multitude de livres qui traitent de l'homme et de ses sentiments, rendent habile, sans expérience. On est détrompé sans avoir joui; il reste encore des désirs, et l'on n'a plus d'illusions. L'imagination est riche, abondante et merveilleuse, l'existence pauvre, sèche et désenchantée. On habite, avec un cœur plein, un monde vide; et sans avoir usé de rien, on est désabusé de tout.

« L'amertume que cet état de l'âme répand sur la vie, est incroyable; le cœur se retourne et se replie en cent manières, pour employer des forces qu'il sent lui être inutiles. Les Anciens ont peu connu cette inquiétude secrète, cette aigreur des passions étouffées qui fermentent toutes ensemble : une grande existence politique, les jeux du gymnase et du champ de Mars, les affaires du forum et de la place publique, remplissaient tous leurs moments, et ne laissaient aucune place aux ennuis du cœur.

« D'une autre part, ils n'étaient pas enclins aux exagérations, aux espérances, aux craintes sans objet, à la mobilité des idées et des sentiments, à la perpétuelle inconstance, qui n'est qu'un dégoût constant : dispositions que nous acquérons dans la société intime des femmes. Les femmes, chez les peuples modernes, indépendamment de la passion qu'elles inspirent, influent encore sur tous les autres sentiments. Elles ont dans leur existence un certain abandon qu'elles font passer dans la nôtre; elles rendent notre caractère d'homme moins décidé; et nos passions, amollies par le mélange des leurs, prennent à la fois quelque chose d'incertain et de tendre[32]. »

. . . .

« Il suffirait de joindre quelques infortunes à cet état indéterminé des passions, pour qu'il pût servir de fond à un drame admirable. Il est étonnant que les écrivains modernes n'aient pas encore songé à peindre cette singulière position de l'âme. Puisque nous manquons d'exemples, nous serait-il permis de donner aux lecteurs un épisode extrait, comme *Atala*, de nos anciens *Natchez* ? C'est la vie de ce jeune René, à qui Chactas a raconté son histoire, etc., etc.[33] »

Extrait de la *Défense du Génie du Christianisme*[34] :

« On a déjà fait remarquer la tendre sollicitude des critiques[a] pour la pureté de la religion ; on devait donc s'attendre qu'ils se formaliseraient des deux épisodes que l'auteur a introduits dans son livre. Cette objection particulière rentre dans la grande objection qu'ils ont opposée à tout l'ouvrage, et elle se détruit par la réponse générale qu'on y a faite plus haut. Encore une fois, l'auteur a dû combattre des poèmes et des romans impies, avec des poèmes et des romans pieux ; il s'est couvert des mêmes armes dont il voyait l'ennemi revêtu : c'était une conséquence naturelle et nécessaire du genre d'apologie qu'il avait choisi. Il a cherché à donner l'exemple avec le précepte. Dans la partie théorique de son ouvrage, il avait dit que la religion embellit notre existence, corrige les passions sans les éteindre, jette un intérêt singulier sur tous les sujets où elle est employée ; il avait dit que sa doctrine et son culte se mêlent merveilleusement aux émotions du cœur et aux scènes de la nature ; qu'elle est enfin la seule ressource dans les grands malheurs de la vie : il ne suffisait pas d'avancer tout cela, il fallait encore le prouver. C'est ce que l'auteur a essayé de faire dans les deux épisodes de son livre. Ces épisodes étaient en outre une amorce préparée à l'espèce de lecteurs pour qui l'ouvrage est spécialement écrit. L'auteur avait-il donc si mal connu le cœur humain, lorsqu'il a tendu ce piège innocent aux incrédules ? Et n'est-il pas probable que tel lecteur n'eût jamais ouvert le *Génie du Christianisme*, s'il n'y avait cherché *René* et *Atala* ?

> *Sai che là corre il mondo, ove più versi*
> *Delle sue dolcezze il lusinghier Parnaso,*

---

a. Il s'agit ici des philosophes uniquement.

> *E che'l vero, condito in molli versi,*
> *I più schivi alletando ha persuaso*[35].

« Tout ce qu'un critique impartial qui veut entrer dans l'esprit de l'ouvrage, était en droit d'exiger de l'auteur, c'est que les épisodes de cet ouvrage eussent une tendance visible à faire aimer la religion et à en démontrer l'utilité. Or, la nécessité des cloîtres pour certains malheurs de la vie, et pour ceux-là même qui sont les plus grands, la puissance d'une religion qui peut seule fermer des plaies que tous les baumes de la terre ne sauraient guérir, ne sont-elles pas invinciblement prouvées dans l'histoire de René ? L'auteur y combat en outre le travers particulier des jeunes gens du siècle, le travers qui mène directement au suicide. C'est J.-J. Rousseau qui introduisit le premier parmi nous ces rêveries si désastreuses et si coupables. En s'isolant des hommes, en s'abandonnant à ses songes, il a fait croire à une foule de jeunes gens, qu'il est beau de se jeter ainsi dans le vague de la vie. Le roman de Werther a développé depuis ce germe de poison. L'auteur du *Génie du Christianisme*, obligé de faire entrer dans le cadre de son apologie quelques tableaux pour l'imagination, a voulu dénoncer cette espèce de vice nouveau, et peindre les funestes conséquences de l'amour outré de la solitude. Les couvents offraient autrefois des retraites à ces âmes contemplatives, que la nature appelle impérieusement aux méditations. Elles y trouvaient auprès de Dieu de quoi remplir le vide qu'elles sentent en elles-mêmes, et souvent l'occasion d'exercer de rares et sublimes vertus. Mais depuis la destruction des monastères et les progrès de l'incrédulité, on doit s'attendre à voir se multiplier au milieu de la société (comme il est arrivé en Angleterre), des espèces de solitaires tout à la fois passionnés et philosophes, qui ne pouvant ni renoncer aux vices du siècle, ni aimer ce siècle, prendront la haine des hommes pour l'élévation du génie, renonceront à tout devoir divin et humain, se nourriront à l'écart des plus vaines chimères, et se plongeront de plus en plus dans une misanthropie orgueilleuse qui les conduira à la folie, ou à la mort.

« Afin d'inspirer plus d'éloignement pour ces rêveries criminelles, l'auteur a pensé qu'il devait prendre la
punition de René dans le cercle de ces malheurs épouvantables, qui appartiennent moins à l'individu qu'à la
famille de l'homme, et que les Anciens attribuaient à
la fatalité. L'auteur eût choisi le sujet de Phèdre s'il
n'eût été traité par Racine. Il ne restait que celui
d'Erope et de Thyeste[a] chez les Grecs, ou d'Amnon
et de Thamar chez les Hébreux[b]; et bien qu'il ait été
aussi transporté sur notre scène[c], il est toutefois moins
connu que celui de Phèdre. Peut-être aussi s'applique-
t-il mieux au caractère que l'auteur a voulu peindre[36].
En effet, les folles rêveries de René commencent le
mal, et ses extravagances l'achèvent : par les premières, il égare l'imagination d'une faible femme ; par
les dernières, en voulant attenter à ses jours, il oblige
cette infortunée à se réunir à lui ; ainsi le malheur naît
du sujet, et la punition sort de la faute.

« Il ne restait qu'à sanctifier, par le Christianisme,
cette catastrophe empruntée à la fois de l'antiquité
païenne et de l'antiquité sacrée. L'auteur, même alors,
n'eut pas tout à faire ; car il trouva cette histoire
presque naturalisée chrétienne dans une vieille ballade
de Pèlerin[37], que les paysans chantent encore dans
plusieurs provinces[d]. Ce n'est pas par les maximes
répandues dans un ouvrage, mais par l'impression
que cet ouvrage laisse au fond de l'âme, que l'on doit
juger de sa moralité. Or, la sorte d'épouvante et de
mystère qui règne dans l'épisode de René, serre et
contriste le cœur sans y exciter d'émotion criminelle.
Il ne faut pas perdre de vue qu'Amélie meurt heureuse et guérie, et que René finit misérablement.

a. Sén. *in Atr. et Th.* Voyez aussi Canacé et Macareus, et Caune
et Byblis dans les *Métamorphoses* et dans les *Héroïdes* d'Ovide. J'ai
rejeté comme trop abominable le sujet de Myrrha, qu'on retrouve
encore dans celui de Loth et de ses filles.
   b. *Reg.* 13, 14.
   c. Dans l'*Abufar* de M. Ducis.
   d. C'est le chevalier des Landes,
      Malheureux chevalier, etc.

Ainsi, le vrai coupable est puni, tandis que sa trop faible victime, remettant son âme blessée entre les mains de *celui qui retourne le malade sur sa couche*, sent renaître une joie ineffable du fond même des tristesses de son cœur. Au reste, le discours du P. Souël ne laisse aucun doute sur le but et les moralités religieuses de l'histoire de René. »

On voit, par le chapitre cité du *Génie du Christianisme*, quelle espèce de passion nouvelle j'ai essayé de peindre ; et, par l'extrait de la *Défense*, quel vice non encore attaqué j'ai voulu combattre. J'ajouterai que, quant au style, *René* a été revu avec autant de soin qu'*Atala*, et qu'il a reçu le degré de perfection que je suis capable de lui donner.

ATALA

PROLOGUE

La France possédait autrefois, dans l'Amérique septentrionale, un vaste empire qui s'étendait depuis le Labrador jusqu'aux Florides, et depuis les rivages de l'Atlantique jusqu'aux lacs les plus reculés du haut Canada[38].

Quatre grands fleuves, ayant leurs sources dans les mêmes montagnes, divisaient ces régions immenses[39] : le fleuve Saint-Laurent qui se perd à l'est dans le golfe de son nom, la rivière de l'Ouest qui porte ses eaux à des mers inconnues, le fleuve Bourbon qui se précipite du midi au nord dans la baie d'Hudson, et le Meschacebé[a] qui tombe du nord au midi, dans le golfe du Mexique.

Ce dernier fleuve, dans un cours de plus de mille lieues, arrose une délicieuse contrée que les habitants des Etats-Unis appellent le nouvel Éden, et à laquelle les Français ont laissé le doux nom de Louisiane. Mille autres fleuves, tributaires du Meschacebé, le Missouri, l'Illinois, l'Akanza, l'Ohio, le Wabache, le Tenase[40], l'engraissent de leur limon et la fertilisent de leurs eaux. Quand tous ces fleuves se sont gonflés des déluges de l'hiver, quand les tempêtes ont abattu des pans entiers de forêts, les arbres déracinés s'assemblent sur les sources. Bientôt les vases les

a. Vrai nom du Mississipi ou Meschassipi.

cimentent, les lianes les enchaînent, et des plantes y
prenant racine de toutes parts, achèvent de consolider
ces débris. Charriés par les vagues écumantes, ils descendent au Meschacebé. Le fleuve s'en empare, les
pousse au golfe Mexicain, les échoue sur des bancs de
sable et accroît ainsi le nombre de ses embouchures.
Par intervalle, il élève sa voix, en passant sous les
monts, et répand ses eaux débordées autour des
colonnades des forêts et des pyramides des tombeaux
indiens ; c'est le Nil des déserts. Mais la grâce est toujours unie à la magnificence dans les scènes de la
nature : tandis que le courant du milieu entraîne vers
la mer les cadavres des pins et des chênes, on voit sur
les deux courants latéraux remonter le long des
rivages, des îles flottantes de pistia et de nénuphar,
dont les roses jaunes s'élèvent comme de petits pavil-
lons. Des serpents verts, des hérons bleus, des fla-
mants roses, de jeunes crocodiles s'embarquent, pas-
sagers sur ces vaisseaux de fleurs, et la colonie,
déployant au vent ses voiles d'or, va aborder endormie
dans quelque anse retirée du fleuve [41].

Les deux rives du Meschacebé présentent le tableau
le plus extraordinaire. Sur le bord occidental, des
savanes se déroulent à perte de vue ; leurs flots de verdure, en s'éloignant, semblent monter dans l'azur du
ciel où ils s'évanouissent. On voit dans ces prairies
sans bornes, errer à l'aventure des troupeaux de trois
ou quatre mille buffles sauvages. Quelquefois un
bison chargé d'années, fendant les flots à la nage, se
vient coucher parmi de hautes herbes, dans une île du
Meschacebé. A son front orné de deux croissants, à sa
barbe antique et limoneuse, vous le prendriez pour le
dieu du fleuve, qui jette un œil satisfait sur la grandeur
de ses ondes, et la sauvage abondance de ses rives.

Telle est la scène sur le bord occidental ; mais elle
change sur le bord opposé, et forme avec la première
un admirable contraste [42]. Suspendus sur le cours des
eaux, groupés sur les rochers et sur les montagnes,
dispersés dans les vallées, des arbres de toutes les
formes, de toutes les couleurs, de tous les parfums, se

mêlent, croissent ensemble, montent dans les airs à des hauteurs qui fatiguent les regards. Les vignes sauvages, les bignonias, les coloquintes, s'entrelacent au pied de ces arbres, escaladent leurs rameaux, grimpent à l'extrémité des branches, s'élancent de l'érable au tulipier, du tulipier à l'alcée, en formant mille grottes, mille voûtes, mille portiques. Souvent égarées d'arbre en arbre, ces lianes traversent des bras de rivières, sur lesquels elles jettent des ponts de fleurs. Du sein de ces massifs, le magnolia élève son cône immobile [43]; surmonté de ses larges roses blanches, il domine toute la forêt, et n'a d'autre rival que le palmier, qui balance légèrement auprès de lui ses éventails de verdure.

Une multitude d'animaux, placés dans ces retraites par la main du Créateur, y répandent l'enchantement et la vie. De l'extrémité des avenues, on aperçoit des ours enivrés de raisins, qui chancellent sur les branches des ormeaux; des caribous se baignent dans un lac; des écureuils noirs se jouent dans l'épaisseur des feuillages; des oiseaux moqueurs, des colombes de Virginie de la grosseur d'un passereau, descendent sur les gazons rougis par les fraises; des perroquets verts à tête jaune, des piverts empourprés, des cardinaux de feu, grimpent en circulant au haut des cyprès; des colibris étincellent sur le jasmin des Florides, et des serpents-oiseleurs sifflent suspendus aux dômes des bois, en s'y balançant comme des lianes [44].

Si tout est silence et repos dans les savanes de l'autre côté du fleuve, tout ici, au contraire, est mouvement et murmure : des coups de bec contre le tronc des chênes, des froissements d'animaux qui marchent, broutent ou broient entre leurs dents les noyaux des fruits, des bruissements d'ondes, de faibles gémissements, de sourds meuglements, de doux roucoulements remplissent ces déserts d'une tendre et sauvage harmonie. Mais quand une brise vient à animer ces solitudes, à balancer ces corps flottants, à confondre ces masses de blanc, d'azur, de vert, de rose, à mêler toutes les couleurs, à réunir tous les murmures; alors il sort de tels bruits du fond des forêts, il se passe de telles choses aux yeux, que j'essaierais en vain de les décrire à ceux qui n'ont point parcouru ces champs primitifs de la nature[45].

Après la découverte du Meschacebé par le P. Marquette et l'infortuné La Salle, les premiers Français qui s'établirent au Biloxi et à La Nouvelle-Orléans, firent alliance avec les Natchez, nation Indienne, dont la puissance était redoutable dans ces contrées[46]. Des querelles et des jalousies ensanglantèrent dans la suite la terre de l'hospitalité[47]. Il y avait parmi ces Sauvages un vieillard nommé Chactas[a], qui, par son âge, sa sagesse, et sa science dans les choses de la vie, était le patriarche et l'amour des déserts. Comme tous les hommes, il avait acheté la vertu par l'infortune. Non seulement les forêts du Nouveau-Monde furent remplies de ses malheurs, mais il les porta jusque sur les rivages de la France. Retenu aux galères à Marseille par une cruelle injustice, rendu à la liberté, présenté à Louis XIV, il avait conversé avec les grands hommes de ce siècle et assisté aux fêtes de Versailles, aux tragédies de Racine, aux oraisons funèbres de Bossuet[49] : en un mot, le Sauvage avait contemplé la société à son plus haut point de splendeur.

Depuis plusieurs années, rentré dans le sein de sa patrie, Chactas jouissait du repos. Toutefois le ciel lui vendait encore cher cette faveur; le vieillard était devenu aveugle[50]. Une jeune fille l'accompagnait sur les coteaux du Meschacebé, comme Antigone guidait les pas d'Œdipe sur le Cythéron[51], ou comme Malvina conduisait Ossian[52] sur les rochers de Morven.

Malgré les nombreuses injustices que Chactas avait éprouvées de la part des Français, il les aimait. Il se souvenait toujours de Fénelon, dont il avait été l'hôte, et désirait pouvoir rendre quelque service aux compatriotes de cet homme vertueux. Il s'en présenta une occasion favorable. En 1725, un Français, nommé René, poussé par des passions et des malheurs, arriva

a. La voix harmonieuse[48].

à la Louisiane. Il remonta le Meschacebé jusqu'aux Natchez et demanda à être reçu guerrier de cette nation. Chactas l'ayant interrogé, et le trouvant inébranlable dans sa résolution, l'adopta pour fils, et lui donna pour épouse une Indienne, appelée Céluta [53]. Peu de temps après ce mariage, les Sauvages se préparèrent à la chasse du castor [54].

Chactas, quoique aveugle, est désigné par le conseil des Sachems[a] pour commander l'expédition, à cause du respect que les tribus indiennes lui portaient. Les prières et les jeûnes commencent : les Jongleurs interprètent les songes ; on consulte les Manitous ; on fait des sacrifices de petun ; on brûle des filets de langue d'orignal ; on examine s'ils pétillent dans la flamme, afin de découvrir la volonté des Génies ; on part enfin, après avoir mangé le chien sacré. René est de la troupe. A l'aide des contre-courants, les pirogues remontent le Meschacebé, et entrent dans le lit de l'Ohio [56]. C'est en automne. Les magnifiques déserts du Kentucky se déploient aux yeux étonnés du jeune Français [57]. Une nuit, à la clarté de la lune, tandis que tous les Natchez dorment au fond de leurs pirogues, et que la flotte indienne, élevant ses voiles de peaux de bêtes, fuit devant une légère brise, René, demeuré seul avec Chactas, lui demande le récit de ses aventures. Le vieillard consent à le satisfaire, et assis avec lui sur la poupe de la pirogue, il commence en ces mots :

a. Vieillards ou conseillers [55].

LE RÉCIT

LES CHASSEURS

« C'est une singulière destinée, mon cher fils, que celle qui nous réunit. Je vois en toi l'homme civilisé qui s'est fait sauvage; tu vois en moi l'homme sauvage, que le grand Esprit (j'ignore pour quel dessein) a voulu civiliser. Entrés l'un et l'autre dans la carrière de la vie, par les deux bouts opposés, tu es venu te reposer à ma place, et j'ai été m'asseoir à la tienne : ainsi nous avons dû avoir des objets une vue totalement différente. Qui, de toi ou de moi, a le plus gagné ou le plus perdu à ce changement de position ? C'est ce que savent les Génies, dont le moins savant a plus de sagesse que tous les hommes ensemble.

« A la prochaine lune des fleurs[a], il y aura sept fois dix neiges, et trois neiges de plus[b], que ma mère me mit au monde, sur les bords du Meschacebé. Les Espagnols s'étaient depuis peu établis dans la baie de Pensacola, mais aucun Blanc n'habitait encore la Louisiane[58]. Je comptais à peine dix-sept chutes de feuilles, lorsque je marchai avec mon père, le guerrier Outalissi, contre les Muscogulges, nation puissante des Florides. Nous nous joignîmes aux Espagnols nos alliés, et le combat se donna sur une des branches de la Maubile[59]. Areskoui[c] et les Manitous ne nous

---

a. Mois de mai.
b. Neige pour année, 73 ans.
c. Dieu de la guerre.

furent pas favorables. Les ennemis triomphèrent;
mon père perdit la vie; je fus blessé deux fois en le
défendant. Oh! que ne descendis-je alors dans le pays
des âmes[a], j'aurais évité les malheurs qui m'attendaient sur la terre! Les Esprits en ordonnèrent autrement : je fus entraîné par les fuyards à Saint-Augustin[60].

« Dans cette ville, nouvellement bâtie par les Espagnols, je courais le risque d'être enlevé pour les mines
de Mexico, lorsqu'un vieux Castillan, nommé Lopez,
touché de ma jeunesse et de ma simplicité, m'offrit un
asile, et me présenta à une sœur avec laquelle il vivait
sans épouse[61].

« Tous les deux prirent pour moi les sentiments les
plus tendres. On m'éleva avec beaucoup de soin, on
me donna toutes sortes de maîtres. Mais après avoir
passé trente lunes à Saint-Augustin, je fus saisi du
dégoût de la vie des cités. Je dépérissais à vue d'œil[62] :
tantôt je demeurais immobile pendant des heures, à
contempler la cime des lointaines forêts; tantôt on me
trouvait assis au bord d'un fleuve, que je regardais
tristement couler. Je me peignais les bois à travers lesquels cette onde avait passé, et mon âme était tout
entière à la solitude.

« Ne pouvant plus résister à l'envie de retourner au
désert, un matin je me présentai à Lopez, vêtu de mes
habits de Sauvage, tenant d'une main mon arc et mes
flèches, et de l'autre mes vêtements européens[63]. Je les
remis à mon généreux protecteur, aux pieds duquel je
tombai, en versant des torrents de larmes. Je me donnai des noms odieux, je m'accusai d'ingratitude :
« Mais enfin, lui dis-je, ô mon père, tu le vois toi-
« même : je meurs, si je ne reprends la vie de
« l'Indien. »

« Lopez, frappé d'étonnement, voulut me détourner
de mon dessein. Il me représenta les dangers que
j'allais courir, en m'exposant à tomber de nouveau
entre les mains des Muscogulges. Mais voyant que

a. Les enfers.

j'étais résolu à tout entreprendre, fondant en pleurs, et
me serrant dans ses bras : « Va, s'écria-t-il, enfant de
« la nature ! reprends cette indépendance de l'homme,
« que Lopez ne te veut point ravir. Si j'étais plus jeune
« moi-même, je t'accompagnerais au désert (où j'ai
« aussi de doux souvenirs !) et je te remettrais dans les
« bras de ta mère. Quand tu seras dans tes forêts,
« songe quelquefois à ce vieil Espagnol qui te donna
« l'hospitalité, et rappelle-toi, pour te porter à l'amour
« de tes semblables, que la première expérience que tu
« as faite du cœur humain, a été toute en sa faveur. »
Lopez finit par une prière au Dieu des Chrétiens,
dont j'avais refusé d'embrasser le culte, et nous nous
quittâmes avec des sanglots[64].

« Je ne tardai pas être puni de mon ingratitude. Mon
inexpérience m'égara dans les bois, et je fus pris par
un parti de Muscogulges et de Siminoles, comme
Lopez me l'avait prédit. Je fus reconnu pour Natché, à
mon vêtement et aux plumes qui ornaient ma tête. On
m'enchaîna, mais légèrement, à cause de ma jeunesse.
Simaghan, le chef de la troupe, voulut savoir mon
nom. Je répondis : « Je m'appelle Chactas, fils d'Outa-
« lissi, fils de Miscou, qui ont enlevé plus de cent che-
« velures aux héros Muscogulges. » Simaghan me dit :
« Chactas, fils d'Outalissi, fils de Miscou, réjouis-toi ;
« tu seras brûlé au grand village. » Je repartis : « Voilà
« qui va bien » ; et j'entonnai ma chanson de mort.

« Tout prisonnier que j'étais, je ne pouvais, durant
les premiers jours, m'empêcher d'admirer mes ennemis. Le Muscogulge, et surtout son allié le Siminole,
respire la gaieté, l'amour, le contentement[65]. Sa
démarche est légère, son abord ouvert et serein. Il
parle beaucoup et avec volubilité ; son langage est har-
monieux et facile[66]. L'âge même ne peut ravir aux
Sachems cette simplicité joyeuse : comme les vieux
oiseaux de nos bois, ils mêlent encore leurs vieilles
chansons aux airs nouveaux de leur jeune postérité.

« Les femmes qui accompagnaient la troupe témoi-
gnaient pour ma jeunesse une pitié tendre et une
curiosité aimable. Elles me questionnaient sur ma

mère, sur les premiers jours de ma vie ; elles voulaient
savoir si l'on suspendait mon berceau de mousse aux
branches fleuries des érables, si les brises m'y balan-
çaient, auprès du nid des petits oiseaux. C'était
ensuite mille autres questions sur l'état de mon cœur :
elles me demandaient si j'avais vu une biche blanche
dans mes songes, et si les arbres de la vallée secrète
m'avaient conseillé d'aimer. Je répondais avec naïveté
aux mères, aux filles et aux épouses des hommes. Je
leur disais : « Vous êtes les grâces du jour, et la nuit
« vous aime comme la rosée. L'homme sort de votre
« sein pour se suspendre à votre mamelle et à votre
« bouche ; vous savez des paroles magiques qui endor-
« ment toutes les douleurs. Voilà ce que m'a dit celle
« qui m'a mis au monde, et qui ne me reverra plus !
« Elle m'a dit encore que les vierges étaient des fleurs
« mystérieuses qu'on trouve dans les lieux solitaires. »

« Ces louanges faisaient beaucoup de plaisir aux
femmes ; elles me comblaient de toute sorte de dons ;
elles m'apportaient de la crème de noix, du sucre
d'érable, de la sagamité[a], des jambons d'ours, des
peaux de castors, des coquillages pour me parer, et
des mousses pour ma couche. Elles chantaient, elles
riaient avec moi, et puis elles se prenaient à verser des
larmes, en songeant que je serais brûlé.

« Une nuit que les Muscogulges avaient placé leur
camp sur le bord d'une forêt, j'étais assis auprès du *feu
de la guerre*, avec le chasseur commis à ma garde.
Tout à coup j'entendis le murmure d'un vêtement sur
l'herbe, et une femme à demi voilée vint s'asseoir à
mes côtés. Des pleurs roulaient sous sa paupière ; à la
lueur du feu un petit crucifix d'or brillait sur son sein.
Elle était régulièrement belle[67] ; l'on remarquait sur
son visage je ne sais quoi de vertueux et de passionné,
dont l'attrait était irrésistible. Elle joignait à cela des
grâces plus tendres ; une extrême sensibilité, unie à
une mélancolie profonde, respirait dans ses regards ;
son sourire était céleste[68].

a. Sorte de pâte de maïs.

« Je crus que c'était la *Vierge des dernières amours*,
cette vierge qu'on envoie au prisonnier de guerre,
pour enchanter sa tombe[69]. Dans cette persuasion, je
lui dis en balbutiant, et avec un trouble qui pourtant
ne venait pas de la crainte du bûcher : « Vierge vous
« êtes digne des premières amours, et vous n'êtes pas
« faite pour les dernières. Les mouvements d'un cœur
« qui va bientôt cesser de battre répondraient mal aux
« mouvements du vôtre. Comment mêler la mort et la
« vie ? Vous me feriez trop regretter le jour. Qu'un
« autre soit plus heureux que moi, et que de longs
« embrassements unissent la liane et le chêne ! »

« La jeune fille me dit alors : « Je ne suis point la
« *Vierge des dernières amours*. Es-tu chrétien ? » Je
répondis que je n'avais point trahi les Génies de ma
cabane. A ces mots, l'Indienne fit un mouvement
involontaire. Elle me dit : « Je te plains de n'être qu'un
« méchant idolâtre. Ma mère m'a fait chrétienne ; je
« me nomme Atala[70], fille de Simaghan aux bracelets
« d'or, et chef des guerriers de cette troupe. Nous
« nous rendons à Apalachucla[71] où tu seras brûlé. » En
prononçant ces mots, Atala se lève et s'éloigne.

Ici Chactas fut contraint d'interrompre son récit.
Les souvenirs se pressèrent en foule dans son âme ;
ses yeux éteints inondèrent de larmes ses joues flé-
tries : telles deux sources cachées dans la profonde
nuit de la terre se décèlent par les eaux qu'elles
laissent filtrer entre les rochers.

« O mon fils, reprit-il enfin, tu vois que Chactas est
bien peu sage, malgré sa renommée de sagesse. Hélas,
mon cher enfant, les hommes ne peuvent déjà plus
voir, qu'ils peuvent encore pleurer ! Plusieurs jours
s'écoulèrent ; la fille du Sachem revenait chaque soir
me parler. Le sommeil avait fui de mes yeux, et Atala
était dans mon cœur, comme le souvenir de la couche
de mes pères.

« Le dix-septième jour de marche, vers le temps où
l'éphémère sort des eaux[72], nous entrâmes sur la
grande savane Alachua[73]. Elle est environnée de
coteaux, qui, fuyant les uns derrière les autres,

portent, en s'élevant jusqu'aux nues, des forêts éta-
gées de copalmes, de citronniers, de magnolias et de
chênes verts. Le chef poussa le cri d'arrivée, et la
troupe campa au pied des collines. On me relégua à
quelque distance, au bord d'un de ces *Puits naturels*, si
fameux dans les Florides. J'étais attaché au pied d'un
arbre; un guerrier veillait impatiemment[74] auprès de
moi. J'avais à peine passé quelques instants dans ce
lieu, qu'Atala parut sous les liquidambars[75] de la fontaine. « Chasseur, dit-elle au héros Muscogulge, si tu
« veux poursuivre le chevreuil, je garderai le prison-
« nier. » Le guerrier bondit de joie à cette parole de la
fille du chef; il s'élance du sommet de la colline et
allonge ses pas dans la plaine.

   « Étrange contradiction du cœur de l'homme! Moi
qui avais tant désiré de dire les choses du mystère à
celle que j'aimais déjà comme le soleil, maintenant
interdit et confus, je crois que j'eusse préféré d'être
jeté aux crocodiles de la fontaine, à me trouver seul
ainsi avec Atala[76]. La fille du désert était aussi troublée que son prisonnier; nous gardions un profond
silence; les Génies de l'amour avaient dérobé nos
paroles. Enfin, Atala, faisant un effort, dit ceci :
« Guerrier, vous êtes retenu bien faiblement; vous
« pouvez aisément vous échapper. » A ces mots, la
hardiesse revint sur ma langue, je répondis : « Faible-
« ment retenu, ô femme...! » Je ne sus comment achever. Atala hésita quelques moments; puis elle dit :
« Sauvez-vous. » Et elle me détacha du tronc de
l'arbre. Je saisis la corde; je la remis dans la main de la
fille étrangère, en forçant ses beaux doigts à se fermer
sur ma chaîne. « Reprenez-la! reprenez-la! m'écriai-
« je. » « Vous êtes un insensé, dit Atala d'une voix
« émue. Malheureux! ne sais-tu pas que tu seras
« brûlé? Que prétends-tu? Songes-tu bien que je suis
« la fille d'un redoutable Sachem? » « Il fut un temps,
« répliquai-je avec des larmes, que j'étais aussi porté
« dans une peau de castor, aux épaules d'une mère.
« Mon père avait aussi une belle hutte, et ses che-
« vreuils buvaient les eaux de mille torrents[77]; mais

« j'erre maintenant sans patrie. Quand je ne serai plus,
« aucun ami ne mettra un peu d'herbe sur mon corps,
« pour le garantir des mouches. Le corps d'un étran-
« ger malheureux n'intéresse personne. »

« Ces mots attendrirent Atala. Ses larmes tombèrent
dans la fontaine. « Ah! repris-je avec vivacité, si votre
« cœur parlait comme le mien! Le désert n'est-il pas
« libre? Les forêts n'ont-elles point des replis où nous
« cacher? Faut-il donc, pour être heureux, tant de
« choses aux enfants des cabanes! O fille plus belle
« que le premier songe de l'époux! O ma bien-aimée!
« ose suivre mes pas. » Telles furent mes paroles. Atala
me répondit d'une voix tendre : « Mon jeune ami,
« vous avez appris le langage des Blancs, il est aisé de
« tromper une Indienne. » « Quoi! m'écriai-je, vous
« m'appelez votre jeune ami! Ah! si un pauvre
« esclave... » « Eh bien! dit-elle, en se penchant sur
« moi, un pauvre esclave... » Je repris avec ardeur :
« Qu'un baiser l'assure de ta foi! » Atala écouta ma
prière. Comme un faon semble pendre aux fleurs de
lianes roses, qu'il saisit de sa langue délicate dans
l'escarpement de la montagne, ainsi je restai suspendu
aux lèvres de ma bien-aimée.

« Hélas! mon cher fils, la douleur touche de près au
plaisir. Qui eût pu croire que le moment où Atala me
donnait le premier gage de son amour, serait celui-là
même où elle détruirait mes espérances? Cheveux
blanchis du vieux Chactas, quel fut votre étonnement,
lorsque la fille du Sachem prononça ces paroles!
« Beau prisonnier, j'ai follement cédé à ton désir; mais
« où nous conduira cette passion? Ma religion me
« sépare de toi pour toujours... O ma mère! qu'as-tu
« fait?... » Atala se tut tout à coup, et retint je ne sus
quel fatal secret près d'échapper à ses lèvres. Ses
paroles me plongèrent dans le désespoir. « Eh bien!
« m'écriai-je, je serai aussi cruel que vous; je ne fuirai
« point. Vous me verrez dans le cadre de feu; vous
« entendrez les gémissements de ma chair, et vous
« serez pleine de joie. » Atala saisit mes mains entre les
deux siennes. « Pauvre jeune idolâtre, s'écria-t-elle, tu

« me fais réellement pitié! Tu veux donc que je pleure
« tout mon cœur? Quel dommage que je ne puisse fuir
« avec toi! Malheureux a été le ventre de ta mère, ô
« Atala! Que ne te jettes-tu au crocodile de la fon-
« taine! »

« Dans ce moment même, les crocodiles, aux
approches du coucher du soleil, commençaient à faire
entendre leurs rugissements. Atala me dit : « Quittons
« ces lieux. » J'entraînai la fille de Simaghan aux pieds
des coteaux qui formaient des golfes de verdure, en
avançant leurs promontoires dans la savane. Tout
était calme et superbe au désert. La cigogne criait sur
son nid[78], les bois retentissaient du chant monotone
des cailles, du sifflement des perruches, du mugissement des bisons et du hennissement des cavales Siminoles.

« Notre promenade fut presque muette. Je marchais
à côté d'Atala; elle tenait le bout de la corde, que je
l'avais forcée de reprendre. Quelquefois nous versions
des pleurs; quelquefois nous essayions de sourire. Un
regard, tantôt levé vers le ciel, tantôt attaché à la terre,
une oreille attentive au chant de l'oiseau, un geste vers
le soleil couchant, une main tendrement serrée, un
sein tour à tour palpitant, tour à tour tranquille, les
noms de Chactas et d'Atala doucement répétés par
intervalle... Oh! première promenade de l'amour, il
faut que votre souvenir soit bien puissant, puisque,
après tant d'années d'infortune, vous remuez encore
le cœur du vieux Chactas!

« Qu'ils sont incompréhensibles les mortels agités
par les passions! Je venais d'abandonner le généreux
Lopez, je venais de m'exposer à tous les dangers pour
être libre; dans un instant le regard d'une femme avait
changé mes goûts, mes résolutions, mes pensées!
Oubliant mon pays, ma mère, ma cabane et la mort
affreuse qui m'attendait, j'étais devenu indifférent à
tout ce qui n'était pas Atala! Sans force pour m'élever
à la raison de l'homme, j'étais retombé tout à coup
dans une espèce d'enfance; et loin de pouvoir rien
faire pour me soustraire aux maux qui m'attendaient,

j'aurais eu presque besoin qu'on s'occupât de mon sommeil et de ma nourriture !

« Ce fut donc vainement qu'après nos courses dans la savane, Atala, se jetant à mes genoux, m'invita de nouveau à la quitter. Je lui protestai que je retournerais seul au camp, si elle refusait de me rattacher au pied de mon arbre. Elle fut obligée de me satisfaire, espérant me convaincre une autre fois.

« Le lendemain de cette journée, qui décida du destin de ma vie, on s'arrêta dans une vallée, non loin de Cuscowilla, capitale des Siminoles. Ces Indiens unis aux Muscogulges, forment avec eux la confédération des Creeks. La fille du pays des palmiers vint me trouver au milieu de la nuit. Elle me conduisit dans une grande forêt de pins et renouvela ses prières pour m'engager à la fuite. Sans lui répondre, je pris sa main dans ma main, et je forçai cette biche altérée d'errer avec moi dans la forêt. La nuit était délicieuse. Le Génie des airs secouait sa chevelure bleue, embaumée de la senteur des pins, et l'on respirait la faible odeur d'ambre, qu'exhalaient les crocodiles couchés sous les tamarins des fleuves. La lune brillait au milieu d'un azur sans tache, et sa lumière gris de perle descendait sur la cime indéterminée des forêts. Aucun bruit ne se faisait entendre, hors je ne sais quelle harmonie lointaine qui régnait dans la profondeur des bois : on eût dit que l'âme de la solitude soupirait dans toute l'étendue du désert [79].

« Nous aperçûmes à travers les arbres un jeune homme, qui, tenant à la main un flambeau, ressemblait au Génie du printemps, parcourant les forêts pour ranimer la nature [80]. C'était un amant qui allait s'instruire de son sort à la cabane de sa maîtresse.

« Si la vierge éteint le flambeau, elle accepte les vœux offerts ; si elle se voile sans l'éteindre, elle rejette un époux [81].

« Le guerrier, en se glissant dans les ombres, chantait à demi-voix ces paroles :

« Je devancerai les pas du jour sur le sommet des « montagnes, pour chercher ma colombe solitaire « parmi les chênes de la forêt.

« J'ai attaché à son cou un collier de porcelaines[a];
« on y voit trois grains rouges pour mon amour, trois
« violets pour mes craintes, trois bleus pour mes espé-
« rances.

« Mila a les yeux d'une hermine et la chevelure
« légère d'un champ de riz; sa bouche est un coquil-
« lage rose, garni de perles; ses deux seins sont comme
« deux petits chevreaux sans tache, nés au même jour
« d'une seule mère.

« Puisse Mila éteindre ce flambeau! Puisse sa
« bouche verser sur lui une ombre voluptueuse! Je fer-
« tiliserai son sein. L'espoir de la patrie pendra à sa
« mamelle féconde, et je fumerai mon calumet de paix
« sur le berceau de mon fils!

« Ah! laissez-moi devancer les pas du jour sur le
« sommet des montagnes, pour chercher ma colombe
« solitaire parmi les chênes de la forêt! »

« Ainsi chantait ce jeune homme, dont les accents
portèrent le trouble jusqu'au fond de mon âme, et
firent changer de visage à Atala. Nos mains unies frémirent l'une dans l'autre. Mais nous fûmes distraits de
cette scène, par une scène non moins dangereuse pour
nous.

« Nous passâmes auprès du tombeau d'un enfant,
qui servait de limite à deux nations. On l'avait placé
au bord du chemin, selon l'usage, afin que les jeunes
femmes, en allant à la fontaine, pussent attirer dans
leur sein l'âme de l'innocente créature, et la rendre à la
patrie. On y voyait dans ce moment des épouses nouvelles qui, désirant les douceurs de la maternité, cherchaient, en entrouvrant leurs lèvres, à recueillir l'âme
du petit enfant, qu'elles croyaient voir errer sur les
fleurs. La véritable mère vint ensuite déposer une
gerbe de maïs et des fleurs de lis blancs sur le tombeau[82]. Elle arrosa la terre de son lait, s'assit sur le

a. Sorte de coquillage.

gazon humide, et parla à son enfant d'une voix attendrie :

« Pourquoi te pleuré-je dans ton berceau de terre, ô
« mon nouveau-né ? Quand le petit oiseau devient
« grand, il faut qu'il cherche sa nourriture, et il trouve
« dans le désert bien des graines amères. Du moins tu
« as ignoré les pleurs ; du moins ton cœur n'a point été
« exposé au souffle dévorant des hommes. Le bouton
« qui sèche dans son enveloppe, passe avec tous ses
« parfums, comme toi, ô mon fils ! avec toute ton
« innocence. Heureux ceux qui meurent au berceau [83],
« ils n'ont connu que les baisers et les sourires d'une
« mère ! »

« Déjà subjugués par notre propre cœur, nous
fûmes accablés par ces images d'amour et de maternité, qui semblaient nous poursuivre dans ces solitudes enchantées. J'emportai Atala dans mes bras au
fond de la forêt, et je lui dis des choses qu'aujourd'hui
je chercherais en vain sur mes lèvres. Le vent du midi,
mon cher fils, perd sa chaleur en passant sur des montagnes de glace. Les souvenirs de l'amour dans le
cœur d'un vieillard sont comme les feux du jour réfléchis par l'orbe paisible de la lune, lorsque le soleil est
couché et que le silence plane sur les huttes des Sauvages.

« Qui pouvait sauver Atala ? Qui pouvait l'empêcher
de succomber à la nature ? Rien qu'un miracle, sans
doute ; et ce miracle fut fait ! La fille de Simaghan eut
recours au Dieu des Chrétiens ; elle se précipita sur la
terre, et prononça une fervente oraison, adressée à sa
mère et à la reine des vierges [84]. C'est de ce moment, ô
René, que j'ai conçu une merveilleuse idée de cette
religion [85], qui dans les forêts, au milieu de toutes les
privations de la vie, peut remplir de mille dons les
infortunés ; de cette religion, qui opposant sa puissance au torrent des passions suffit seule pour les
vaincre, lorsque tout les favorise, et le secret des bois
et l'absence des hommes et la fidélité des ombres. Ah !
qu'elle me parut divine, la simple Sauvage, l'ignorante
Atala, qui à genoux devant un vieux pin tombé,

comme au pied d'un autel, offrait à son Dieu des
vœux pour un amant idolâtre! Ses yeux levés vers
l'astre de la nuit, ses joues brillantes des pleurs de la
religion et de l'amour, étaient d'une beauté immortelle. Plusieurs fois il me sembla qu'elle allait prendre
son vol vers les cieux; plusieurs fois je crus voir descendre sur les rayons de la lune et entendre dans les
branches des arbres, ces Génies que le Dieu des Chrétiens envoie aux ermites des rochers, lorsqu'il se dispose à les rappeler à lui. J'en fus affligé, car je craignis
qu'Atala n'eût que peu de temps à passer sur la
terre[86].

« Cependant elle versa tant de larmes, elle se montra
si malheureuse, que j'allais peut-être consentir à
m'éloigner, lorsque le cri de mort retentit dans la
forêt. Quatre hommes armés se précipitent sur moi :
nous avions été découverts; le chef de guerre avait
donné l'ordre de nous poursuivre.

« Atala, qui ressemblait à une reine pour l'orgueil de
la démarche[87], dédaigna de parler à ces guerriers. Elle
leur lança un regard superbe, et se rendit auprès de
Simaghan.

« Elle ne put rien obtenir. On redoubla mes gardes,
on multiplia mes chaînes, on écarta mon amante.
Cinq nuits s'écoulent, et nous apercevons Apalachucla située au bord de la rivière Chata-Uche. Aussitôt
on me couronne de fleurs; on me peint le visage
d'azur et de vermillon; on m'attache des perles au nez
et aux oreilles et l'on me met à la main un chichi-
koué[a].

« Ainsi paré pour le sacrifice, j'entre dans Apalachucla, aux cris répétés de la foule. C'en était fait de ma
vie, quand tout à coup le bruit d'une conque se fait
entendre, et le Mico, ou chef de la nation[89], ordonne
de s'assembler.

« Tu connais, mon fils, les tourments que les Sauvages font subir aux prisonniers de guerre. Les missionnaires chrétiens, aux périls de leurs jours, et avec

a. Instrument de musique des Sauvages[88].

une charité infatigable, étaient parvenus, chez plusieurs nations, à faire substituer un esclavage assez doux aux horreurs du bûcher. Les Muscogulges n'avaient point encore adopté cette coutume; mais un parti nombreux s'était déclaré en sa faveur. C'était pour prononcer sur cette importante affaire, que le Mico convoquait les Sachems. On me conduit au lieu des délibérations.

« Non loin d'Apalachucla s'élevait, sur un tertre isolé, le pavillon du conseil[90]. Trois cercles de colonnes formaient l'élégante architecture de cette rotonde. Les colonnes étaient de cyprès poli et sculpté; elles augmentaient en hauteur et en épaisseur, et diminuaient en nombre, à mesure qu'elles se rapprochaient du centre marqué par un pilier unique. Du sommet de ce pilier partaient des bandes d'écorce, qui passant sur le sommet des autres colonnes, couvraient le pavillon, en forme d'éventail à jour.

« Le conseil s'assemble. Cinquante vieillards, en manteau de castor, se rangent sur des espèces de gradins faisant face à la porte du pavillon. Le grand chef est assis au milieu d'eux, tenant à la main le calumet de paix à demi coloré pour la guerre. A la droite des vieillards, se placent cinquante femmes couvertes d'une robe de plumes de cygnes. Les chefs de guerre, le tomahawk[a] à la main, le pennache[91] en tête, les bras et la poitrine teints de sang, prennent la gauche.

« Au pied de la colonne centrale, brûle le feu du conseil. Le premier jongleur[92] environné des huit gardiens du temple, vêtu de longs habits, et portant un hibou empaillé sur la tête, verse du baume de copalme sur la flamme et offre un sacrifice au soleil. Ce triple rang de vieillards, de matrones, de guerriers, ces prêtres, ces nuages d'encens, ce sacrifice, tout sert à donner à ce conseil un appareil imposant.

« J'étais debout enchaîné au milieu de l'assemblée. Le sacrifice achevé, le Mico prend la parole, et expose avec simplicité l'affaire qui rassemble le conseil. Il jette

a. La hache.

un collier bleu dans la salle, en témoignage de ce qu'il vient de dire.

« Alors un Sachem de la tribu de l'Aigle, se lève, et parle ainsi :

« Mon père le Mico, Sachems, matrones, guerriers
« des quatre tribus de l'Aigle, du Castor, du Serpent et
« de la Tortue, ne changeons rien aux mœurs de nos
« aïeux ; brûlons le prisonnier, et n'amollissons point
« nos courages. C'est une coutume des Blancs qu'on
« vous propose, elle ne peut être que pernicieuse.
« Donnez un collier rouge qui contienne mes paroles.
« J'ai dit. »

« Et il jette un collier rouge dans l'assemblée.

« Une matrone se lève, et dit :

« Mon père l'Aigle, vous avez l'esprit d'un renard,
« et la prudente lenteur d'une tortue. Je veux polir
« avec vous la chaîne d'amitié, et nous planterons
« ensemble l'arbre de paix. Mais changeons les cou-
« tumes de nos aïeux, en ce qu'elles ont de funeste.
« Ayons des esclaves qui cultivent nos champs, et
« n'entendons plus les cris du prisonnier, qui troublent
« le sein des mères. J'ai dit. »

« Comme on voit les flots de la mer se briser pendant un orage, comme en automne les feuilles séchées
sont enlevées par un tourbillon, comme les roseaux du
Meschacebé plient et se relèvent dans une inondation
subite, comme un grand troupeau de cerfs brame au
fond d'une forêt, ainsi s'agitait et murmurait le
conseil[93]. Des Sachems, des guerriers, des matrones
parlent tour à tour ou tous ensemble. Les intérêts se
choquent, les opinions se divisent, le conseil va se dis-
soudre ; mais enfin l'usage antique l'emporte, et je suis
condamné au bûcher.

« Une circonstance vint retarder mon supplice ; la
Fête des morts ou le *Festin des âmes* approchait[94]. Il est
d'usage de ne faire mourir aucun captif pendant les
jours consacrés à cette cérémonie. On me confia à une
garde sévère ; et sans doute les Sachems éloignèrent la
fille de Simaghan, car je ne la revis plus.

« Cependant les nations de plus de trois cents lieues

à la ronde, arrivaient en foule pour célébrer le *Festin des âmes*. On avait bâti une longue hutte sur un site écarté. Au jour marqué, chaque cabane exhuma les restes de ses pères de leurs tombeaux particuliers, et l'on suspendit les squelettes, par ordre et par famille, aux murs de la *Salle commune des aïeux*. Les vents (une tempête s'était élevée), les forêts, les cataractes mugissaient au-dehors, tandis que les vieillards des diverses nations concluaient entre eux des traités de paix et d'alliance sur les os de leurs pères.

« On célèbre les jeux funèbres, la course, la balle, les osselets. Deux vierges cherchent à s'arracher une baguette de saule. Les boutons de leurs seins viennent se toucher, leurs mains voltigent sur la baguette qu'elles élèvent au-dessus de leurs têtes. Leurs beaux pieds nus s'entrelacent, leurs bouches se rencontrent, leurs douces haleines se confondent ; elles se penchent et mêlent leur chevelure ; elles regardent leurs mères, rougissent[a] : on applaudit. Le jongleur invoque Michabou, génie des eaux. Il raconte les guerres du grand Lièvre contre Matchimanitou, dieu du mal. Il dit le premier homme et Atahensic la première femme précipités du ciel pour avoir perdu l'innocence, la terre rougie du sang fraternel, Jouskeka l'impie immolant le juste Tahouistsaron, le déluge descendant à la voix du grand Esprit, Massou sauvé seul dans son canot d'écorce, et le corbeau envoyé à la découverte de la terre ; il dit encore la belle Endaé, retirée de la contrée des âmes par les douces chansons de son époux[95].

« Après ces jeux et ces cantiques, on se prépare à donner aux aïeux une éternelle sépulture.

« Sur les bords de la rivière Chata-Uche se voyait un figuier sauvage, que le culte des peuples avait consacré. Les vierges avaient accoutumé de laver leurs robes d'écorce dans ce lieu et de les exposer au souffle du désert, sur les rameaux de l'arbre antique. C'était là qu'on avait creusé un immense tombeau. On part

---

a. La rougeur est sensible chez les jeunes Sauvages.

de la salle funèbre, en chantant l'hymne à la mort;
chaque famille porte quelque débris sacré. On arrive à
la tombe; on y descend les reliques; on les y étend par
couche; on les sépare avec des peaux d'ours et de castors; le mont du tombeau s'élève, et l'on y plante
l'*Arbre des pleurs et du sommeil*.

« Plaignons les hommes, mon cher fils! Ces mêmes
Indiens dont les coutumes sont si touchantes; ces
mêmes femmes qui m'avaient témoigné un intérêt si
tendre, demandaient maintenant mon supplice à
grands cris[96]; et des nations entières retardaient leur
départ pour avoir le plaisir de voir un jeune homme
souffrir des tourments épouvantables.

« Dans une vallée au nord, à quelque distance du
grand village, s'élevait un bois de cyprès et de sapins,
appelé le *Bois du sang*. On y arrivait par les ruines
d'un de ces monuments dont on ignore l'origine, et
qui sont l'ouvrage d'un peuple maintenant inconnu[97].
Au centre de ce bois, s'étendait une arène, où l'on
sacrifiait les prisonniers de guerre. On m'y conduit en
triomphe. Tout se prépare pour ma mort : on plante
le poteau d'Areskoui; les pins, les ormes, les cyprès
tombent sous la cognée; le bûcher s'élève; les specta-
teurs bâtissent des amphithéâtres avec des branches et
des troncs d'arbres. Chacun invente un supplice : l'un
se propose de m'arracher la peau du crâne, l'autre de
me brûler les yeux avec des haches ardentes[98]. Je
commence ma chanson de mort[99].

« Je ne crains point les tourments : je suis brave, ô
« Muscogulges, je vous défie! je vous méprise plus
« que des femmes. Mon père Outalissi, fils de Miscou,
« a bu dans le crâne de vos plus fameux guerriers;
« vous n'arracherez pas un soupir de mon cœur. »

« Provoqué par ma chanson, un guerrier me perça
le bras d'une flèche; je dis : « Frère, je te remercie. »

« Malgré l'activité des bourreaux, les préparatifs du
supplice ne purent être achevés avant le coucher du
soleil. On consulta le jongleur qui défendit de troubler
les Génies des ombres, et ma mort fut encore suspendue jusqu'au lendemain. Mais dans l'impatience de

jouir du spectacle, et pour être plus tôt prêts au lever de l'aurore, les Indiens ne quittèrent point le *Bois du sang*; ils allumèrent de grands feux, et commencèrent des festins et des danses.

« Cependant on m'avait étendu sur le dos. Des cordes partant de mon cou, de mes pieds, de mes bras, allaient s'attacher à des piquets enfoncés en terre. Des guerriers étaient couchés sur ces cordes, et je ne pouvais faire un mouvement, sans qu'ils en fussent avertis [100]. La nuit s'avance : les chants et les danses cessent par degré; les feux ne jettent plus que des lueurs rougeâtres, devant lesquelles on voit encore passer les ombres de quelques Sauvages; tout s'endort; à mesure que le bruit des hommes s'affaiblit, celui du désert augmente, et au tumulte des voix succèdent les plaintes du vent dans la forêt.

« C'était l'heure où une jeune Indienne qui vient d'être mère, se réveille en sursaut au milieu de la nuit, car elle a cru entendre les cris de son premier-né, qui lui demande la douce nourriture. Les yeux attachés au ciel, où le croissant de la lune errait dans les nuages, je réfléchissais sur ma destinée. Atala me semblait un monstre d'ingratitude. M'abandonner au moment du supplice, moi qui m'étais dévoué aux flammes plutôt que de la quitter! Et pourtant je sentais que je l'aimais toujours, et que je mourrais avec joie pour elle.

« Il est dans les extrêmes plaisirs, un aiguillon qui nous éveille, comme pour nous avertir de profiter de ce moment rapide; dans les grandes douleurs, au contraire, je ne sais quoi de pesant nous endort; des yeux fatigués par les larmes cherchent naturellement à se fermer, et la bonté de la Providence se fait ainsi remarquer, jusque dans nos infortunes. Je cédai, malgré moi, à ce lourd sommeil que goûtent quelquefois les misérables. Je rêvais qu'on m'ôtait mes chaînes; je croyais sentir ce soulagement qu'on éprouve, lorsque, après avoir été fortement pressé, une main secourable relâche nos fers.

« Cette sensation devint si vive, qu'elle me fit soulever les paupières. A la clarté de la lune, dont un rayon s'échappait entre deux nuages, j'entrevois une grande figure blanche penchée sur moi, et occupée à dénouer silencieusement mes liens. J'allais pousser un cri, lorsqu'une main, que je reconnus à l'instant, me ferma la bouche. Une seule corde restait, mais il paraissait impossible de la couper, sans toucher un guerrier qui la couvrait tout entière de son corps. Atala y porte la main, le guerrier s'éveille à demi, et se dresse sur son séant. Atala reste immobile, et le regarde. L'Indien croit voir l'Esprit des ruines; il se recouche en fermant les yeux et en invoquant son Manitou. Le lien est brisé. Je me lève; je suis ma libératrice, qui me tend le bout d'un arc dont elle tient l'autre extrémité. Mais que de dangers nous environnent! Tantôt nous sommes près de heurter des Sauvages endormis; tantôt une garde nous interroge, et Atala répond en changeant sa voix. Des enfants poussent des cris, des dogues aboient. A peine sommes-nous sortis de l'enceinte funeste, que des hurlements ébranlent la forêt. Le camp se réveille, mille feux s'allument; on voit courir de tous côtés des Sauvages avec des flambeaux; nous précipitons notre course.

« Quand l'aurore se leva sur les Apalaches, nous étions déjà loin. Quelle fut ma félicité, lorsque je me trouvai encore une fois dans la solitude avec Atala, avec Atala ma libératrice, avec Atala qui se donnait à moi pour toujours! Les paroles manquèrent à ma langue, je tombai à genoux, et je dis à la fille de Simaghan : « Les hommes sont bien peu de chose; « mais quand les Génies les visitent, alors ils ne sont « rien du tout. Vous êtes un génie, vous m'avez visité, « et je ne puis parler devant vous. » Atala me tendit la main avec un sourire : « Il faut bien, dit-elle, que je « vous suive, puisque vous ne voulez pas fuir sans « moi. Cette nuit, j'ai séduit le jongleur par des pré- « sents, j'ai enivré vos bourreaux avec de l'essence de « feu[a], et j'ai dû hasarder ma vie pour vous, puisque « vous aviez donné la vôtre pour moi. Oui, jeune ido-

a. De l'eau-de-vie.

« lâtre, ajouta-t-elle avec un accent qui m'effraya, le
« sacrifice sera réciproque. »

« Atala me remit les armes qu'elle avait eu soin
d'apporter; ensuite elle pansa ma blessure. En
l'essuyant avec une feuille de papaya, elle la mouillait
de ses larmes. « C'est un baume, lui dis-je, que tu
« répands sur ma plaie. » « Je crains plutôt que ce ne
« soit un poison », répondit-elle. Elle déchira un des
voiles de son sein, dont elle fit une première
compresse, qu'elle attacha avec une boucle de ses cheveux [101].

« L'ivresse qui dure longtemps chez les Sauvages, et
qui est pour eux une espèce de maladie, les empêcha
sans doute de nous poursuivre durant les premières
journées. S'ils nous cherchèrent ensuite, il est probable que ce fut du côté du couchant, persuadés que
nous aurions essayé de nous rendre au Meschacebé;
mais nous avions pris notre route vers l'étoile immobile [a], en nous dirigeant sur la mousse du tronc des
arbres.

« Nous ne tardâmes pas à nous apercevoir que nous
avions peu gagné à ma délivrance. Le désert déroulait
maintenant devant nous ses solitudes démesurées.
Sans expérience de la vie des forêts, détournés de
notre vrai chemin, et marchant à l'aventure,
qu'allions-nous devenir? Souvent en regardant Atala,
je me rappelais cette antique histoire d'Agar [102], que
Lopez m'avait fait lire, et qui est arrivée dans le désert
de Bersabée, il y a bien longtemps, alors que les
hommes vivaient trois âges de chêne.

« Atala me fit un manteau avec la seconde écorce du
frêne, car j'étais presque nu. Elle me broda des
mocassines [b] de peau de rat musqué, avec du poil de
porc-épic. Je prenais soin à mon tour de sa parure.
Tantôt je lui mettais sur la tête une couronne de ces
mauves bleues, que nous trouvions sur notre route,
dans des cimetières indiens abandonnés; tantôt je lui

a. Le Nord.
b. Chaussure indienne.

faisais des colliers avec des graines rouges d'azaléa; et puis je me prenais à sourire, en contemplant sa merveilleuse beauté.

« Quand nous rencontrions un fleuve, nous le passions sur un radeau ou à la nage. Atala appuyait une de ses mains sur mon épaule; et, comme deux cygnes voyageurs, nous traversions ces ondes solitaires.

« Souvent dans les grandes chaleurs du jour, nous cherchions un abri sous les mousses des cèdres. Presque tous les arbres de la Floride, en particulier le cèdre et le chêne vert, sont couverts d'une mousse blanche qui descend de leurs rameaux jusqu'à terre [103]. Quand la nuit, au clair de la lune, vous apercevez sur la nudité d'une savane, une yeuse isolée revêtue de cette draperie, vous croiriez voir un fantôme, traînant après lui ses longs voiles. La scène n'est pas moins pittoresque au grand jour; car une foule de papillons, de mouches brillantes, de colibris, de perruches vertes, de geais d'azur, vient s'accrocher à ces mousses, qui produisent alors l'effet d'une tapisserie en laine blanche, où l'ouvrier européen aurait brodé des insectes et des oiseaux éclatants.

« C'était dans ces riantes hôtelleries, préparées par le grand Esprit, que nous nous reposions à l'ombre. Lorsque les vents descendaient du ciel pour balancer ce grand cèdre, que le château aérien bâti sur ses branches allait flottant avec les oiseaux et les voyageurs endormis sous ses abris, que mille soupirs sortaient des corridors et des voûtes du mobile édifice, jamais les merveilles de l'ancien monde n'ont approché de ce monument du désert.

« Chaque soir nous allumions un grand feu, et nous bâtissions la hutte du voyage, avec une écorce élevée sur quatre piquets. Si j'avais tué une dinde sauvage, un ramier, un faisan des bois, nous le suspendions devant le chêne embrasé, au bout d'une gaule plantée en terre, et nous abandonnions au vent le soin de tourner la proie du chasseur. Nous mangions des mousses appelées tripes de roches [104], des écorces sucrées de bouleau, et des pommes de mai, qui ont le goût de la pêche et de la framboise. Le noyer noir, l'érable, le sumach, fournissaient le vin à notre table. Quelquefois j'allais chercher, parmi les roseaux, une plante dont la fleur allongée en cornet, contenait un verre de la plus pure rosée[105]. Nous bénissions la Providence qui, sur la faible tige d'une fleur, avait placé cette source limpide au milieu des marais corrompus, comme elle a mis l'espérance au fond des cœurs ulcérés par le chagrin, comme elle a fait jaillir la vertu du sein des misères de la vie.

« Hélas! je découvris bientôt que je m'étais trompé sur le calme apparent d'Atala. A mesure que nous avancions, elle devenait triste. Souvent elle tressaillait sans cause, et tournait précipitamment la tête. Je la surprenais attachant sur moi un regard passionné, qu'elle reportait vers le ciel avec une profonde mélancolie. Ce qui m'effrayait surtout, était un secret, une pensée cachée au fond de son âme, que j'entrevoyais dans ses yeux. Toujours m'attirant et me repoussant, ranimant et détruisant mes espérances, quand je croyais avoir fait un peu de chemin dans son cœur, je me retrouvais au même point. Que de fois elle m'a dit : « O mon jeune amant! je t'aime comme l'ombre « des bois au milieu du jour! Tu es beau comme le « désert avec toutes ses fleurs et toutes ses brises. Si je « me penche sur toi, je frémis; si ma main tombe sur « la tienne, il me semble que je vais mourir. L'autre « jour le vent jeta tes cheveux sur mon visage, tandis « que tu te délassais sur mon sein, je crus sentir le léger « toucher des Esprits invisibles. Oui, j'ai vu les che- « vrettes de la montagne d'Occone[106]; j'ai entendu les « propos des hommes rassasiés de jours; mais la dou- « ceur des chevreaux et la sagesse des vieillards, sont « moins plaisantes et moins fortes que tes paroles. Eh! « bien, pauvre Chactas, je ne serai jamais ton « épouse! »

« Les perpétuelles contradictions de l'amour et de la religion d'Atala, l'abandon de sa tendresse et la chasteté de ses mœurs, la fierté de son caractère et sa profonde sensibilité, l'élévation de son âme dans les grandes choses, sa susceptibilité dans les petites, tout en faisait pour moi un être incompréhensible. Atala ne pouvait pas prendre sur un homme un faible empire : pleine de passions, elle était pleine de puissance ; il fallait ou l'adorer, ou la haïr.

« Après quinze nuits d'une marche précipitée, nous entrâmes dans la chaîne des monts Allégany, et nous atteignîmes une des branches du Tenase [107], fleuve qui se jette dans l'Ohio. Aidé des conseils d'Atala, je bâtis un canot, que j'enduisis de gomme de prunier, après en avoir recousu les écorces avec des racines de sapin. Ensuite je m'embarquai avec Atala, et nous nous abandonnâmes au cours du fleuve.

« Le village indien de Sticoë, avec ses tombes pyramidales [108] et ses huttes en ruine, se montrait à notre gauche, au détour d'un promontoire ; nous laissions à droite la vallée de Keow [109], terminée par la perspective des cabanes de Jore, suspendues au front de la montagne du même nom. Le fleuve qui nous entraînait, coulait entre de hautes falaises, au bout desquelles on apercevait le soleil couchant. Ces profondes solitudes n'étaient point troublées par la présence de l'homme. Nous ne vîmes qu'un chasseur Indien qui, appuyé sur son arc et immobile sur la pointe d'un rocher, ressemblait à une statue élevée dans la montagne au Génie de ces déserts [110].

« Atala et moi nous joignions notre silence au silence de cette scène. Tout à coup la fille de l'exil fit éclater dans les airs une voix pleine d'émotion et de mélancolie ; elle chantait la patrie absente [111] :

« Heureux ceux qui n'ont point vu la fumée des « fêtes de l'étranger, et qui ne se sont assis qu'aux festins de leurs pères !

« Si le geai bleu du Meschacebé disait à la non-« pareille des Florides : « Pourquoi vous plaignez-vous « si tristement ? N'avez-vous pas ici de belles eaux et « de beaux ombrages, et toutes sortes de pâtures « comme dans vos forêts ? » « Oui, répondrait la non-« pareille fugitive ; mais mon nid est dans le jasmin,

« qui me l'apportera ? Et le soleil de ma savane, l'avez-
« vous ? »

« Heureux ceux qui n'ont point vu la fumée des
« fêtes de l'étranger, et qui ne se sont assis qu'aux fes-
« tins de leurs pères !

« Après les heures d'une marche pénible, le voya-
« geur s'assied tristement. Il contemple autour de lui
« les toits des hommes ; le voyageur n'a pas un lieu où
« reposer sa tête. Le voyageur frappe à la cabane, il
« met son arc derrière la porte, il demande l'hospita-
« lité ; le maître fait un geste de la main ; le voyageur
« reprend son arc, et retourne au désert !

« Heureux ceux qui n'ont point vu la fumée des
« fêtes de l'étranger, et qui ne se sont assis qu'aux fes-
« tins de leurs pères !

« Merveilleuses histoires racontées autour du foyer,
« tendres épanchements du cœur, longues habitudes
« d'aimer si nécessaires à la vie, vous avez rempli les
« journées de ceux qui n'ont point quitté leur pays
« natal ! Leurs tombeaux sont dans leur patrie, avec le
« soleil couchant, les pleurs de leurs amis et les
« charmes de la religion.

« Heureux ceux qui n'ont point vu la fumée des
« fêtes de l'étranger, et qui ne se sont assis qu'aux fes-
« tins de leurs pères ! »

« Ainsi chantait Atala. Rien n'interrompait ses
plaintes, hors le bruit insensible de notre canot sur les
ondes. En deux ou trois endroits seulement, elles
furent recueillies par un faible écho qui les redit à un
second plus faible, et celui-ci à un troisième plus faible
encore : on eût cru que les âmes de deux amants jadis
infortunés comme nous, attirées par cette mélodie
touchante, se plaisaient à en soupirer les derniers sons
dans la montagne [112].

« Cependant la solitude, la présence continuelle de
l'objet aimé, nos malheurs mêmes, redoublaient à
chaque instant notre amour. Les forces d'Atala

commençaient à l'abandonner, et les passions, en abattant son corps, allaient triompher de sa vertu. Elle priait continuellement sa mère, dont elle avait l'air de vouloir apaiser l'ombre irritée. Quelquefois elle me demandait si je n'entendais pas une voix plaintive, si je ne voyais pas des flammes sortir de la terre. Pour moi, épuisé de fatigue, mais toujours brûlant de désir, songeant que j'étais peut-être perdu sans retour au milieu de ces forêts, cent fois je fus prêt à saisir mon épouse dans mes bras, cent fois je lui proposai de bâtir une hutte sur ces rivages et de nous y ensevelir ensemble. Mais elle me résista toujours : « Songe, me « disait-elle, mon jeune ami, qu'un guerrier se doit à sa « patrie. Qu'est-ce qu'une femme auprès des devoirs « que tu as à remplir ? Prends courage, fils d'Outalissi, « ne murmure point contre ta destinée. Le cœur de « l'homme est comme l'éponge du fleuve, qui tantôt « boit une onde pure dans les temps de sérénité, tantôt « s'enfle d'une eau bourbeuse, quand le ciel a troublé « les eaux. L'éponge a-t-elle le droit de dire : « Je « croyais qu'il n'y aurait jamais d'orages, que le soleil « ne serait jamais brûlant ? »

« O René, si tu crains les troubles du cœur, défie-toi de la solitude : les grandes passions sont solitaires, et les transporter au désert, c'est les rendre à leur empire. Accablés de soucis et de craintes, exposés à tomber entre les mains des Indiens ennemis, à être engloutis dans les eaux, piqués des serpents, dévorés des bêtes, trouvant difficilement une chétive nourriture, et ne sachant plus de quel côté tourner nos pas, nos maux semblaient ne pouvoir plus s'accroître, lorsqu'un accident y vint mettre le comble.

« C'était le vingt-septième soleil depuis notre départ des cabanes : la *lune de feu*[a] avait commencé son cours, et tout annonçait un orage[113]. Vers l'heure où les matrones indiennes suspendent la crosse du labour aux branches du savinier, et où les perruches se retirent dans le creux des cyprès, le ciel commença à

---

a. Mois de juillet.

se couvrir. Les voix de la solitude s'éteignirent, le désert fit silence, et les forêts demeurèrent dans un calme universel. Bientôt les roulements d'un tonnerre lointain, se prolongeant dans ces bois aussi vieux que le monde, en firent sortir des bruits sublimes. Craignant d'être submergés, nous nous hâtâmes de gagner le bord du fleuve, et de nous retirer dans une forêt.

« Ce lieu était un terrain marécageux. Nous avancions avec peine sous une voûte de smilax, parmi des ceps de vigne, des indigos, des faséoles, des lianes rampantes, qui entravaient nos pieds comme des filets. Le sol spongieux tremblait autour de nous, et à chaque instant nous étions près d'être engloutis dans des fondrières. Des insectes sans nombre, d'énormes chauves-souris nous aveuglaient ; les serpents à sonnette bruissaient de toutes parts ; et les loups, les ours, les carcajous [114], les petits tigres, qui venaient se cacher dans ces retraites, les remplissaient de leurs rugissements.

« Cependant l'obscurité redouble : les nuages abaissés entrent sous l'ombrage des bois. La nue se déchire, et l'éclair trace un rapide losange de feu. Un vent impétueux sorti du couchant roule les nuages sur les nuages ; les forêts plient ; le ciel s'ouvre coup sur coup et, à travers ses crevasses, on aperçoit de nouveaux cieux et des campagnes ardentes. Quel affreux, quel magnifique spectacle ! La foudre met le feu dans les bois ; l'incendie s'étend comme une chevelure de flammes ; des colonnes d'étincelles et de fumée assiègent les nues qui vomissent leurs foudres dans le vaste embrasement. Alors le grand Esprit couvre les montagnes d'épaisses ténèbres ; du milieu de ce vaste chaos s'élève un mugissement confus formé par le fracas des vents, le gémissement des arbres, le hurlement des bêtes féroces, le bourdonnement de l'incendie, et la chute répétée du tonnerre qui siffle en s'éteignant dans les eaux.

« Le grand Esprit le sait ! Dans ce moment je ne vis qu'Atala, je ne pensai qu'à elle. Sous le tronc penché d'un bouleau, je parvins à la garantir des torrents de la

pluie. Assis moi-même sous l'arbre, tenant ma bien-
aimée sur mes genoux, et réchauffant ses pieds nus
entre mes mains, j'étais plus heureux que la nouvelle
épouse qui sent pour la première fois son fruit tressaillir dans son sein.

« Nous prêtions l'oreille au bruit de la tempête ; tout
à coup je sentis une larme d'Atala tomber sur mon
sein : « Orage du cœur, m'écriai-je, est-ce une goutte
« de votre pluie ? » Puis embrassant étroitement celle
que j'aimais : « Atala, lui dis-je, vous me cachez quel-
« que chose. Ouvre-moi ton cœur, ô ma beauté ! cela
« fait tant de bien, quand un ami regarde dans notre
« âme ! Raconte-moi cet autre secret de la douleur que
« tu t'obstines à taire. Ah ! je le vois, tu pleures ta
« patrie. » Elle repartit aussitôt : « Enfant des hommes,
« comment pleurerais-je ma patrie, puisque mon père
« n'était pas du pays des palmiers ? » « Quoi, répli-
« quai-je avec un profond étonnement, votre père
« n'était point du pays des palmiers ! Quel est donc
« celui qui vous a mise sur cette terre ? Répondez. »
Atala dit ces paroles :

« Avant que ma mère eût apporté en mariage au
« guerrier Simaghan trente cavales, vingt buffles, cent
« mesures d'huile de glands, cinquante peaux de cas-
« tors et beaucoup d'autres richesses, elle avait connu
« un homme de la chair blanche. Or, la mère de ma
« mère lui jeta de l'eau au visage[115], et la contraignit
« d'épouser le magnanime Simaghan, tout semblable à
« un roi, et honoré des peuples comme un Génie.
« Mais ma mère dit à son nouvel époux : « Mon ventre
« a conçu, tuez-moi. » Simaghan lui répondit : « Le
« grand Esprit me garde d'une si mauvaise action. Je
« ne vous mutilerai point, je ne vous couperai point le
« nez ni les oreilles, parce que vous avez été sincère et
« que vous n'avez point trompé ma couche. Le fruit
« de vos entrailles sera mon fruit, et je ne vous visiterai
« qu'après le départ de l'oiseau de rizière, lorsque la
« treizième lune aura brillé. » En ce temps-là, je brisai
« le sein de ma mère, et je commençai à croître, fière
« comme une Espagnole et comme une Sauvage. Ma

« mère me fit chrétienne, afin que son Dieu et le Dieu
« de mon père fût aussi mon Dieu. Ensuite le chagrin
« d'amour vint la chercher, et elle descendit dans la
« petite cave garnie de peaux, d'où l'on ne sort
« jamais. »

« Telle fut l'histoire d'Atala. « Et quel était donc ton
« pauvre père, pauvre orpheline, lui dis-je? Comment
« les hommes l'appelaient-ils sur la terre, et quel nom
« portait-il parmi les Génies? » « Je n'ai jamais lavé les
« pieds de mon père, dit Atala; je sais seulement qu'il
« vivait avec sa sœur à Saint-Augustin, et qu'il a tou-
« jours été fidèle à ma mère : Philippe était son nom
« parmi les anges [116], et les hommes le nommaient
« Lopez. »

« A ces mots, je poussai un cri qui retentit dans
toute la solitude; le bruit de mes transports se mêla au
bruit de l'orage. Serrant Atala sur mon cœur, je
m'écriai avec des sanglots : « O ma sœur! ô fille de
« Lopez! fille de mon bienfaiteur! »

« Atala effrayée, me demanda d'où venait mon
trouble; mais quand elle sut que Lopez était cet hôte
généreux qui m'avait adopté à Saint-Augustin, et que
j'avais quitté pour être libre, elle fut saisie elle-même
de confusion et de joie.

« C'en était trop pour nos cœurs que cette amitié
fraternelle qui venait nous visiter, et joindre son
amour à notre amour. Désormais les combats d'Atala
allaient devenir inutiles : en vain je la sentis porter une
main à son sein, et faire un mouvement extraordinaire; déjà je l'avais saisie, déjà je m'étais enivré de
son souffle, déjà j'avais bu toute la magie de l'amour
sur ses lèvres. Les yeux levés vers le ciel, à la lueur des
éclairs, je tenais mon épouse dans mes bras, en présence de l'Éternel. Pompe nuptiale, digne de nos malheurs et de la grandeur de nos amours : superbes
forêts qui agitiez vos lianes et vos dômes comme les
rideaux et le ciel de notre couche, pins embrasés qui
formiez les flambeaux de notre hymen, fleuve
débordé, montagnes mugissantes, affreuse et sublime
nature, n'étiez-vous donc qu'un appareil préparé pour

nous tromper[117], et ne pûtes-vous cacher un moment dans vos mystérieuses horreurs la félicité d'un homme[118] !

« Atala n'offrait plus qu'une faible résistance; je touchais au moment du bonheur, quand tout à coup un impétueux éclair, suivi d'un éclat de la foudre, sillonne l'épaisseur des ombres, remplit la forêt de soufre et de lumière, et brise un arbre à nos pieds. Nous fuyons. O surprise!... dans le silence qui succède, nous entendons le son d'une cloche! Tous deux interdits, nous prêtons l'oreille à ce bruit si étrange dans un désert. A l'instant un chien aboie dans le lointain; il approche, il redouble ses cris, il arrive, il hurle de joie à nos pieds; un vieux Solitaire portant une petite lanterne, le suit à travers les ténèbres de la forêt[119]. « La Providence soit bénie! s'écria-t-il, aussi-« tôt qu'il nous aperçut. Il y a bien longtemps que je « vous cherche! Notre chien vous a sentis dès le « commencement de l'orage, et il m'a conduit ici. Bon « Dieu! comme ils sont jeunes! Pauvres enfants! « comme ils ont dû souffrir! Allons : j'ai apporté une « peau d'ours, ce sera pour cette jeune femme; voici « un peu de vin dans notre calebasse. Que Dieu soit « loué dans toutes ses œuvres! sa miséricorde est bien « grande, et sa bonté est infinie! »

« Atala était aux pieds du religieux[120] : « Chef de la « prière, lui disait-elle, je suis chrétienne, c'est le ciel « qui t'envoie pour me sauver. » « Ma fille, dit l'ermite « en la relevant, nous sonnons ordinairement la cloche « de la Mission pendant la nuit et pendant les tem-« pêtes, pour appeler les étrangers; et, à l'exemple de « nos frères des Alpes et du Liban, nous avons appris « à notre chien à découvrir les voyageurs égarés. » Pour moi, je comprenais à peine l'ermite; cette charité me semblait si fort au-dessus de l'homme, que je croyais faire un songe. A la lueur de la petite lanterne que tenait le religieux, j'entrevoyais sa barbe et ses cheveux tout trempés d'eau; ses pieds, ses mains et son visage étaient ensanglantés par les ronces. « Vieil-« lard, m'écriai-je enfin, quel cœur as-tu donc, toi qui

« n'as pas craint d'être frappé de la foudre ? »
« Craindre ! repartit le père avec une sorte de chaleur ;
craindre, lorsqu'il y a des hommes en péril, et que je
leur puis être utile ! je serais donc un bien indigne serviteur de Jésus-Christ ! » « Mais sais-tu, lui dis-je, que
je ne suis pas chrétien ! » « Jeune homme, répondit
l'ermite, vous ai-je demandé votre religion ? Jésus-
Christ n'a pas dit : « Mon sang lavera celui-ci, et non
« celui-là. » Il est mort pour le juif et le gentil, et il n'a
« vu dans tous les hommes que des frères et des infor-
« tunés. Ce que je fais ici pour vous, est fort peu de
« chose, et vous trouveriez ailleurs bien d'autres
« secours ; mais la gloire n'en doit point retomber sur
« les prêtres. Que sommes-nous, faibles Solitaires,
« sinon de grossiers instruments d'une œuvre céleste ?
« Eh ! que serait le soldat assez lâche pour reculer,
« lorsque son chef, la croix à la main, et le front cou-
« ronné d'épines, marche devant lui au secours des
« hommes ? »

« Ces paroles saisirent mon cœur ; des larmes
d'admiration et de tendresse tombèrent de mes yeux.
« Mes chers enfants, dit le missionnaire, je gouverne
« dans ces forêts un petit troupeau de vos frères sau-
« vages. Ma grotte est assez près d'ici dans la mon-
« tagne ; venez vous réchauffer chez moi ; vous n'y
« trouverez pas les commodités de la vie, mais vous y
« aurez un abri ; et il faut encore en remercier la Bonté
« divine, car il y a bien des hommes qui en
« manquent. »

« Il y a des justes dont la conscience est si tranquille, qu'on ne peut approcher d'eux sans participer à la paix qui s'exhale, pour ainsi dire, de leur cœur et de leurs discours. A mesure que le Solitaire parlait, je sentais les passions s'apaiser dans mon sein, et l'orage même dans le ciel, semblait s'éloigner à sa voix. Les nuages furent bientôt assez dispersés pour nous permettre de quitter notre retraite. Nous sortîmes de la forêt, et nous commençâmes à gravir le revers d'une haute montagne. Le chien marchait devant nous, en portant au bout d'un bâton la lanterne éteinte. Je tenais la main d'Atala, et nous suivions le missionnaire. Il se détournait souvent pour nous regarder, contemplant avec pitié nos malheurs et notre jeunesse. Un livre était suspendu à son cou; il s'appuyait sur un bâton blanc. Sa taille était élevée, sa figure pâle et maigre, sa physionomie simple et sincère. Il n'avait pas les traits morts et effacés de l'homme né sans passions; on voyait que ses jours avaient été mauvais, et les rides de son front montraient les belles cicatrices des passions guéries par la vertu et par l'amour de Dieu et des hommes. Quand il nous parlait debout et immobile, sa longue barbe, ses yeux modestement baissés, le son affectueux de sa voix, tout en lui avait quelque chose de calme et de sublime. Quiconque a vu, comme moi, le P. Aubry cheminant seul avec son bâton et son bréviaire dans le désert, a une véritable idée du voyageur chrétien sur la terre [121].

« Après une demi-heure d'une marche dangereuse par les sentiers de la montagne, nous arrivâmes à la grotte du missionnaire. Nous y entrâmes à travers les lierres et les giraumonts [122] humides, que la pluie avait abattus des rochers. Il n'y avait dans ce lieu qu'une natte de feuilles de papaya, une calebasse pour puiser de l'eau, quelques vases de bois, une bêche, un serpent familier, et sur une pierre qui servait de table, un crucifix et le livre des Chrétiens [123].

« L'homme des anciens jours [124] se hâta d'allumer du feu avec des lianes sèches ; il brisa du maïs entre deux pierres, et en ayant fait un gâteau, il le mit cuire sous la cendre. Quand ce gâteau eut pris au feu une belle couleur dorée, il nous le servit tout brûlant, avec de la crème de noix dans un vase d'érable.

« Le soir ayant ramené la sérénité, le serviteur du grand Esprit nous proposa d'aller nous asseoir à l'entrée de la grotte. Nous le suivîmes dans ce lieu, qui commandait une vue immense. Les restes de l'orage étaient jetés en désordre vers l'orient ; les feux de l'incendie allumé dans les forêts par la foudre, brillaient encore dans le lointain ; au pied de la montagne un bois de pins tout entier était renversé dans la vase et le fleuve roulait pêle-mêle les argiles détrempées, les troncs des arbres, les corps des animaux et les poissons morts, dont on voyait le ventre argenté flotter à la surface des eaux.

« Ce fut au milieu de cette scène qu'Atala raconta notre histoire au vieux Génie de la montagne. Son cœur parut touché, et des larmes tombèrent sur sa barbe [125] : « Mon enfant, dit-il à Atala, il faut offrir vos « souffrances à Dieu, pour la gloire de qui vous avez « déjà fait tant de choses ; il vous rendra le repos. « Voyez fumer ces forêts, sécher ces torrents, se dissi-« per ces nuages ; croyez-vous que celui qui peut cal-« mer une pareille tempête, ne pourra pas apaiser les « troubles du cœur de l'homme ? Si vous n'avez pas de « meilleure retraite, ma chère fille, je vous offre une

« place au milieu du troupeau que j'ai eu le bonheur
« d'appeler à Jésus-Christ. J'instruirai Chactas, et je
« vous le donnerai pour époux quand il sera digne de
« l'être. »

   « A ces mots je tombai aux genoux du Solitaire, en
versant des pleurs de joie ; mais Atala devint pâle
comme la mort. Le vieillard me releva avec bénignité,
et je m'aperçus alors qu'il avait les deux mains mutilées. Atala comprit sur-le-champ ses malheurs. « Les
« barbares ! » s'écria-t-elle.

   « Ma fille, reprit le père avec un doux sourire,
« qu'est-ce que cela auprès de ce qu'a enduré mon
« divin Maître ? Si les Indiens idolâtres m'ont affligé,
« ce sont de pauvres aveugles que Dieu éclairera un
« jour. Je les chéris même davantage, en proportion
« des maux qu'ils m'ont faits. Je n'ai pu rester dans ma
« patrie où j'étais retourné, et où une illustre reine m'a
« fait l'honneur de vouloir contempler ces faibles
« marques de mon apostolat. Et quelle récompense
« plus glorieuse pouvais-je recevoir de mes travaux,
« que d'avoir obtenu du chef de notre religion la per-
« mission de célébrer le divin sacrifice avec ces mains
« mutilées [126] ? Il ne me restait plus, après un tel hon-
« neur, qu'à tâcher de m'en rendre digne : je suis
« revenu au Nouveau-Monde consumer le reste de ma
« vie au service de mon Dieu. Il y a bientôt trente ans
« que j'habite cette solitude, et il y en aura demain
« vingt-deux, que j'ai pris possession de ce rocher.
« Quand j'arrivai dans ces lieux, je n'y trouvai que des
« familles vagabondes, dont les mœurs étaient féroces
« et la vie fort misérable. Je leur ai fait entendre la
« parole de paix, et leurs mœurs se sont graduellement
« adoucies. Ils vivent maintenant rassemblés au bas de
« cette montagne. J'ai tâché, en leur enseignant les
« voies du salut, de leur apprendre les premiers arts de
« la vie, mais sans les porter trop loin, et en retenant
« ces honnêtes gens dans cette simplicité qui fait le
« bonheur. Pour moi, craignant de les gêner par ma
« présence, je me suis retiré sous cette grotte, où ils
« viennent me consulter [127]. C'est ici que loin des

« hommes, j'admire Dieu dans la grandeur de ces soli-
« tudes, et que je me prépare à la mort, que
« m'annoncent mes vieux jours. »

« En achevant ces mots, le Solitaire se mit à genoux,
et nous imitâmes son exemple. Il commença à haute
voix une prière, à laquelle Atala répondait. De muets
éclairs ouvraient encore les cieux dans l'orient, et sur
les nuages du couchant, trois soleils brillaient
ensemble[128]. Quelques renards dispersés par l'orage
allongeaient leurs museaux noirs au bord des précipices, et l'on entendait le frémissement des plantes qui
séchant à la brise du soir, relevaient de toutes parts
leurs tiges abattues.

« Nous rentrâmes dans la grotte, où l'ermite étendit
un lit de mousse de cyprès pour Atala. Une profonde
langueur se peignait dans les yeux et dans les mouvements de cette vierge; elle regardait le P. Aubry,
comme si elle eût voulu lui communiquer un secret;
mais quelque chose semblait la retenir, soit ma présence, soit une certaine honte, soit l'inutilité de l'aveu.
Je l'entendis se lever au milieu de la nuit; elle cherchait le Solitaire, mais comme il lui avait donné sa
couche, il était allé contempler la beauté du ciel et
prier Dieu sur le sommet de la montagne. Il me dit le
lendemain que c'était assez sa coutume, même pendant l'hiver, aimant à voir les forêts balancer leurs
cimes dépouillées, les nuages voler dans les cieux, et à
entendre les vents et les torrents gronder dans la solitude. Ma sœur fut donc obligée de retourner à sa
couche, où elle s'assoupit. Hélas! comblé d'espérance,
je ne vis dans la faiblesse d'Atala que des marques
passagères de lassitude!

« Le lendemain je m'éveillai aux chants des cardinaux et des oiseaux moqueurs, nichés dans les acacias
et les lauriers qui environnaient la grotte. J'allai cueillir
une rose de magnolia, et je la déposai humectée des
larmes du matin sur la tête d'Atala endormie. J'espé-
rais, selon la religion de mon pays, que l'âme de quelque enfant mort à la mamelle, serait descendue sur
cette fleur dans une goutte de rosée, et qu'un heureux

songe la porterait au sein de ma future épouse. Je cherchai ensuite mon hôte ; je le trouvai, la robe relevée dans ses deux poches, un chapelet à la main, et m'attendant assis sur le tronc d'un pin tombé de vieillesse. Il me proposa d'aller avec lui à la Mission, tandis qu'Atala reposait encore ; j'acceptai son offre, et nous nous mîmes en route à l'instant.

« En descendant la montagne, j'aperçus des chênes où les Génies semblaient avoir dessiné des caractères étrangers. L'ermite me dit qu'il les avait tracés lui-même, que c'étaient des vers d'un ancien poëte appelé Homère, et quelques sentences d'un autre poëte plus ancien encore, nommé Salomon. Il y avait, je ne sais quelle mystérieuse harmonie entre cette sagesse des temps, ces vers rongés de mousse, ce vieux Solitaire qui les avait gravés, et ces vieux chênes qui lui servaient de livres.

« Son nom, son âge, la date de sa mission, étaient aussi marqués sur un roseau de savane, au pied de ces arbres. Je m'étonnai de la fragilité du dernier monument : « Il durera encore plus que moi, me répondit le « père, et aura toujours plus de valeur que le peu de « bien que j'ai fait. »

« De là, nous arrivâmes à l'entrée d'une vallée, où je vis un ouvrage merveilleux : c'était un pont naturel, semblable à celui de la Virginie, dont tu as peut-être entendu parler [129]. Les hommes, mon fils, surtout ceux de ton pays, imitent souvent la nature, et leurs copies sont toujours petites ; il n'en est pas ainsi de la nature, quand elle a l'air d'imiter les travaux des hommes, en leur offrant en effet des modèles. C'est alors qu'elle jette des ponts du sommet d'une montagne au sommet d'une autre montagne, suspend des chemins dans les nues, répand des fleuves pour canaux, sculpte des monts pour colonnes, et pour bassins creuse des mers.

« Nous passâmes sous l'arche unique de ce pont et nous nous trouvâmes devant une autre merveille : c'était le cimetière des Indiens de la Mission, ou *les Bocages de la mort*. Le P. Aubry avait permis à ses néophytes d'ensevelir leurs morts à leur manière et de conserver au lieu de leurs sépultures son nom sauvage ; il avait seulement sanctifié ce lieu par une croix[a]. Le sol en était divisé, comme le champ commun des moissons, en autant de lots qu'il y avait de familles. Chaque lot faisait à lui seul un bois qui variait selon le goût de ceux qui l'avaient planté. Un ruisseau serpentait sans bruit au milieu de ces bocages ; on l'appelait *le Ruisseau de la paix*. Ce riant asile des âmes était fermé à l'orient par le pont sous lequel nous avions passé ; deux collines le bornaient au septentrion et au midi ; il ne s'ouvrait qu'à l'occident, où s'élevait un grand bois de sapins. Les troncs de ces arbres, rouges marbrés de vert, montant sans branches jusqu'à leurs cimes, ressemblaient à de hautes colonnes, et formaient le péristyle de ce temple de la mort ; il y régnait un bruit religieux, semblable au sourd mugissement de l'orgue sous les voûtes d'une église ; mais lorsqu'on pénétrait au fond du sanctuaire, on n'entendait plus que les hymnes des oiseaux qui célébraient à la mémoire des morts une fête éternelle[130].

« En sortant de ce bois, nous découvrîmes le village de la Mission, situé au bord d'un lac, au milieu d'une savane semée de fleurs. On y arrivait par une avenue de magnolias et de chênes verts, qui bordaient une de ces anciennes routes, que l'on trouve vers les montagnes qui divisent le Kentucky des Florides. Aussitôt que les Indiens aperçurent leur pasteur dans la plaine, ils abandonnèrent leurs travaux et accoururent au-devant de lui. Les uns baisaient sa robe, les autres aidaient ses pas ; les mères élevaient dans leurs bras leurs petits enfants, pour leur faire voir l'homme de Jésus-Christ, qui répandait des larmes. Il s'informait, en marchant, de ce qui se passait au village ; il donnait un conseil à celui-ci, réprimandait doucement celui-là, il parlait des moissons à recueillir, des enfants à ins-

---

a. Le P. Aubry avait fait comme les Jésuites à la Chine, qui permettaient aux Chinois d'enterrer leurs parents dans leurs jardins, selon leur ancienne coutume.

truire, des peines à consoler, et il mêlait Dieu à tous ses discours.

« Ainsi escortés, nous arrivâmes au pied d'une grande croix qui se trouvait sur le chemin. C'était là que le serviteur de Dieu avait accoutumé de célébrer les mystères de sa religion[131] : « Mes chers néophytes, « dit-il en se tournant vers la foule, il vous est arrivé un « frère et une sœur ; et pour surcroît de bonheur, je « vois que la divine Providence a épargné hier vos « moissons : voilà deux grandes raisons de la remer- « cier. Offrons donc le saint sacrifice, et que chacun y « apporte un recueillement profond, une foi vive, une « reconnaissance infinie et un cœur humilié. »

« Aussitôt le prêtre divin revêt une tunique blanche d'écorce de mûriers ; les vases sacrés sont tirés d'un tabernacle au pied de la croix, l'autel se prépare sur un quartier de roche, l'eau se puise dans le torrent voisin, et une grappe de raisin sauvage fournit le vin du sacri- fice. Nous nous mettons tous à genoux dans les hautes herbes ; le mystère commence.

« L'aurore paraissant derrière les montagnes enflammait l'orient. Tout était d'or ou de rose dans la solitude. L'astre annoncé par tant de splendeur, sortit enfin d'un abîme de lumière, et son premier rayon rencontra l'hostie consacrée, que le prêtre, en ce moment même, élevait dans les airs[132]. O charme de la religion ! O magnificence du culte chrétien ! Pour sacrificateur un vieil ermite, pour autel un rocher, pour église le désert, pour assistance d'innocents Sau- vages ! Non, je ne doute point qu'au moment où nous nous prosternâmes, le grand mystère ne s'accomplît et que Dieu ne descendît sur la terre, car je le sentis des- cendre dans mon cœur.

« Après le sacrifice, où il ne manqua pour moi que la fille de Lopez, nous nous rendîmes au village. Là, régnait le mélange le plus touchant de la vie sociale et de la vie de la nature : au coin d'une cyprière de l'anti- que désert, on découvrait une culture naissante ; les épis roulaient à flots d'or sur le tronc du chêne abattu, et la gerbe d'un été remplaçait l'arbre de trois siècles.

132 ATALA

Partout on voyait les forêts livrées aux flammes pousser de grosses fumées dans les airs, et la charrue se promener lentement entre les débris de leurs racines. Des arpenteurs avec de longues chaînes allaient mesurant le terrain ; des arbitres établissaient les premières propriétés ; l'oiseau cédait son nid ; le repaire de la bête féroce se changeait en une cabane ; on entendait gronder des forges, et les coups de la cognée faisaient, pour la dernière fois, mugir des échos expirant eux-mêmes avec les arbres qui leur servaient d'asile [133].

« J'errais avec ravissement au milieu de ces tableaux, rendus plus doux par l'image d'Atala et par les rêves de félicité dont je berçais mon cœur. J'admirais le triomphe du Christianisme sur la vie sauvage [134] ; je voyais l'Indien se civilisant à la voix de la religion ; j'assistais aux noces primitives de l'Homme et de la Terre : l'homme, par ce grand contrat, abandonnant à la terre l'héritage de ses sueurs, et la terre s'engageant, en retour, à porter fidèlement les moissons, les fils et les cendres de l'homme [135].

« Cependant on présenta un enfant au missionnaire, qui le baptisa parmi des jasmins en fleur, au bord d'une source, tandis qu'un cercueil, au milieu des jeux et des travaux, se rendait aux Bocages de la mort. Deux époux reçurent la bénédiction nuptiale sous un chêne, et nous allâmes ensuite les établir dans un coin du désert. Le pasteur [136] marchait devant nous, bénissant çà et là, et le rocher, et l'arbre, et la fontaine, comme autrefois, selon le livre des Chrétiens, Dieu bénit la terre inculte en la donnant en héritage à Adam. Cette procession, qui pêle-mêle avec ses troupeaux suivait de rocher en rocher son chef vénérable, représentait à mon cœur attendri ces migrations des premières familles, alors que Sem, avec ses enfants, s'avançait à travers le monde inconnu, en suivant le soleil, qui marchait devant lui.

« Je voulus savoir du saint ermite comment il gouvernait ses enfants [137] ; il me répondit avec une grande complaisance : « Je ne leur ai donné aucune loi ; je leur « ai seulement enseigné à s'aimer, à prier Dieu, et à

« espérer une meilleure vie : toutes les lois du monde
« sont là-dedans [138]. Vous voyez au milieu du village
« une cabane plus grande que les autres : elle sert de
« chapelle dans la saison des pluies. On s'y assemble
« soir et matin pour louer le Seigneur, et quand je suis
« absent, c'est un vieillard qui fait la prière ; car la vieil-
« lesse est, comme la maternité, une espèce de sacer-
« doce. Ensuite, on va travailler dans les champs, et si
« les propriétés sont divisées, afin que chacun puisse
« apprendre l'économie sociale, les moissons sont
« déposées dans des greniers communs, pour mainte-
« nir la charité fraternelle. Quatre vieillards distribuent
« avec égalité le produit du labeur. Ajoutez à cela des
« cérémonies religieuses, beaucoup de cantiques, la
« croix où j'ai célébré les mystères, l'ormeau sous
« lequel je prêche dans les bons jours, nos tombeaux
« tout près de nos champs de blé, nos fleuves où je
« plonge les petits enfants et les saint Jean de cette
« nouvelle Béthanie [139], vous aurez une idée complète
« de ce royaume de Jésus-Christ. »

« Les paroles du Solitaire me ravirent, et je sentis la
supériorité de cette vie stable et occupée, sur la vie
errante et oisive du Sauvage.

« Ah ! René, je ne murmure point contre la Providence, mais j'avoue que je ne me rappelle jamais
cette société évangélique sans éprouver l'amertume
des regrets. Qu'une hutte, avec Atala sur ces bords,
eût rendu ma vie heureuse ! Là finissaient toutes mes
courses ; là, avec une épouse, inconnu des hommes,
cachant mon bonheur au fond des forêts, j'aurais
passé comme ces fleuves, qui n'ont pas même un nom
dans le désert. Au lieu de cette paix que j'osais alors
me promettre, dans quel trouble n'ai-je point coulé
mes jours ! Jouet continuel de la fortune, brisé sur tous
les rivages, longtemps exilé de mon pays, et n'y trouvant, à mon retour, qu'une cabane et des amis dans la
tombe : telle devait être la destinée de Chactas [140]. »

« Si mon songe de bonheur fut vif, il fut aussi d'une courte durée[141], et le réveil m'attendait à la grotte du Solitaire. Je fus surpris, en y arrivant au milieu du jour, de ne pas voir Atala accourir au-devant de nos pas. Je ne sais quelle soudaine horreur me saisit. En approchant de la grotte, je n'osais appeler la fille de Lopez : mon imagination était également épouvantée, ou du bruit, ou du silence qui succéderait à mes cris. Encore plus effrayé de la nuit qui régnait à l'entrée du rocher, je dis au missionnaire : « O vous, que le ciel « accompagne et fortifie, pénétrez dans ces ombres. »

« Qu'il est faible celui que les passions dominent! Qu'il est fort celui qui se repose en Dieu! Il y avait plus de courage dans ce cœur religieux, flétri par soixante-seize années, que dans toute l'ardeur de ma jeunesse. L'homme de paix entra dans la grotte, et je restai au-dehors plein de terreur. Bientôt un faible murmure, semblable à des plaintes, sortit du fond du rocher, et vint frapper mon oreille. Poussant un cri, et retrouvant mes forces, je m'élançai dans la nuit de la caverne... Esprits de mes pères! vous savez seuls le spectacle qui frappa mes yeux!

« Le Solitaire avait allumé un flambeau de pin; il le tenait d'une main tremblante, au-dessus de la couche d'Atala. Cette belle et jeune femme, à moitié soulevée sur le coude, se montrait pâle et échevelée. Les

gouttes d'une sueur pénible brillaient sur son front;
ses regards à demi éteints cherchaient encore à
m'exprimer son amour, et sa bouche essayait de sourire. Frappé comme d'un coup de foudre, les yeux
fixés, les bras étendus, les lèvres entr'ouvertes, je
demeurai immobile. Un profond silence règne un
moment parmi les trois personnages de cette scène de
douleur. Le Solitaire le rompt le premier : « Ceci,
« dit-il, ne sera qu'une fièvre occasionnée par la
« fatigue, et si nous nous résignons à la volonté de
« Dieu, il aura pitié de nous. »

« A ces paroles, le sang suspendu reprit son cours
dans mon cœur, et avec la mobilité du Sauvage, je
passai subitement de l'excès de la crainte à l'excès de
la confiance. Mais Atala ne m'y laissa pas longtemps.
Balançant tristement la tête, elle nous fit signe de nous
approcher de sa couche.

« Mon père, dit-elle d'une voix affaiblie, en s'adres-
« sant au religieux, je touche au moment de la mort.
« O Chactas ! écoute sans désespoir le funeste secret
« que je t'ai caché, pour ne pas te rendre trop misé-
« rable, et pour obéir à ma mère. Tâche de ne pas
« m'interrompre par des marques d'une douleur, qui
« précipiterait le peu d'instants que j'ai à vivre. J'ai
« beaucoup de choses à raconter, et aux battements de
« ce cœur, qui se ralentissent... à je ne sais quel fardeau
« glacé que mon sein soulève à peine... je sens que je
« ne me saurais trop hâter. »

« Après quelques moments de silence, Atala pour-
suivit ainsi :

« Ma triste destinée a commencé presque avant que
« j'eusse vu la lumière. Ma mère m'avait conçue dans
« le malheur; je fatiguais son sein, et elle me mit au
« monde avec de grands déchirements d'entrailles : on
« désespéra de ma vie. Pour sauver mes jours, ma
« mère fit un vœu : elle promit à la Reine des Anges
« que je lui consacrerais ma virginité, si j'échappais à
« la mort... Vœu fatal qui me précipite au tombeau ! »

« J'entrais dans ma seizième année, lorsque je perdis
« ma mère. Quelques heures avant de mourir, elle

« m'appela au bord de sa couche. Ma fille, me dit-elle
« en présence d'un missionnaire qui consolait ses der-
« niers instants ; ma fille, tu sais le vœu que j'ai fait
« pour toi. Voudrais-tu démentir ta mère ? O mon
« Atala ! je te laisse dans un monde, qui n'est pas digne
« de posséder une chrétienne, au milieu d'idolâtres qui
« persécutent le Dieu de ton père et le mien, le Dieu
« qui, après t'avoir donné le jour, te l'a conservé par
« un miracle. Eh ! ma chère enfant, en acceptant le
« voile des vierges, tu ne fais que renoncer aux soucis
« de la cabane et aux funestes passions qui ont troublé
« le sein de ta mère ! Viens donc, ma bien-aimée,
« viens ; jure sur cette image de la mère du Sauveur,
« entre les mains de ce saint prêtre et de ta mère expi-
« rante, que tu ne me trahiras point à la face du ciel.
« Songe que je me suis engagée pour toi, afin de te
« sauver la vie, et que si tu ne tiens ma promesse, tu
« plongeras l'âme de ta mère dans des tourments éter-
« nels. »

« O ma mère ! pourquoi parlâtes-vous ainsi ! O Reli-
« gion qui fais à la fois mes maux et ma félicité, qui me
« perds et qui me consoles ! Et toi, cher et triste objet
« d'une passion qui me consume jusque dans les bras
« de la mort, tu vois maintenant, ô Chactas, ce qui a
« fait la rigueur de notre destinée !... Fondant en pleurs
« et me précipitant dans le sein maternel, je promis
« tout ce qu'on me voulut faire promettre. Le mission-
« naire prononça sur moi les paroles redoutables, et
« me donna le scapulaire qui me lie pour jamais. Ma
« mère me menaça de sa malédiction, si jamais je rom-
« pais mes vœux, et après m'avoir recommandé un
« secret inviolable envers les païens, persécuteurs de
« ma religion, elle expira, en me tenant embrassée. »

« Je ne connus pas d'abord le danger de mes ser-
« ments. Pleine d'ardeur, et chrétienne véritable, fière
« du sang espagnol qui coule dans mes veines, je
« n'aperçus autour de moi que des hommes indignes
« de recevoir ma main ; je m'applaudis de n'avoir
« d'autre époux que le Dieu de ma mère. Je te vis,
« jeune et beau prisonnier, je m'attendris sur ton sort,

« je t'osai parler au bûcher de la forêt ; alors je sentis
« tout le poids de mes vœux [142]. »

« Comme Atala achevait de prononcer ces paroles,
serrant les poings, et regardant le missionnaire d'un
air menaçant, je m'écriai [143] : « La voilà donc cette reli-
« gion que vous m'avez tant vantée ! Périsse le serment
« qui m'enlève Atala ! Périsse le Dieu qui contrarie la
« nature ! Homme, prêtre, qu'es-tu venu faire dans ces
« forêts ? »

« Te sauver, dit le vieillard d'une voix terrible,
« dompter tes passions et t'empêcher, blasphémateur,
« d'attirer sur toi la colère céleste ! Il te sied bien, jeune
« homme, à peine entré dans la vie, de te plaindre de
« tes douleurs ! Où sont les marques de tes souf-
« frances ? Où sont les injustices que tu as supportées ?
« Où sont tes vertus, qui seules pourraient te donner
« quelques droits à la plainte ? Quel service as-tu
« rendu ? Quel bien as-tu fait ? Eh ! malheureux, tu ne
« m'offres que des passions, et tu oses accuser le ciel !
« Quand tu auras, comme le P. Aubry, passé trente
« années exilé sur les montagnes, tu seras moins
« prompt à juger des desseins de la Providence ; tu
« comprendras alors que tu ne sais rien, que tu n'es
« rien, et qu'il n'y a point de châtiment si rigoureux,
« point de maux si terribles, que la chair corrompue ne
« mérite de souffrir [144]. »

« Les éclairs qui sortaient des yeux du vieillard, sa
barbe qui frappait sa poitrine, ses paroles foudroyantes le rendaient semblable à un Dieu. Accablé
de sa majesté, je tombai à ses genoux, et lui demandai
pardon de mes emportements. « Mon fils, me répon-
« dit-il avec un accent si doux, que le remords entra
« dans mon âme, mon fils, ce n'est pas pour moi-
« même que je vous ai réprimandé. Hélas ! vous avez
« raison, mon cher enfant : je suis venu faire bien peu
« de chose dans ces forêts, et Dieu n'a pas de serviteur
« plus indigne que moi. Mais, mon fils, le ciel, le ciel,
« voilà ce qu'il ne faut jamais accuser ! Pardonnez-moi
« si je vous ai offensé, mais écoutons votre sœur. Il y a
« peut-être du remède, ne nous lassons point d'espé-

« rer. Chactas, c'est une religion bien divine que
« celle-là, qui a fait une vertu de l'espérance ! »

« Mon jeune ami, reprit Atala, tu as été témoin de
« mes combats, et cependant tu n'en as vu que la
« moindre partie ; je te cachais le reste. Non, l'esclave
« noir qui arrose de ses sueurs les sables ardents de la
« Floride, est moins misérable que n'a été Atala. Te
« sollicitant à la fuite, et pourtant certaine de mourir si
« tu t'éloignais de moi ; craignant de fuir avec toi dans
« les déserts, et cependant haletant après l'ombrage
« des bois... Ah ! s'il n'avait fallu que quitter parents,
« amis, patrie ; si même (chose affreuse) il n'y eût eu
« que la perte de mon âme ! Mais ton ombre, ô ma
« mère, ton ombre était toujours là, me reprochant ses
« tourments ! J'entendais tes plaintes, je voyais les
« flammes de l'enfer te consumer. Mes nuits étaient
« arides et pleines de fantômes, mes jours étaient déso-
« lés ; la rosée du soir séchait en tombant sur ma peau
« brûlante ; j'entr'ouvrais mes lèvres aux brises, et les
« brises, loin de m'apporter la fraîcheur, s'embrasaient
« du feu de mon souffle. Quel tourment de te voir sans
« cesse auprès de moi, loin de tous les hommes, dans
« de profondes solitudes, et de sentir entre toi et moi
« une barrière invincible ! Passer ma vie à tes pieds, te
« servir comme ton esclave, apprêter ton repas et ta
« couche dans quelque coin ignoré de l'univers, eût été
« pour moi le bonheur suprême ; ce bonheur, j'y tou-
« chais, et je ne pouvais en jouir. Quel dessein n'ai-je
« point rêvé ! Quel songe n'est point sorti de ce cœur si
« triste ! Quelquefois en attachant mes yeux sur toi,
« j'allais jusqu'à former des désirs aussi insensés que
« coupables : tantôt j'aurais voulu être avec toi la seule
« créature vivante sur la terre ; tantôt, sentant une divi-
« nité qui m'arrêtait dans mes horribles transports,
« j'aurais désiré que cette divinité se fût anéantie,
« pourvu que serrée dans tes bras, j'eusse roulé
« d'abîme en abîme avec les débris de Dieu et du
« monde ! A présent même... le dirai-je ? à présent que
« l'éternité va m'engloutir, que je vais paraître devant
« le Juge inexorable, au moment où, pour obéir à ma

« mère, je vois avec joie ma virginité dévorer ma vie;
« eh bien! par une affreuse contradiction, j'emporte le
« regret de n'avoir pas été à toi[145]! »

« Ma fille, interrompit le missionnaire, votre dou-
« leur vous égare. Cet excès de passion auquel vous
« vous livrez, est rarement juste, il n'est pas même
« dans la nature; et en cela il est moins coupable aux
« yeux de Dieu, parce que c'est plutôt quelque chose
« de faux dans l'esprit, que de vicieux dans le cœur. Il
« faut donc éloigner de vous ces emportements, qui ne
« sont pas dignes de votre innocence. Mais aussi, ma
« chère enfant, votre imagination impétueuse vous a
« trop alarmée sur vos vœux. La religion n'exige point
« de sacrifice plus qu'humain. Ses sentiments vrais,
« ses vertus tempérées sont bien au-dessus des senti-
« ments exaltés et des vertus forcées d'un prétendu
« héroïsme[146]. Si vous aviez succombé, eh bien!
« pauvre brebis égarée, le bon Pasteur vous aurait
« cherchée, pour vous ramener au troupeau. Les tré-
« sors du repentir vous étaient ouverts : il faut des tor-
« rents de sang pour effacer nos fautes aux yeux des
« hommes, une seule larme suffit à Dieu. Rassurez-
« vous donc, ma chère fille, votre situation exige du
« calme; adressons-nous à Dieu, qui guérit toutes les
« plaies de ses serviteurs. Si c'est sa volonté, comme je
« l'espère, que vous échappiez à cette maladie, j'écrirai
« à l'évêque de Québec; il a les pouvoirs nécessaires
« pour vous relever de vos vœux, qui ne sont que des
« vœux simples, et vous achèverez vos jours près de
« moi avec Chactas votre époux. »

« A ces paroles du vieillard, Atala fut saisie d'une
longue convulsion, dont elle ne sortit que pour donner
des marques d'une douleur effrayante. « Quoi! dit-elle
« en joignant les deux mains avec passion, il y avait du
« remède! Je pouvais être relevée de mes vœux! » « Oui,
« ma fille, répondit le père; et vous le pouvez encore. »
« Il est trop tard, il est trop tard, s'écria-t-elle! Faut-il
« mourir, au moment où j'apprends que j'aurais pu
« être heureuse! Que n'ai-je connu plus tôt ce saint
« vieillard! Aujourd'hui, de quel bonheur je jouirais,

« avec toi, avec Chactas chrétien... consolée, rassurée
« par ce prêtre auguste... dans ce désert... pour tou-
« jours... oh! c'eût été trop de félicité! » « Calme-toi,
« lui dis-je, en saisissant une des mains de l'infortunée;
« calme-toi, ce bonheur, nous allons le goûter. »
« Jamais! jamais! » dit Atala. « Comment? » repartis-je
« Tu ne sais pas tout, s'écria la vierge : c'est hier...
« pendant l'orage... J'allais violer mes vœux; j'allais
« plonger ma mère dans les flammes de l'abîme; déjà
« sa malédiction était sur moi; déjà je mentais au Dieu
« qui m'a sauvé la vie... Quand tu baisais mes lèvres
« tremblantes, tu ne savais pas, tu ne savais pas que tu
« n'embrassais que la mort! » « O ciel! s'écria le mis-
« sionnaire, chère enfant, qu'avez-vous fait? » « Un
« crime, mon père, dit Atala les yeux égarés; mais je
« ne perdais que moi, et je sauvais ma mère. » « Achève
« donc, m'écriai-je plein d'épouvante. » « Eh bien! dit-
« elle, j'avais prévu ma faiblesse; en quittant les
« cabanes, j'ai emporté avec moi... » « Quoi, repris-je
« avec horreur? » « Un poison, dit le père! » « Il est
« dans mon sein, s'écria Atala. »

« Le flambeau échappe de la main du Solitaire, je
tombe mourant près de la fille de Lopez, le vieillard
nous saisit l'un et l'autre dans ses bras, et tous trois,
dans l'ombre, nous mêlons un moment nos sanglots
sur cette couche funèbre.

« Réveillons-nous, réveillons-nous », dit bientôt le
courageux ermite en allumant une lampe! « Nous per-
« dons des moments précieux : intrépides chrétiens,
« bravons les assauts de l'adversité; la corde au cou, la
« cendre sur la tête, jetons-nous aux pieds du Très-
« Haut, pour implorer sa clémence, ou pour nous sou-
« mettre à ses décrets. Peut-être est-il temps encore.
« Ma fille, vous eussiez dû m'avertir hier au soir. »

« Hélas! mon père, dit Atala, je vous ai cherché la
« nuit dernière; mais le ciel, en punition de mes fautes,
« vous a éloigné de moi. Tout secours eût d'ailleurs été
« inutile; car les Indiens n.êmes, si habiles dans ce qui
« regarde les poisons, ne connaissent point de remède
« à celui que j'ai pris. O Chactas, juge de mon étonne-

« ment, quand j'ai vu que le coup n'était pas aussi
« subit que je m'y attendais! Mon amour a redoublé
« mes forces, mon âme n'a pu si vite se séparer de
« toi. »

« Ce ne fut plus ici par des sanglots que je troublai
le récit d'Atala, ce fut par ces emportements qui ne
sont connus que des Sauvages. Je me roulai furieux
sur la terre en me tordant les bras, et en me dévorant
les mains. Le vieux prêtre, avec une tendresse merveilleuse, courait du frère à la sœur, et nous prodiguait
mille secours. Dans le calme de son cœur et sous le
fardeau des ans, il savait se faire entendre à notre jeunesse, et sa religion lui fournissait des accents plus
tendres et plus brûlants que nos passions mêmes. Ce
prêtre, qui depuis quarante années s'immolait chaque
jour au service de Dieu et des hommes dans ces montagnes, ne te rappelle-t-il pas ces holocaustes d'Israël,
fumant perpétuellement sur les hauts lieux, devant le
Seigneur?

« Hélas! ce fut en vain qu'il essaya d'apporter quelque remède aux maux d'Atala. La fatigue, le chagrin,
le poison et une passion plus mortelle que tous les poisons ensemble, se réunissaient pour ravir cette fleur à
la solitude. Vers le soir, des symptômes effrayants se
manifestèrent; un engourdissement général saisit les
membres d'Atala, et les extrémités de son corps
commencèrent à refroidir[147] : « Touche mes doigts,
« me disait-elle, ne les trouves-tu pas bien glacés? » Je
ne savais que répondre, et mes cheveux se hérissaient
d'horreur; ensuite elle ajoutait : « Hier encore, mon
« bien-aimé, ton seul toucher me faisait tressaillir, et
« voilà que je ne sens plus ta main, je n'entends
« presque plus ta voix, les objets de la grotte dispa-
« raissent tour à tour. Ne sont-ce pas les oiseaux qui
« chantent? Le soleil doit être près de se coucher
« maintenant? Chactas, ses rayons seront bien beaux
« au désert, sur ma tombe! »

« Atala s'apercevant que ces paroles nous faisaient
fondre en pleurs, nous dit : « Pardonnez-moi, mes
« bons amis, je suis bien faible; mais peut-être que je

« vais devenir plus forte. Cependant mourir si jeune,
« tout à la fois, quand mon cœur était si plein de vie!
« Chef de la prière, aie pitié de moi; soutiens-moi.
« Crois-tu que ma mère soit contente, et que Dieu me
« pardonne ce que j'ai fait? »

« Ma fille, répondit le bon religieux[148], en versant
« des larmes, et les essuyant avec ses doigts tremblants
« et mutilés; ma fille, tous vos malheurs viennent de
« votre ignorance; c'est votre éducation sauvage et le
« manque d'instruction nécessaire qui vous ont per-
« due; vous ne saviez pas qu'une chrétienne ne peut
« disposer de sa vie. Consolez-vous donc, ma chère
« brebis; Dieu vous pardonnera, à cause de la simpli-
« cité de votre cœur. Votre mère et l'imprudent mis-
« sionnaire qui la dirigeait, ont été plus coupables que
« vous; ils ont passé leurs pouvoirs, en vous arrachant
« un vœu indiscret; mais que la paix du Seigneur soit
« avec eux. Vous offrez tous trois un terrible exemple
« des dangers de l'enthousiasme, et du défaut de
« lumières en matière de religion. Rassurez-vous, mon
« enfant; celui qui sonde les reins et les cœurs, vous
« jugera sur vos intentions, qui étaient pures, et non
« sur votre action, qui est condamnable.

« Quant à la vie, si le moment est arrivé de vous
« endormir dans le Seigneur, ah! ma chère enfant, que
« vous perdez peu de chose, en perdant ce monde!
« Malgré la solitude où vous avez vécu, vous avez
« connu les chagrins; que penseriez-vous donc, si
« vous eussiez été témoin des maux de la société, si en
« abordant sur les rivages de l'Europe, votre oreille eût
« été frappée de ce long cri de douleur, qui s'élève de
« cette vieille terre? L'habitant de la cabane, et celui
« des palais, tout souffre, tout gémit ici-bas; les reines
« ont été vues pleurant, comme de simples femmes, et
« l'on s'est étonné de la quantité de larmes que
« contiennent les yeux des rois[149]!

« Est-ce votre amour que vous regrettez? Ma fille, il
« faudrait autant pleurer un songe. Connaissez-vous le
« cœur de l'homme, et pourriez-vous compter les
« inconstances de son désir? Vous calculeriez plutôt le

« nombre des vagues que la mer roule dans une tem-
« pête. Atala, les sacrifices, les bienfaits ne sont pas des
« liens éternels : un jour, peut-être, le dégoût fût venu
« avec la satiété, le passé eût été compté pour rien, et
« l'on n'eût plus aperçu que les inconvénients d'une
« union pauvre et méprisée. Sans doute, ma fille, les
« plus belles amours furent celles de cet homme et de
« cette femme sortis de la main du Créateur. Un para-
« dis avait été formé pour eux, ils étaient innocents et
« immortels. Parfaits de l'âme et du corps, ils se
« convenaient en tout : Ève avait été créée pour Adam,
« et Adam pour Ève. S'ils n'ont pu toutefois se main-
« tenir dans cet état de bonheur, quels couples le pour-
« ront après eux ? Je ne vous parlerai point des
« mariages des premiers-nés des hommes, de ces
« unions ineffables, alors que la sœur était l'épouse du
« frère, que l'amour et l'amitié fraternelle se confon-
« daient dans le même cœur, et que la pureté de l'une
« augmentait les délices de l'autre. Toutes ces unions
« ont été troublées ; la jalousie s'est glissée à l'autel de
« gazon où l'on immolait le chevreau, elle a régné sous
« la tente d'Abraham[150], et dans ces couches mêmes
« où les patriarches goûtaient tant de joie, qu'ils
« oubliaient la mort de leurs mères[151].

« Vous seriez-vous donc flattée, mon enfant, d'être
« plus innocente et plus heureuse dans vos liens, que
« ces saintes familles dont Jésus-Christ a voulu des-
« cendre ? Je vous épargne les détails des soucis du
« ménage, les disputes, les reproches mutuels, les
« inquiétudes et toutes ces peines secrètes qui veillent
« sur l'oreiller du lit conjugal. La femme renouvelle ses
« douleurs chaque fois qu'elle est mère, et elle se marie
« en pleurant. Que de maux dans la seule perte d'un
« nouveau-né à qui l'on donnait le lait, et qui meurt
« sur votre sein ! La montagne a été pleine de gémisse-
« ments ; rien ne pouvait consoler Rachel, parce que
« ses fils n'étaient plus[152]. Ces amertumes attachées
« aux tendresses humaines sont si fortes, que j'ai vu
« dans ma patrie de grandes dames aimées par des
« rois, quitter la cour pour s'ensevelir dans des

« cloîtres [153], et mutiler cette chair révoltée, dont les
« plaisirs ne sont que des douleurs.

« Mais peut-être direz-vous que ces derniers
« exemples ne vous regardent pas ; que votre ambition
« se réduisait à vivre dans une obscure cabane avec
« l'homme de votre choix ; que vous cherchiez moins
« les douceurs du mariage, que les charmes de cette
« folie que la jeunesse appelle amour ? Illusion,
« chimère, vanité, rêve d'une imagination blessée ! Et
« moi aussi, ma fille, j'ai connu les troubles du
« cœur [154] : cette tête n'a pas toujours été chauve [155], ni
« ce sein aussi tranquille qu'il vous le paraît
« aujourd'hui. Croyez-en mon expérience : si
« l'homme, constant dans ses affections, pouvait sans
« cesse fournir à un sentiment renouvelé sans cesse,
« sans doute la solitude et l'amour l'égaleraient à Dieu
« même ; car ce sont là les deux éternels plaisirs du
« grand Être. Mais l'âme de l'homme se fatigue, et
« jamais elle n'aime longtemps le même objet avec plé-
« nitude. Il y a toujours quelques points par où deux
« cœurs ne se touchent pas, et ces points suffisent à la
« longue pour rendre la vie insupportable.

« Enfin, ma chère fille, le grand tort des hommes,
« dans leur songe de bonheur, est d'oublier cette infir-
« mité de la mort attachée à leur nature : il faut finir.
« Tôt ou tard, quelle qu'eût été votre félicité, ce beau
« visage se fût changé en cette figure uniforme que le
« sépulcre donne à la famille d'Adam ; l'œil même de
« Chactas n'aurait pu vous reconnaître entre vos
« sœurs de la tombe. L'amour n'étend point son
« empire sur les vers du cercueil. Que dis-je ? (ô vanité
« des vanités !) Que parlé-je de la puissance des ami-
« tiés de la terre ? Voulez-vous, ma chère fille, en
« connaître l'étendue ? Si un homme revenait à la
« lumière, quelques années après sa mort, je doute
« qu'il fût revu avec joie, par ceux-là même qui ont
« donné le plus de larmes à sa mémoire : tant on forme
« vite d'autres liaisons, tant on prend facilement
« d'autres habitudes, tant l'inconstance est naturelle à
« l'homme [156], tant notre vie est peu de chose même
« dans le cœur de nos amis !

« Remerciez donc la Bonté divine, ma chère fille,
« qui vous retire si vite de cette vallée de misère [157].
« Déjà le vêtement blanc et la couronne éclatante des
« vierges se préparent pour vous sur les nuées; déjà
« j'entends la Reine des Anges qui vous crie : « Venez,
« ma digne servante, venez, ma colombe, venez vous
« asseoir sur un trône de candeur, parmi toutes ces
« filles qui ont sacrifié leur beauté et leur jeunesse au
« service de l'humanité, à l'éducation des enfants et
« aux chefs-d'œuvre de la pénitence. Venez, rose mys-
« tique [158], vous reposer sur le sein de Jésus-Christ. Ce
« cercueil, lit nuptial que vous vous êtes choisi, ne sera
« point trompé; et les embrassements de votre céleste
« époux ne finiront jamais [159]! »

« Comme le dernier rayon du jour abat les vents et
répand le calme dans le ciel, ainsi la parole tranquille
du vieillard apaisa les passions dans le sein de mon
amante. Elle ne parut plus occupée que de ma douleur, et des moyens de me faire supporter sa perte.
Tantôt elle me disait qu'elle mourrait heureuse, si je
lui promettais de sécher mes pleurs; tantôt elle me
parlait de ma mère, de ma patrie; elle cherchait à me
distraire de la douleur présente, en réveillant en moi
une douleur passée. Elle m'exhortait à la patience, à la
vertu. « Tu ne seras pas toujours malheureux, disait-
« elle : si le ciel t'éprouve aujourd'hui, c'est seulement
« pour te rendre plus compatissant aux maux des
« autres. Le cœur, ô Chactas, est comme ces sortes
« d'arbres qui ne donnent leur baume pour les bles-
« sures des hommes que lorsque le fer les a blessés
« eux-mêmes [160]. »

« Quand elle avait ainsi parlé, elle se tournait vers le
missionnaire, cherchait auprès de lui le soulagement
qu'elle m'avait fait éprouver, et tour à tour consolante
et consolée, elle donnait et recevait la parole de vie sur
la couche de la mort [161].

« Cependant l'ermite redoublait de zèle. Ses vieux
os s'étaient ranimés par l'ardeur de la charité, et toujours préparant des remèdes, rallumant le feu, rafraî-
chissant la couche, il faisait d'admirables discours sur

Dieu et sur le bonheur des justes. Le flambeau de la religion à la main, il semblait précéder Atala dans la tombe, pour lui en montrer les secrètes merveilles. L'humble grotte était remplie de la grandeur de ce trépas chrétien, et les esprits célestes étaient, sans doute, attentifs à cette scène où la religion luttait seule contre l'amour, la jeunesse et la mort.

« Elle triomphait, cette religion divine, et l'on s'apercevait de sa victoire à une sainte tristesse qui succédait dans nos cœurs aux premiers transports des passions. Vers le milieu de la nuit, Atala sembla se ranimer pour répéter des prières que le religieux prononçait au bord de sa couche. Peu de temps après, elle me tendit la main, et avec une voix qu'on entendait à peine, elle me dit :

« Fils d'Outalissi, te rappelles-tu cette première nuit « où tu me pris pour la Vierge des dernières amours ? « Singulier présage de notre destinée ! » Elle s'arrêta ; puis elle reprit : « Quand je songe que je te quitte pour « toujours, mon cœur fait un tel effort pour revivre, « que je me sens presque le pouvoir de me rendre « immortelle à force d'aimer. Mais, ô mon Dieu, que « votre volonté soit faite ! » Atala se tut pendant quelques instants ; elle ajouta : « Il ne me reste plus qu'à « vous demander pardon des maux que je vous ai cau- « sés. Je vous ai beaucoup tourmenté par mon orgueil « et mes caprices. Chactas, un peu de terre jeté sur « mon corps va mettre tout un monde entre vous et « moi, et vous délivrer pour toujours du poids de mes « infortunes. »

« Vous pardonner, répondis-je noyé de larmes, « n'est-ce pas moi qui ai causé tous vos malheurs ? » « Mon ami, dit-elle en m'interrompant, vous m'avez « rendue très heureuse, et si j'étais à recommencer la « vie, je préférerais encore le bonheur de vous avoir « aimé quelques instants dans un exil infortuné, à « toute une vie de repos dans ma patrie. »

« Ici la voix d'Atala s'éteignit ; les ombres de la mort se répandirent autour de ses yeux et de sa bouche ; ses doigts errants cherchaient à toucher quelque chose ;

elle conversait tout bas avec des esprits invisibles. Bientôt, faisant un effort, elle essaya, mais en vain, de détacher de son cou le petit crucifix; elle me pria de le dénouer moi-même, et elle me dit :

« Quand je te parlai pour la première fois, tu vis « cette croix briller à la lueur du feu sur mon sein; « c'est le seul bien que possède Atala. Lopez, ton père « et le mien, l'envoya à ma mère peu de jours après ma « naissance. Reçois donc de moi cet héritage, ô mon « frère, conserve-le en mémoire de mes malheurs. Tu « auras recours à ce Dieu des infortunés dans les cha- « grins de ta vie. Chactas, j'ai une dernière prière à te « faire. Ami, notre union aurait été courte sur la terre, « mais il est après cette vie une plus longue vie. Qu'il « serait affreux d'être séparée de toi pour jamais ! Je ne « fais que te devancer aujourd'hui, et je te vais « attendre dans l'empire céleste. Si tu m'as aimée, fais- « toi instruire dans la religion chrétienne, qui prépa- « rera notre réunion. Elle fait sous tes yeux un grand « miracle, cette religion, puisqu'elle me rend capable « de te quitter, sans mourir dans les angoisses du « désespoir. Cependant, Chactas, je ne veux de toi « qu'une simple promesse, je sais trop ce qu'il en « coûte pour te demander un serment. Peut-être ce « vœu te séparerait-il de quelque femme plus heureuse « que moi... O ma mère, pardonne à ta fille. O Vierge, « retenez votre courroux. Je retombe dans mes fai- « blesses, et je te dérobe, ô mon Dieu, des pensées qui « ne devraient être que pour toi ! »

« Navré de douleur, je promis à Atala d'embrasser un jour la religion chrétienne. A ce spectacle, le Solitaire se levant d'un air inspiré, et étendant les bras vers la voûte de la grotte : « Il est temps, s'écria-t-il, il est « temps d'appeler Dieu ici ! »

« A peine a-t-il prononcé ces mots, qu'une force surnaturelle me contraint de tomber à genoux, et m'incline la tête au pied du lit d'Atala. Le prêtre ouvre un lieu secret où était renfermée une urne d'or, cou- verte d'un voile de soie; il se prosterne et adore pro- fondément. La grotte parut soudain illuminée; on entendit dans les airs les paroles des anges et les frémissements des harpes célestes; et lorsque le Solitaire tira le vase sacré de son tabernacle, je crus voir Dieu lui-même sortir du flanc de la montagne.

« Le prêtre ouvrit le calice; il prit entre ses deux doigts une hostie blanche comme la neige, et s'approcha d'Atala, en prononçant des mots mystérieux. Cette sainte avait les yeux levés au ciel, en extase. Toutes ses douleurs parurent suspendues, toute sa vie se rassembla sur sa bouche; ses lèvres s'entr'ouvrirent et vinrent avec respect chercher le Dieu caché sous le pain mystique. Ensuite le divin vieillard trempe un peu de coton dans une huile consacrée; il en frotte les tempes d'Atala, il regarde un moment la fille mourante, et tout à coup ces fortes paroles lui échappent : « Partez, âme chrétienne [162] : allez rejoindre votre « Créateur! » Relevant alors ma tête abattue, je m'écriai, en regardant le vase où était l'huile sainte : « Mon père, ce remède rendra-t-il la vie à Atala? » « Oui, mon fils, dit le vieillard en tombant dans mes « bras, la vie éternelle! » Atala venait d'expirer. »

Dans cet endroit, pour la seconde fois depuis le commencement de son récit, Chactas fut obligé de s'interrompre. Ses pleurs l'inondaient, et sa voix ne laissait échapper que des mots entrecoupés. Le Sachem aveugle ouvrit son sein, il en tira le crucifix d'Atala.

« Le voilà, s'écria-t-il, ce gage de l'adversité! O René, ô mon fils, tu le vois; et moi, je ne le vois plus! Dis-moi, après tant d'années, l'or n'en est-il point altéré? N'y vois-tu point la trace de mes larmes? Pourrais-tu reconnaître l'endroit qu'une sainte a touché de ses lèvres? Comment Chactas n'est-il point encore chrétien [163]? Quelles frivoles raisons de politique et de patrie l'ont jusqu'à présent retenu dans les erreurs de ses pères? Non, je ne veux pas tarder plus longtemps. La terre me crie : « Quand donc descen« dras-tu dans la tombe, et qu'attends-tu pour embras« ser une religion divine? » O terre, vous ne m'atten

drez pas longtemps : aussitôt qu'un prêtre aura
rajeuni dans l'onde cette tête blanchie par les chagrins,
j'espère me réunir à Atala. Mais achevons ce qui me
reste à conter de mon histoire. »

« Je n'entreprendrai point, ô René, de te peindre aujourd'hui le désespoir qui saisit mon âme, lorsque Atala eut rendu le dernier soupir. Il faudrait avoir plus de chaleur qu'il ne m'en reste ; il faudrait que mes yeux fermés se pussent rouvrir au soleil, pour lui demander compte des pleurs qu'ils versèrent à sa lumière. Oui, cette lune qui brille à présent sur nos têtes, se lassera d'éclairer les solitudes du Kentucky ; oui, le fleuve qui porte maintenant nos pirogues, suspendra le cours de ses eaux, avant que mes larmes cessent de couler pour Atala ! Pendant deux jours entiers, je fus insensible aux discours de l'ermite. En essayant de calmer mes peines, cet excellent homme ne se servait point des vaines raisons de la terre, il se contentait de me dire : « Mon fils, c'est la volonté de « Dieu », et il me pressait dans ses bras. Je n'aurais jamais cru qu'il y eût tant de consolation dans ce peu de mots du chrétien résigné, si je ne l'avais éprouvé moi-même.

« La tendresse, l'onction, l'inaltérable patience du vieux serviteur de Dieu, vainquirent enfin l'obstination de ma douleur. J'eus honte des larmes que je lui faisais répandre. « Mon père, lui dis-je, c'en est trop : « que les passions d'un jeune homme ne troublent plus « la paix de tes jours. Laisse-moi emporter les restes « de mon épouse ; je les ensevelirai dans quelque coin

« du désert, et si je suis encore condamné à la vie, je
« tâcherai de me rendre digne de ces noces éternelles
« qui m'ont été promises par Atala. »

« A ce retour inespéré de courage, le bon père tres-
saillit de joie; il s'écria : « O sang de Jésus-Christ, sang
« de mon divin maître, je reconnais là tes mérites! Tu
« sauveras sans doute ce jeune homme. Mon Dieu,
« achève ton ouvrage. Rends la paix à cette âme trou-
« blée, et ne lui laisse de ses malheurs que d'humbles
« et utiles souvenirs. »

« Le juste refusa de m'abandonner le corps de la
fille de Lopez, mais il me proposa de faire venir ses
Néophytes, et de l'enterrer avec toute la pompe chrétienne; je m'y refusai à mon tour. « Les malheurs et
« les vertus d'Atala, lui dis-je, ont été inconnus des
« hommes; que sa tombe, creusée furtivement par nos
« mains, partage cette obscurité! » Nous convînmes
que nous partirions le lendemain au lever du soleil
pour enterrer Atala sous l'arche du pont naturel à
l'entrée des Bocages de la mort. Il fut aussi résolu que
nous passerions la nuit en prières auprès du corps de
cette sainte.

« Vers le soir, nous transportâmes ses précieux
restes à une ouverture de la grotte, qui donnait vers le
nord. L'ermite les avait roulés dans une pièce de lin
d'Europe, filé par sa mère : c'était le seul bien qui lui
restât de sa patrie, et depuis longtemps il le destinait à
son propre tombeau. Atala était couchée sur un gazon
de sensitives de montagnes; ses pieds, sa tête, ses
épaules et une partie de son sein étaient découverts.
On voyait dans ses cheveux une fleur de magnolia
fanée... celle-là même que j'avais déposée sur le lit de
la vierge, pour la rendre féconde. Ses lèvres, comme
un bouton de rose cueilli depuis deux matins, semblaient languir et sourire. Dans ses joues d'une blan-
cheur éclatante, on distinguait quelques veines bleues.
Ses beaux yeux étaient fermés, ses pieds modestes
étaient joints, et ses mains d'albâtre pressaient sur son
cœur un crucifix d'ébène; le scapulaire de ses vœux
était passé à son cou. Elle paraissait enchantée par

l'Ange de la mélancolie, et par le double sommeil de
l'innocence et de la tombe. Je n'ai rien vu de plus
céleste. Quiconque eût ignoré que cette jeune fille
avait joui de la lumière, aurait pu la prendre pour la
statue de la Virginité endormie.

« Le religieux ne cessa de prier toute la nuit. J'étais
assis en silence au chevet du lit funèbre de mon Atala.
Que de fois, durant son sommeil, j'avais supporté sur
mes genoux cette tête charmante! Que de fois je
m'étais penché sur elle, pour entendre et pour respirer
son souffle! Mais à présent aucun bruit ne sortait de
ce sein immobile, et c'était en vain que j'attendais le
réveil de la beauté!

« La lune prêta son pâle flambeau à cette veillée
funèbre. Elle se leva au milieu de la nuit, comme une
blanche vestale qui vient pleurer sur le cercueil d'une
compagne. Bientôt elle répandit dans les bois ce grand
secret de mélancolie, qu'elle aime à raconter aux vieux
chênes et aux rivages antiques des mers [164]. De temps
en temps, le religieux plongeait un rameau fleuri dans
une eau consacrée, puis secouant la branche humide,
il parfumait la nuit des baumes du ciel. Parfois il répétait sur un air antique quelques vers d'un vieux poète
nommé Job; il disait [165] :

« J'ai passé comme une fleur; j'ai séché comme
« l'herbe des champs.

« Pourquoi la lumière a-t-elle été donnée à un misé-
« rable, et la vie à ceux qui sont dans l'amertume du
« cœur? »

Ainsi chantait l'ancien des hommes. Sa voix grave
et un peu cadencée, allait roulant dans le silence des
déserts. Le nom de Dieu et du tombeau sortait de tous
les échos, de tous les torrents, de toutes les forêts. Les
roucoulements de la colombe de Virginie, la chute
d'un torrent dans la montagne, les tintements de la
cloche qui appelait les voyageurs, se mêlaient à ces
chants funèbres, et l'on croyait entendre dans les
Bocages de la mort le chœur lointain des décédés, qui
répondait à la voix du Solitaire.

« Cependant une barre d'or se forma dans l'Orient. Les éperviers criaient sur les rochers, et les martres rentraient dans le creux des ormes : c'était le signal du convoi d'Atala. Je chargeai le corps sur mes épaules ; l'ermite marchait devant moi, une bêche à la main. Nous commençâmes à descendre de rochers en rochers ; la vieillesse et la mort ralentissaient également nos pas. A la vue du chien qui nous avait trouvés dans la forêt, et qui maintenant, bondissant de joie, nous traçait une autre route, je me mis à fondre en larmes. Souvent la longue chevelure d'Atala, jouet des brises matinales, étendait son voile d'or sur mes yeux ; souvent pliant sous le fardeau, j'étais obligé de le déposer sur la mousse, et de m'asseoir auprès, pour reprendre des forces. Enfin, nous arrivâmes au lieu marqué par ma douleur ; nous descendîmes sous l'arche du pont. O mon fils, il eût fallu voir un jeune Sauvage et un vieil ermite, à genoux l'un vis-à-vis de l'autre dans un désert, creusant avec leurs mains un tombeau pour une pauvre fille dont le corps était étendu près de là, dans la ravine desséchée d'un torrent !

« Quand notre ouvrage fut achevé, nous transportâmes la beauté dans son lit d'argile [166]. Hélas, j'avais espéré de préparer une autre couche pour elle ! Prenant alors un peu de poussière dans ma main, et gardant un silence effroyable, j'attachai, pour la dernière fois, mes yeux sur le visage d'Atala. Ensuite je répandis la terre du sommeil sur un front de dix-huit printemps ; je vis graduellement disparaître les traits de ma sœur, et ses grâces se cacher sous le rideau de l'éternité ; son sein surmonta quelque temps le sol noirci, comme un lis blanc s'élève du milieu d'une sombre argile : « Lopez, m'écriai-je alors, vois ton fils inhumer « ta fille ! » et j'achevai de couvrir Atala de la terre du sommeil.

« Nous retournâmes à la grotte, et je fis part au missionnaire du projet que j'avais formé de me fixer près de lui. Le saint, qui connaissait merveilleusement le cœur de l'homme, découvrit ma pensée et la ruse de

ma douleur. Il me dit : « Chactas, fils d'Outalissi, tan-
« dis qu'Atala a vécu, je vous ai sollicité moi-même de
« demeurer auprès de moi ; mais à présent votre sort
« est changé : vous vous devez à votre patrie. Croyez-
« moi, mon fils, les douleurs ne sont point éternelles ; il
« faut tôt ou tard qu'elles finissent, parce que le cœur
« de l'homme est fini ; c'est une de nos grandes
« misères : nous ne sommes pas même capables d'être
« longtemps malheureux [167]. Retournez au Mescha-
« cebé : allez consoler votre mère, qui vous pleure tous
« les jours, et qui a besoin de votre appui. Faites-vous
« instruire dans la religion de votre Atala, lorsque vous
« en trouverez l'occasion, et souvenez-vous que vous
« lui avez promis d'être vertueux et chrétien. Moi, je
« veillerai ici sur son tombeau. Partez, mon fils. Dieu,
« l'âme de votre sœur, et le cœur de votre vieil ami
« vous suivront. »

« Telles furent les paroles de l'homme du rocher ;
son autorité était trop grande, sa sagesse trop profonde, pour ne pas lui obéir. Dès le lendemain, je
quittai mon vénérable hôte qui, me pressant sur son
cœur, me donna ses derniers conseils, sa dernière
bénédiction et ses dernières larmes. Je passai au tombeau ; je fus surpris d'y trouver une petite croix qui se
montrait au-dessus de la mort, comme on aperçoit
encore le mât d'un vaisseau qui a fait naufrage. Je
jugeai que le Solitaire était venu prier au tombeau,
pendant la nuit ; cette marque d'amitié et de religion
fit couler mes pleurs en abondance. Je fus tenté de
rouvrir la fosse, et de voir encore une fois ma bien-
aimée ; une crainte religieuse me retint. Je m'assis sur
la terre, fraîchement remuée. Un coude appuyé sur
mes genoux, et la tête soutenue dans ma main, je
demeurai enseveli dans la plus amère rêverie. O René,
c'est là que je fis, pour la première fois, des réflexions
sérieuses sur la vanité de nos jours, et la plus grande
vanité de nos projets ! Eh ! mon enfant, qui ne les a
point faites ces réflexions ! Je ne suis plus qu'un vieux
cerf blanchi par les hivers ; mes ans le disputent à ceux
de la corneille : eh bien ! malgré tant de jours accumu-

lés sur ma tête, malgré une si longue expérience de la
vie, je n'ai point encore rencontré d'homme qui n'eût
été trompé dans ses rêves de félicité, point de cœur
qui n'entretînt une plaie cachée. Le cœur le plus
serein en apparence, ressemble au puits naturel de la
savane Alachua : la surface en paraît calme et pure,
mais quand vous regardez au fond du bassin, vous
apercevez un large crocodile, que le puits nourrit dans
ses eaux[168].

« Ayant ainsi vu le soleil se lever et se coucher sur ce
lieu de douleur, le lendemain au premier cri de la
cigogne, je me préparai à quitter la sépulture sacrée.
J'en partis comme de la borne d'où je voulais m'élan-
cer dans la carrière de la vertu. Trois fois j'évoquai
l'âme d'Atala ; trois fois le Génie du désert répondit à
mes cris sous l'arche funèbre. Je saluai ensuite
l'Orient, et je découvris au loin, dans les sentiers de la
montagne, l'ermite qui se rendait à la cabane de quelque infortuné. Tombant à genoux et embrassant
étroitement la fosse, je m'écriai : « Dors en paix dans
« cette terre étrangère, fille trop malheureuse ! Pour
« prix de ton amour, de ton exil et de ta mort, tu vas
« être abandonnée, même de Chactas ! » Alors versant
des flots de larmes, je me séparai de la fille de Lopez,
alors je m'arrachai de ces lieux, laissant au pied du
monument de la nature, un monument plus auguste :
l'humble tombeau de la vertu. »

ÉPILOGUE[169]

Chactas, fils d'Outalissi, le Natché, a fait cette histoire à René l'Européen. Les pères l'ont redite aux enfants, et moi, voyageur aux terres lointaines, j'ai fidèlement rapporté ce que des Indiens m'en ont appris. Je vis dans ce récit le tableau du peuple chasseur et du peuple laboureur, la religion, première législatrice des hommes, les dangers de l'ignorance et de l'enthousiasme religieux, opposés aux lumières, à la charité et au véritable esprit de l'Évangile, les combats des passions et des vertus dans un cœur simple, enfin le triomphe du Christianisme sur le sentiment le plus fougueux et la crainte la plus terrible, l'amour et la mort.

Quand un Siminole me raconta cette histoire, je la trouvai fort instructive et parfaitement belle, parce qu'il y mit la fleur du désert, la grâce de la cabane, et une simplicité à conter la douleur, que je ne me flatte pas d'avoir conservées[170]. Mais une chose me restait à savoir. Je demandais ce qu'était devenu le P. Aubry, et personne ne me le pouvait dire. Je l'aurais toujours ignoré, si la Providence, qui conduit tout, ne m'avait découvert ce que je cherchais. Voici comment la chose se passa :

J'avais parcouru les rivages du Meschacebé, qui formaient autrefois la barrière méridionale de la Nouvelle France, et j'étais curieux de voir au nord l'autre merveille de cet empire, la cataracte de Niagara. J'étais arrivé tout près de cette chute, dans l'ancien pays des Agonnonsioni[a], lorsqu'un matin, en traversant une plaine, j'aperçus une femme assise sous un arbre, et tenant un enfant mort sur ses genoux[171]. Je m'approchai doucement de la jeune mère, et je l'entendis qui disait :

« Si tu étais resté parmi nous, cher enfant, comme
« ta main eût bandé l'arc avec grâce ! Ton bras eût
« dompté l'ours en fureur ; et sur le sommet de la
« montagne, tes pas auraient défié le chevreuil à la
« course. Blanche hermine du rocher, si jeune, être allé
« dans le pays des âmes ! Comment feras-tu pour y
« vivre ? Ton père n'y est point pour t'y nourrir de sa
« chasse. Tu auras froid, et aucun esprit ne te donnera
« des peaux pour te couvrir. Oh ! il faut que je me hâte
« de t'aller rejoindre, pour te chanter des chansons, et
« te présenter mon sein. »

Et la jeune mère chantait d'une voix tremblante, balançait l'enfant sur ses genoux, humectait ses lèvres du lait maternel, et prodiguait à la mort tous les soins qu'on donne à la vie.

Cette femme voulait faire sécher le corps de son fils sur les branches d'un arbre, selon la coutume indienne, afin de l'emporter ensuite aux tombeaux de ses pères. Elle dépouilla donc le nouveau-né, et respirant quelques instants sur sa bouche, elle dit : « Ame
« de mon fils, âme charmante, ton père t'a créée jadis
« sur mes lèvres par un baiser ; hélas, les miens n'ont
« pas le pouvoir de te donner une seconde naissance ! »
Ensuite elle découvrit son sein, et embrassa ces restes glacés, qui se fussent ranimés au feu du cœur maternel, si Dieu ne s'était réservé le souffle qui donne la vie.

Elle se leva et chercha des yeux un arbre sur les branches duquel elle pût exposer son enfant. Elle choisit un érable à fleurs rouges, festonné de guirlandes d'apios, et qui exhalait les parfums les plus

---

a. Les Iroquois.

suaves. D'une main elle en abaissa les rameaux infé-
rieurs, de l'autre elle y plaça le corps; laissant alors
échapper la branche, la branche retourna à sa position
naturelle, emportant la dépouille de l'innocence,
cachée dans un feuillage odorant. Oh! que cette coutume indienne est touchante! Je vous ai vus dans vos
campagnes désolées, pompeux monuments des Cras-
sus et des César[172], et je vous préfère encore ces tombeaux aériens du Sauvage, ces mausolées de fleurs et
de verdure que parfume l'abeille, que balance le
zéphir, et où le rossignol bâtit son nid et fait entendre
sa plaintive mélodie[173]. Si c'est la dépouille d'une
jeune fille que la main d'un amant a suspendue à
l'arbre de la mort; si ce sont les restes d'un enfant
chéri, qu'une mère a placés dans la demeure des petits
oiseaux, le charme redouble encore. Je m'approchai
de celle qui gémissait au pied de l'érable; je lui impo-
sai les mains sur la tête, en poussant les trois cris de
douleur. Ensuite, sans lui parler, prenant comme elle
un rameau, j'écartai les insectes qui bourdonnaient
autour du corps de l'enfant. Mais je me donnai de
garde d'effrayer une colombe voisine. L'Indienne lui
disait : « Colombe, si tu n'es pas l'âme de mon fils qui
« s'est envolée, tu es, sans doute, une mère qui
« cherche quelque chose pour faire un nid. Prends de
« ces cheveux, que je ne laverai plus dans l'eau
« d'esquine; prends-en pour coucher tes petits : puisse
« le grand Esprit te les conserver! »

Cependant la mère pleurait de joie en voyant la
politesse de l'étranger. Comme nous faisions ceci, un
jeune homme approcha, et dit : « Fille de Céluta[174],
« retire notre enfant, nous ne séjournerons pas plus
« longtemps ici, et nous partirons au premier soleil. »
Je dis alors : « Frère, je te souhaite un ciel bleu, beau-
« coup de chevreuils, un manteau de castor, et de
« l'espérance. Tu n'es donc pas de ce désert? » « Non,
« répondit le jeune homme, nous sommes des exilés, et
« nous allons chercher une patrie. » En disant cela, le
guerrier baissa la tête dans son sein, et avec le bout de
son arc, il abattait la tête des fleurs. Je vis qu'il y avait

des larmes au fond de cette histoire, et je me tus. La
femme retira son fils des branches de l'arbre, et elle le
donna à porter à son époux. Alors je dis : « Voulez-
« vous me permettre d'allumer votre feu cette nuit ? »
« Nous n'avons point de cabane, reprit le guerrier ; si
« vous voulez nous suivre, nous campons au bord de
« la chute. » « Je le veux bien, répondis-je », et nous
partîmes ensemble.

Nous arrivâmes bientôt au bord de la cataracte[175],
qui s'annonçait par d'affreux mugissements. Elle est
formée par la rivière Niagara, qui sort du lac Érié, et
se jette dans le lac Ontario ; sa hauteur perpendiculaire
est de cent quarante-quatre pieds. Depuis le lac Érié
jusqu'au Saut, le fleuve accourt, par une pente rapide,
et au moment de la chute, c'est moins un fleuve
qu'une mer, dont les torrents se pressent à la bouche
béante d'un gouffre. La cataracte se divise en deux
branches, et se courbe en fer à cheval. Entre les deux
chutes s'avance une île creusée en dessous, qui pend
avec tous ses arbres sur le chaos des ondes. La masse
du fleuve qui se précipite au midi, s'arrondit en un
vaste cylindre, puis se déroule en nappe de neige, et
brille au soleil de toutes les couleurs. Celle qui tombe
au levant descend dans une ombre effrayante ; on
dirait une colonne d'eau du déluge. Mille arcs-en-ciel
se courbent et se croisent sur l'abîme. Frappant le roc
ébranlé, l'eau rejaillit en tourbillons d'écume, qui
s'élèvent au-dessus des forêts, comme les fumées d'un
vaste embrasement. Des pins, des noyers sauvages,
des rochers taillés en forme de fantômes, décorent la
scène. Des aigles entraînés par le courant d'air, descendent en tournoyant au fond du gouffre ; et des carcajous se suspendent par leurs queues flexibles au
bout d'une branche abaissée, pour saisir dans l'abîme
les cadavres brisés des élans et des ours.

Tandis qu'avec un plaisir mêlé de terreur je
contemplais ce spectacle, l'Indienne et son époux me
quittèrent. Je les cherchai en remontant le fleuve au-
dessus de la chute, et bientôt je les trouvai dans un
endroit convenable à leur deuil. Ils étaient couchés sur

l'herbe avec des vieillards, auprès de quelques ossements humains enveloppés dans des peaux de bêtes. Étonné de tout ce que je voyais depuis quelques heures, je m'assis auprès de la jeune mère, et je lui dis : « Qu'est-ce que tout ceci, ma sœur ? » Elle me répondit : « Mon frère, c'est la terre de la patrie ; ce « sont les cendres de nos aïeux, qui nous suivent dans « notre exil. » « Et comment, m'écriai-je, avez-vous été « réduits à un tel malheur ? » La fille de Céluta repartit : « Nous sommes les restes des Natchez. Après le « massacre que les Français firent de notre nation pour « venger leurs frères, ceux de nos frères qui échap- « pèrent aux vainqueurs, trouvèrent un asile chez les « Chikassas nos voisins. Nous y sommes demeurés « assez longtemps tranquilles ; mais il y a sept lunes « que les Blancs de la Virginie se sont emparés de nos « terres, en disant qu'elles leur ont été données par un « roi d'Europe. Nous avons levé les yeux au ciel et, « chargés des restes de nos aïeux, nous avons pris « notre route à travers le désert. Je suis accouchée pen- « dant la marche ; et comme mon lait était mauvais, à « cause de la douleur, il a fait mourir mon enfant. » En disant cela, la jeune mère essuya ses yeux avec sa chevelure ; je pleurais aussi.

Or, je dis bientôt : « Ma sœur, adorons le grand « Esprit, tout arrive par son ordre. Nous sommes tous « voyageurs ; nos pères l'ont été comme nous ; mais il y « a un lieu où nous nous reposerons. Si je ne craignais « d'avoir la langue aussi légère que celle d'un Blanc, je « vous demanderais si vous avez entendu parler de « Chactas, le Natché ? » A ces mots, l'Indienne me regarda et me dit : « Qui est-ce qui vous a parlé de « Chactas, le Natché ? » Je répondis : « C'est la « sagesse. » L'Indienne reprit : « Je vous dirai ce que je « sais, parce que vous avez éloigné les mouches du « corps de mon fils, et que vous venez de dire de belles « paroles sur le grand Esprit. Je suis la fille de la fille de « René l'Européen, que Chactas avait adopté. Chac- « tas, qui avait reçu le baptême[176], et René mon aïeul « si malheureux, ont péri dans le massacre. »

« L'homme va toujours de douleur en douleur, répon-
« dis-je en m'inclinant. Vous pourriez donc aussi
« m'apprendre des nouvelles du P. Aubry ? » « Il n'a
« pas été plus heureux que Chactas, dit l'Indienne. Les
« Chéroquois, ennemis des Français, pénétrèrent à sa
« Mission, ils y furent conduits par le son de la cloche
« qu'on sonnait pour secourir les voyageurs. Le P.
« Aubry se pouvait sauver ; mais il ne voulut pas aban-
« donner ses enfants, et il demeura pour les encoura-
« ger à mourir, par son exemple. Il fut brûlé avec de
« grandes tortures ; jamais on ne put tirer de lui un cri
« qui tournât à la honte de son Dieu, ou au déshon-
« neur de sa patrie. Il ne cessa, durant le supplice, de
« prier pour ses bourreaux, et de compatir au sort des
« victimes. Pour lui arracher une marque de faiblesse,
« les Chéroquois amenèrent à ses pieds un Sauvage
« chrétien, qu'ils avaient horriblement mutilé. Mais ils
« furent bien surpris, quand ils virent le jeune homme
« se jeter à genoux, et baiser les plaies du vieil ermite
« qui lui criait : « Mon enfant, nous avons été mis en
« spectacle aux anges et aux hommes. » Les Indiens
« furieux lui plongèrent un fer rouge dans la gorge,
« pour l'empêcher de parler. Alors ne pouvant plus
« consoler les hommes, il expira.

    « On dit que les Chéroquois, tout accoutumés qu'ils
« étaient à voir des Sauvages souffrir avec constance,
« ne purent s'empêcher d'avouer qu'il y avait dans
« l'humble courage du P. Aubry quelque chose qui
« leur était inconnu, et qui surpassait tous les courages
« de la terre [177]. Plusieurs d'entre eux, frappés de cette
« mort, se sont faits chrétiens.

    « Quelques années après, Chactas, à son retour de
« la terre des Blancs, ayant appris les malheurs du chef
« de la prière, partit pour aller recueillir ses cendres et
« celles d'Atala [178]. Il arriva à l'endroit où était située la
« Mission, mais il put à peine le reconnaître. Le lac
« s'était débordé, et la savane était changée en un
« marais ; le pont naturel, en s'écroulant, avait enseveli
« sous ses débris le tombeau d'Atala et les Bocages de
« la mort. Chactas erra longtemps dans ce lieu ; il visita

« la grotte du Solitaire qu'il trouva remplie de ronces
« et de framboisiers, et dans laquelle une biche allaitait
« son faon. Il s'assit sur le rocher de la Veillée de la
« mort, où il ne vit que quelques plumes tombées de
« l'aile de l'oiseau de passage. Tandis qu'il y pleurait,
« le serpent familier du missionnaire sortit des brous-
« sailles voisines, et vint s'entortiller à ses pieds. Chac-
« tas réchauffa dans son sein ce fidèle ami, resté seul
« au milieu de ces ruines. Le fils d'Outalissi a raconté
« que plusieurs fois aux approches de la nuit, il avait
« cru voir les ombres d'Atala et du P. Aubry s'élever
« dans la vapeur du crépuscule. Ces visions le rem-
« plirent d'une religieuse frayeur et d'une joie triste.

  « Après avoir cherché vainement le tombeau de sa
« sœur et celui de l'ermite, il était près d'abandonner
« ces lieux, lorsque la biche de la grotte se mit à bondir
« devant lui. Elle s'arrêta au pied de la croix de la Mis-
« sion. Cette croix était alors à moitié entourée d'eau ;
« son bois était rongé de mousse, et le pélican du
« désert aimait à se pencher sur ses bras vermoulus.
« Chactas jugea que la biche reconnaissante l'avait
« conduit au tombeau de son hôte. Il creusa sous la
« roche qui jadis servait d'autel, et il y trouva les restes
« d'un homme et d'une femme. Il ne douta point que
« ce ne fussent ceux du prêtre et de la vierge, que les
« anges avaient peut-être ensevelis dans ce lieu ; il les
« enveloppa dans des peaux d'ours, et reprit le chemin
« de son pays emportant les précieux restes, qui réson-
« naient sur ses épaules comme le carquois de la mort.
« La nuit, il les mettait sous sa tête, et il avait des
« songes d'amour et de vertu. O étranger, tu peux
« contempler ici cette poussière avec celle de Chactas
« lui-même ! »

  Comme l'Indienne achevait de prononcer ces mots,
je me levai ; je m'approchai des cendres sacrées, et me
prosternai devant elles en silence. Puis m'éloignant à
grands pas, je m'écriai : « Ainsi passe sur la terre tout
« ce qui fut bon, vertueux, sensible ! Homme, tu n'es
« qu'un songe rapide, un rêve douloureux[179] ; tu
« n'existes que par le malheur ; tu n'es quelque chose

« que par la tristesse de ton âme et l'éternelle mélanco-
« lie de ta pensée ! »

Ces réflexions m'occupèrent toute la nuit. Le lendemain, au point du jour, mes hôtes me quittèrent[180].
Les jeunes guerriers ouvraient la marche, et les
épouses la fermaient ; les premiers étaient chargés des
saintes reliques ; les secondes portaient leurs nouveau-
nés ; les vieillards cheminaient lentement au milieu,
placés entre les aïeux et leur postérité, entre les souvenirs et l'espérance, entre la patrie perdue et la patrie à
venir. Oh ! que de larmes sont répandues, lorsqu'on
abandonne ainsi la terre natale, lorsque du haut de la
colline de l'exil, on découvre pour la dernière fois le
toit où l'on fut nourri et le fleuve de la cabane, qui
continue de couler tristement à travers les champs
solitaires de la patrie !

Indiens infortunés que j'ai vus errer dans les déserts
du Nouveau-Monde, avec les cendres de vos aïeux,
vous qui m'aviez donné l'hospitalité malgré votre
misère, je ne pourrais vous la rendre aujourd'hui, car
j'erre, ainsi que vous, à la merci des hommes ; et
moins heureux dans mon exil, je n'ai point emporté
les os de mes pères.

RENÉ

En arrivant chez les Natchez, René avait été obligé de prendre une épouse, pour se conformer aux mœurs des Indiens; mais il ne vivait point avec elle[181]. Un penchant mélancolique l'entraînait au fond des bois; il y passait seul des journées entières[182], et semblait sauvage parmi des sauvages. Hors Chactas, son père adoptif, et le P. Souël[183], missionnaire au fort Rosalie[a], il avait renoncé au commerce des hommes. Ces deux vieillards avaient pris beaucoup d'empire sur son cœur : le premier, par une indulgence aimable; l'autre, au contraire, par une extrême sévérité. Depuis la chasse du castor[185], où le Sachem aveugle raconta ses aventures à René, celui-ci n'avait jamais voulu parler des siennes. Cependant Chactas et le missionnaire désiraient vivement connaître par quel malheur un Européen bien né avait été conduit à l'étrange résolution de s'ensevelir dans les déserts de la Louisiane[186]. René avait toujours donné pour motifs de ses refus, le peu d'intérêt de son histoire qui se bornait, disait-il, à celle de ses pensées et de ses sentiments. « Quant à « l'événement qui m'a déterminé à passer en Amé-« rique, ajoutait-il, je le dois ensevelir dans un éternel « oubli. »

Quelques années s'écoulèrent de la sorte, sans que

a. Colonie française aux Natchez[184].

les deux vieillards lui pussent arracher son secret. Une lettre qu'il reçut d'Europe, par le bureau des Missions étrangères, redoubla tellement sa tristesse, qu'il fuyait jusqu'à ses vieux amis. Ils n'en furent que plus ardents à le presser de leur ouvrir son cœur; ils y mirent tant de discrétion, de douceur et d'autorité, qu'il fut enfin obligé de les satisfaire. Il prit donc jour avec eux, pour leur raconter, non les aventures de sa vie, puisqu'il n'en avait point éprouvé, mais les sentiments secrets de son âme.

Le 21 de ce mois que les Sauvages appellent *la lune des fleurs*[187], René se rendit à la cabane de Chactas. Il donna le bras au Sachem, et le conduisit sous un sassafras[188], au bord du Meschacebé. Le P. Souël ne tarda pas à arriver au rendez-vous. L'aurore se levait : à quelque distance dans la plaine, on apercevait le village des Natchez, avec son bocage de mûriers, et ses cabanes qui ressemblent à des ruches d'abeilles. La colonie française et le fort Rosalie se montraient sur la droite, au bord du fleuve. Des tentes, des maisons à moitié bâties, des forteresses commencées, des défrichements couverts de Nègres, des groupes de Blancs et d'Indiens, présentaient dans ce petit espace, le contraste des mœurs sociales et des mœurs sauvages. Vers l'orient, au fond de la perspective, le soleil commençait à paraître entre les sommets brisés des Apalaches, qui se dessinaient comme des caractères d'azur dans les hauteurs dorées du ciel[189] : à l'occident, le Meschacebé roulait ses ondes dans un silence magnifique, et formait la bordure du tableau avec une inconcevable grandeur.

Le jeune homme et le missionnaire admirèrent quelque temps cette belle scène, en plaignant le Sachem qui ne pouvait plus en jouir; ensuite le P. Souël et Chactas s'assirent sur le gazon, au pied de l'arbre; René prit sa place au milieu d'eux, et après un moment de silence, il parla de la sorte à ses vieux amis :

« Je ne puis, en commençant mon récit, me défendre d'un mouvement de honte. La paix de vos cœurs, respectables vieillards, et le calme de la nature autour de moi, me font rougir du trouble et de l'agitation de mon âme.

« Combien vous aurez pitié de moi! Que mes éternelles inquiétudes vous paraîtront misérables! Vous qui avez épuisé tous les chagrins de la vie, que penserez-vous d'un jeune homme sans force et sans vertu, qui trouve en lui-même son tourment, et ne peut guère se plaindre que des maux qu'il se fait à lui-même? Hélas, ne le condamnez pas; il a été trop puni!

« J'ai coûté la vie à ma mère en venant au monde[190]; j'ai été tiré de son sein avec le fer. J'avais un frère que mon père bénit, parce qu'il voyait en lui son fils aîné[191]. Pour moi, livré de bonne heure à des mains étrangères, je fus élevé loin du toit paternel[192].

« Mon humeur était impétueuse, mon caractère inégal. Tour à tour bruyant et joyeux, silencieux et triste, je rassemblais autour de moi mes jeunes compagnons; puis, les abandonnant tout à coup, j'allais m'asseoir à l'écart, pour contempler la nue fugitive, ou entendre la pluie tomber sur le feuillage[193].

« Chaque automne, je revenais au château paternel, situé au milieu des forêts, près d'un lac, dans une province reculée[194].

« Timide et contraint devant mon père, je ne trouvais l'aise et le contentement qu'auprès de ma sœur Amélie. Une douce conformité d'humeur et de goûts m'unissait étroitement à cette sœur; elle était un peu plus âgée que moi. Nous aimions à gravir les coteaux ensemble, à voguer sur le lac, à parcourir les bois à la chute des feuilles : promenades dont le souvenir remplit encore mon âme de délices. O illusions de l'enfance et de la patrie, ne perdez-vous jamais vos douceurs?

« Tantôt nous marchions en silence, prêtant l'oreille au sourd mugissement de l'automne, ou au bruit des feuilles séchées, que nous traînions tristement sous nos pas[195]; tantôt, dans nos jeux innocents, nous poursuivions l'hirondelle dans la prairie, l'arc-en-ciel sur les collines pluvieuses; quelquefois aussi nous murmurions des vers que nous inspirait le spectacle de la nature [196]. Jeune, je cultivais les Muses; il n'y a rien de plus poétique, dans la fraîcheur de ses passions, qu'un cœur de seize années. Le matin de la vie est comme le matin du jour, plein de pureté, d'images et d'harmonies.

« Les dimanches et les jours de fête, j'ai souvent entendu, dans le grand bois, à travers les arbres, les sons de la cloche lointaine [197] qui appelait au temple l'homme des champs. Appuyé contre le tronc d'un ormeau, j'écoutais en silence le pieux murmure. Chaque frémissement de l'airain portait à mon âme naïve l'innocence des mœurs champêtres, le calme de la solitude, le charme de la religion, et la délectable mélancolie des souvenirs de ma première enfance. Oh! quel cœur si mal fait n'a tressailli au bruit des cloches de son lieu natal, de ces cloches qui frémirent de joie sur son berceau, qui annoncèrent son avènement à la vie, qui marquèrent le premier battement de son cœur, qui publièrent dans tous les lieux d'alentour la sainte allégresse de son père, les douleurs et les joies encore plus ineffables de sa mère! Tout se trouve dans les rêveries enchantées où nous plonge le bruit de la cloche natale : religion, famille, patrie [198], et le berceau et la tombe, et le passé et l'avenir.

« Il est vrai qu'Amélie et moi nous jouissions plus que personne de ces idées graves et tendres, car nous avions tous les deux un peu de tristesse au fond du cœur : nous tenions cela de Dieu ou de notre mère.

« Cependant mon père fut atteint d'une maladie qui le conduisit en peu de jours au tombeau. Il expira dans mes bras [199]. J'appris à connaître la mort sur les lèvres de celui qui m'avait donné la vie. Cette impression fut grande; elle dure encore. C'est la première fois que l'immortalité de l'âme s'est présentée clairement à mes yeux. Je ne pus croire que ce corps inanimé était en moi l'auteur de la pensée : je sentis qu'elle me devait venir d'une autre source; et dans une sainte douleur qui approchait de la joie, j'espérai me rejoindre un jour à l'esprit de mon père.

« Un autre phénomène me confirma dans cette haute idée. Les traits paternels avaient pris au cercueil quelque chose de sublime [200]. Pourquoi cet étonnant mystère ne serait-il pas l'indice de notre immortalité ? Pourquoi la mort qui sait tout, n'aurait-elle pas gravé sur le front de sa victime les secrets d'un autre univers ? Pourquoi n'y aurait-il pas dans la tombe quelque grande vision de l'éternité ?

« Amélie, accablée de douleur, était retirée au fond d'une tour, d'où elle entendit retentir, sous les voûtes du château gothique, le chant des prêtres du convoi et les sons de la cloche funèbre.

« J'accompagnai mon père à son dernier asile ; la terre se referma sur sa dépouille ; l'éternité et l'oubli le pressèrent de tout leur poids ; le soir même l'indifférent passait sur sa tombe ; hors pour sa fille et pour son fils, c'était déjà comme s'il n'avait jamais été.

« Il fallut quitter le toit paternel, devenu l'héritage de mon frère : je me retirai avec Amélie chez de vieux parents.

« Arrêté à l'entrée des voies trompeuses de la vie, je les considérais l'une après l'autre, sans m'y oser engager. Amélie m'entretenait souvent du bonheur de la vie religieuse ; elle me disait que j'étais le seul lien qui la retînt dans le monde, et ses yeux s'attachaient sur moi avec tristesse.

« Le cœur ému par ces conversations pieuses, je portais souvent mes pas vers un monastère, voisin de mon nouveau séjour ; un moment même j'eus la tentation d'y cacher ma vie. Heureux ceux qui ont fini leur voyage, sans avoir quitté le port, et qui n'ont point, comme moi, traîné d'inutiles jours sur la terre !

« Les Européens incessamment agités sont obligés de se bâtir des solitudes. Plus notre cœur est tumultueux et bruyant, plus le calme et le silence nous attirent [201]. Ces hospices de mon pays, ouverts aux malheureux et aux faibles, sont souvent cachés dans des vallons qui portent au cœur le vague sentiment de l'infortune et l'espérance d'un abri ; quelquefois aussi on les découvre sur de hauts sites où l'âme religieuse, comme une plante des montagnes, semble s'élever vers le ciel pour lui offrir ses parfums[202].

« Je vois encore le mélange majestueux des eaux et des bois de cette antique abbaye où je pensai dérober ma vie aux caprices du sort; j'erre encore au déclin du jour dans ces cloîtres retentissants et solitaires. Lorsque la lune éclairait à demi les piliers des arcades, et dessinait leur ombre sur le mur opposé, je m'arrêtais à contempler la croix qui marquait le champ de la mort, et les longues herbes qui croissaient entre les pierres des tombes. O hommes, qui ayant vécu loin du monde, avez passé du silence de la vie au silence de la mort, de quel dégoût de la terre[203] vos tombeaux ne remplissaient-ils point mon cœur!

« Soit inconstance naturelle, soit préjugé contre la vie monastique, je changeai mes desseins; je me résolus à voyager[204]. Je dis adieu à ma sœur; elle me serra dans ses bras avec un mouvement qui ressemblait à de la joie, comme si elle eût été heureuse de me quitter; je ne pus me défendre d'une réflexion amère sur l'inconséquence des amitiés humaines.

« Cependant, plein d'ardeur, je m'élançai seul sur cet orageux océan du monde, dont je ne connaissais ni les ports, ni les écueils. Je visitai d'abord les peuples qui ne sont plus; je m'en allai m'asseyant sur les débris de Rome et de la Grèce[205] : pays de forte et d'ingénieuse mémoire, où les palais sont ensevelis dans la poudre, et les mausolées des rois cachés sous les ronces. Force de la nature, et faiblesse de l'homme : un brin d'herbe perce souvent le marbre le plus dur de ces tombeaux, que tous ces morts, si puissants, ne soulèveront jamais!

« Quelquefois une haute colonne se montrait seule debout dans un désert, comme une grande pensée s'élève, par intervalles, dans une âme que le temps et le malheur ont dévastée[206].

« Je méditai sur ces monuments dans tous les accidents et à toutes les heures de la journée. Tantôt ce même soleil qui avait vu jeter les fondements de ces cités, se couchait majestueusement, à mes yeux, sur leurs ruines; tantôt la lune se levant dans un ciel pur, entre deux urnes cinéraires à moitié brisées, me montrait les pâles tombeaux. Souvent aux rayons de cet astre qui alimente les rêveries, j'ai cru voir le Génie des souvenirs, assis tout pensif à mes côtés[207].

« Mais je me lassai de fouiller dans des cercueils, où je ne remuais trop souvent qu'une poussière criminelle.

« Je voulus voir si les races vivantes m'offriraient plus de vertus, ou moins de malheurs que les races évanouies. Comme je me promenais un jour dans une grande cité, en passant derrière un palais, dans une cour retirée et déserte, j'aperçus une statue qui indiquait du doigt un lieu fameux par un sacrifice[a]. Je fus frappé du silence de ces lieux; le vent seul gémissait autour du marbre tragique. Des manœuvres étaient couchés avec indifférence au pied de la statue, ou taillaient des pierres en sifflant. Je leur demandai ce que signifiait ce monument: les uns purent à peine me le dire, les autres ignoraient la catastrophe qu'il retraçait[208]. Rien ne m'a plus donné la juste mesure des événements de la vie, et du peu que nous sommes. Que sont devenus ces personnages qui firent tant de bruit? Le temps a fait un pas, et la face de la terre a été renouvelée.

« Je recherchai surtout dans mes voyages les artistes et ces hommes divins qui chantent les Dieux sur la lyre, et la félicité des peuples qui honorent les lois, la religion et les tombeaux[209].

« Ces chantres sont de race divine, ils possèdent le seul talent incontestable dont le ciel ait fait présent à la terre. Leur vie est à la fois naïve et sublime; ils célèbrent les Dieux avec une bouche d'or, et sont les plus simples des hommes; ils causent comme des immortels ou comme de petits enfants; ils expliquent les lois de l'univers, et ne peuvent comprendre les affaires les plus innocentes de la vie; ils ont des idées merveilleuses de la mort, et meurent, sans s'en apercevoir, comme des nouveau-nés[210].

a. A Londres, derrière White-Hall, la statue de Jacques II.

« Sur les monts de la Calédonie[211], le dernier Barde qu'on ait ouï dans ces déserts me chanta les poèmes dont un héros consolait jadis sa vieillesse. Nous étions assis sur quatre pierres rongées de mousse ; un torrent coulait à nos pieds ; le chevreuil paissait à quelque distance parmi les débris d'une tour, et le vent des mers sifflait sur la bruyère de Cona. Maintenant la religion chrétienne, fille aussi des hautes montagnes, a placé des croix sur les monuments des héros de Morven, et touché la harpe de David, au bord du même torrent où Ossian fit gémir la sienne. Aussi pacifique que les divinités de Selma étaient guerrières, elle garde des troupeaux où Fingal livrait des combats, et elle a répandu des anges de paix dans les nuages qu'habitaient des fantômes homicides.

« L'ancienne et riante Italie m'offrit la foule de ses chefs-d'œuvre. Avec quelle sainte et poétique horreur j'errais dans ces vastes édifices consacrés par les arts à la religion ! Quel labyrinthe de colonnes ! Quelle succession d'arches et de voûtes[212] ! Qu'ils sont beaux ces bruits qu'on entend autour des dômes, semblables aux rumeurs des flots dans l'Océan, aux murmures des vents dans les forêts, ou à la voix de Dieu dans son temple ! L'architecte bâtit, pour ainsi dire, les idées du poète et les fait toucher aux sens.

« Cependant qu'avais-je appris[213] jusqu'alors avec tant de fatigue ? Rien de certain parmi les anciens, rien de beau parmi les modernes. Le passé et le présent sont deux statues incomplètes : l'une a été retirée toute mutilée du débris des âges ; l'autre n'a pas encore reçu sa perfection de l'avenir.

« Mais peut-être, mes vieux amis, vous surtout, habitants du désert[214], êtes-vous étonnés que dans ce récit de mes voyages, je ne vous aie pas une seule fois entretenus des monuments de la nature ?

« Un jour, j'étais monté au sommet de l'Etna, volcan qui brûle au milieu d'une île[215]. Je vis le soleil se lever dans l'immensité de l'horizon au-dessous de moi, la Sicile resserrée comme un point à mes pieds, et la mer déroulée au loin dans les espaces. Dans cette vue perpendiculaire du tableau, les fleuves ne me semblaient plus que des lignes géographiques tracées sur une carte ; mais, tandis que d'un côté mon œil apercevait ces objets, de l'autre il plongeait dans le cratère de l'Etna, dont je découvrais les entrailles brûlantes, entre les bouffées d'une noire vapeur.

« Un jeune homme plein de passions, assis sur la bouche d'un volcan, et pleurant sur les mortels dont à peine il voyait à ses pieds les demeures, n'est sans doute, ô vieillards, qu'un objet digne de votre pitié ; mais, quoi que vous puissiez penser de René, ce tableau vous offre l'image de son caractère et de son existence : c'est ainsi que toute ma vie j'ai eu devant les yeux une création à la fois immense et imperceptible, et un abîme ouvert à mes côtés[216]. »

En prononçant ces derniers mots, René se tut, et tomba subitement dans la rêverie. Le P. Souël le regardait avec étonnement, et le vieux Sachem aveugle qui n'entendait plus parler le jeune homme, ne savait que penser de ce silence.

René avait les yeux attachés sur un groupe d'Indiens qui passaient gaiement dans la plaine. Tout à coup sa physionomie s'attendrit, des larmes coulent de ses yeux, il s'écrie :

« Heureux Sauvages ! Oh ! que ne puis-je jouir de la paix qui vous accompagne toujours ! Tandis qu'avec si peu de fruit je parcourais tant de contrées, vous, assis tranquillement sous vos chênes, vous laissiez couler les jours sans les compter. Votre raison n'était que vos besoins, et vous arriviez, mieux que moi, au résultat de la sagesse, comme l'enfant, entre les jeux et le sommeil. Si cette mélancolie qui s'engendre de l'excès du bonheur atteignait quelquefois votre âme, bientôt vous sortiez de cette tristesse passagère, et votre regard levé vers le Ciel, cherchait avec attendrissement ce je ne sais quoi inconnu qui prend pitié du pauvre Sauvage[217]. »

Ici la voix de René expira de nouveau, et le jeune homme pencha la tête sur sa poitrine. Chactas, étendant le bras dans l'ombre, et prenant le bras de son

fils, lui cria d'un ton ému : « Mon fils ! mon cher fils ! »
A ces accents, le frère d'Amélie revenant à lui, et rougissant de son trouble, pria son père de lui pardonner.

Alors le vieux Sauvage : « Mon jeune ami, les mouvements d'un cœur comme le tien ne sauraient être égaux ; modère seulement ce caractère qui t'a déjà fait tant de mal. Si tu souffres plus qu'un autre des choses de la vie, il ne faut pas t'en étonner ; une grande âme doit contenir plus de douleur qu'une petite. Continue ton récit. Tu nous as fait parcourir une partie de l'Europe, fais-nous connaître ta patrie. Tu sais que j'ai vu la France, et quels liens m'y ont attaché[218] ; j'aimerai à entendre parler de ce grand Chef[a], qui n'est plus, et dont j'ai visité la superbe cabane. Mon enfant, je ne vis plus que par la mémoire. Un vieillard avec ses souvenirs ressemble au chêne décrépit de nos bois : ce chêne ne se décore plus de son propre feuillage, mais il couvre quelquefois sa nudité des plantes étrangères qui ont végété sur ses antiques rameaux[219]. »

Le frère d'Amélie, calmé par ces paroles, reprit ainsi l'histoire de son cœur :

« Hélas ! mon père, je ne pourrai t'entretenir de ce grand siècle dont je n'ai vu que la fin dans mon enfance, et qui n'était plus lorsque je rentrai dans ma patrie[220]. Jamais un changement plus étonnant et plus soudain ne s'est opéré chez un peuple. De la hauteur du génie, du respect pour la religion, de la gravité des mœurs, tout était subitement descendu à la souplesse de l'esprit, à l'impiété, à la corruption[221].

« C'était donc bien vainement que j'avais espéré retrouver dans mon pays de quoi calmer cette inquiétude, cette ardeur de désir qui me suit partout. L'étude du monde ne m'avait rien appris, et pourtant je n'avais plus la douceur de l'ignorance.

« Ma sœur, par une conduite inexplicable, semblait se plaire à augmenter mon ennui ; elle avait quitté Paris[222] quelques jours avant mon arrivée. Je lui écrivis que je comptais l'aller rejoindre ; elle se hâta de me

a. Louis XIV.

répondre pour me détourner de ce projet, sous prétexte qu'elle était incertaine du lieu où l'appelleraient ses affaires. Quelles tristes réflexions ne fis-je point alors sur l'amitié, que la présence attiédit, que l'absence efface, qui ne résiste point au malheur, et encore moins à la prospérité!

« Je me trouvai bientôt plus isolé dans ma patrie, que je ne l'avais été sur une terre étrangère. Je voulus me jeter pendant quelque temps dans un monde qui ne me disait rien et qui ne m'entendait pas[223]. Mon âme, qu'aucune passion n'avait encore usée, cherchait un objet qui pût l'attacher[224]; mais je m'aperçus que je donnais plus que je ne recevais. Ce n'était ni un langage élevé, ni un sentiment profond qu'on demandait de moi[225]. Je n'étais occupé qu'à rapetisser ma vie, pour la mettre au niveau de la société. Traité partout d'esprit romanesque, honteux du rôle que je jouais, dégoûté de plus en plus des choses et des hommes, je pris le parti de me retirer dans un faubourg pour y vivre totalement ignoré.

« Je trouvai d'abord assez de plaisir dans cette vie obscure et indépendante. Inconnu, je me mêlais à la foule : vaste désert d'hommes[226]!

« Souvent assis dans une église peu fréquentée, je passais des heures entières en méditation. Je voyais de pauvres femmes venir se prosterner devant le Très-Haut, ou des pécheurs s'agenouiller au tribunal de la pénitence. Nul ne sortait de ces lieux sans un visage plus serein, et les sourdes clameurs qu'on entendait au-dehors semblaient être les flots des passions et les orages du monde qui venaient expirer au pied du temple du Seigneur. Grand Dieu, qui vit en secret couler mes larmes dans ces retraites sacrées, tu sais combien de fois je me jetai à tes pieds, pour te supplier de me décharger du poids de l'existence, ou de changer en moi le vieil homme[227]! Ah! qui n'a senti quelquefois le besoin de se régénérer, de se rajeunir aux eaux du torrent, de retremper son âme à la fontaine de vie? Qui ne se trouve quelquefois accablé du fardeau de sa propre corruption, et incapable de rien faire de grand, de noble, de juste?

« Quand le soir était venu, reprenant le chemin de ma retraite, je m'arrêtais sur les ponts, pour voir se coucher le soleil. L'astre, enflammant les vapeurs de la cité, semblait osciller lentement dans un fluide d'or, comme le pendule de l'horloge des siècles[228]. Je me retirais ensuite avec la nuit, à travers un labyrinthe de rues solitaires. En regardant les lumières qui brillaient dans les demeures des hommes, je me transportais par la pensée au milieu des scènes de douleur et de joie qu'elles éclairaient; et je songeais que sous tant de toits habités, je n'avais pas un ami[229]. Au milieu de mes réflexions, l'heure venait frapper à coups mesurés dans la tour de la cathédrale gothique; elle allait se répétant sur tous les tons et à toutes les distances d'église en église. Hélas! chaque heure dans la société ouvre un tombeau, et fait couler des larmes.

« Cette vie, qui m'avait d'abord enchanté, ne tarda pas à me devenir insupportable. Je me fatiguai de la répétition des mêmes scènes et des mêmes idées. Je me mis à sonder mon cœur, à me demander ce que je désirais. Je ne le savais pas; mais je crus tout à coup que les bois me seraient délicieux. Me voilà soudain résolu d'achever, dans un exil champêtre, une carrière à peine commencée, et dans laquelle j'avais déjà dévoré des siècles.

« J'embrassai ce projet avec l'ardeur que je mets à tous mes desseins; je partis précipitamment pour m'ensevelir dans une chaumière[230], comme j'étais parti autrefois pour faire le tour du monde.

« On m'accuse d'avoir des goûts inconstants, de ne pouvoir jouir longtemps de la même chimère, d'être la proie d'une imagination qui se hâte d'arriver au fond de mes plaisirs, comme si elle était accablée de leur durée; on m'accuse de passer toujours le but que je puis atteindre : hélas! je cherche seulement un bien inconnu, dont l'instinct me poursuit[231]. Est-ce ma faute, si je trouve partout des bornes, si ce qui est fini n'a pour moi aucune valeur? Cependant je sens que j'aime la monotonie des sentiments de la vie, et si j'avais encore la folie de croire au bonheur, je le chercherais dans l'habitude.

« La solitude absolue, le spectacle de la nature, me plongèrent bientôt dans un état presque impossible à décrire. Sans parents, sans amis, pour ainsi dire seul sur la terre[232], n'ayant point encore aimé, j'étais accablé d'une surabondance de vie[233]. Quelquefois je rougissais subitement, et je sentais couler dans mon cœur comme des ruisseaux d'une lave ardente ; quelquefois je poussais des cris involontaires, et la nuit était également troublée de mes songes et de mes veilles. Il me manquait quelque chose pour remplir l'abîme de mon existence : je descendais dans la vallée, je m'élevais sur la montagne, appelant de toute la force de mes désirs l'idéal objet d'une flamme future ; je l'embrassais dans les vents ; je croyais l'entendre dans les gémissements du fleuve ; tout était ce fantôme imaginaire, et les astres dans les cieux, et le principe même de vie dans l'univers[234].

« Toutefois cet état de calme et de trouble, d'indigence et de richesse, n'était pas sans quelques charmes. Un jour[235] je m'étais amusé à effeuiller une branche de saule sur un ruisseau, et à attacher une idée à chaque feuille que le courant entraînait. Un roi qui craint de perdre sa couronne par une révolution subite, ne ressent pas des angoisses plus vives que les miennes, à chaque accident qui menaçait les débris de mon rameau. O faiblesse des mortels ! O enfance du cœur humain qui ne vieillit jamais ! Voilà donc à quel degré de puérilité notre superbe raison peut descendre ! Et encore est-il vrai que bien des hommes attachent leur destinée à des choses d'aussi peu de valeur que mes feuilles de saule.

« Mais comment exprimer cette foule de sensations fugitives, que j'éprouvais dans mes promenades ? Les sons que rendent les passions dans le vide d'un cœur solitaire, ressemblent au murmure que les vents et les eaux font entendre dans le silence d'un désert : on en jouit, mais on ne peut les peindre.

« L'automne me surprit au milieu de ces incertitudes : j'entrai avec ravissement dans les mois des tempêtes[236]. Tantôt j'aurais voulu être un de ces guer-

riers errant au milieu des vents, des nuages et des fantômes; tantôt j'enviais jusqu'au sort du pâtre que je
voyais réchauffer ses mains à l'humble feu de broussailles qu'il avait allumé au coin d'un bois. J'écoutais
ses chants mélancoliques, qui me rappelaient que
dans tout pays, le chant naturel de l'homme est triste,
lors même qu'il exprime le bonheur. Notre cœur est
un instrument incomplet, une lyre où il manque des
cordes[237], et où nous sommes forcés de rendre les
accents de la joie sur le ton consacré aux soupirs.

« Le jour je m'égarais sur de grandes bruyères terminées par des forêts. Qu'il fallait peu de chose à ma
rêverie : une feuille séchée que le vent chassait devant
moi, une cabane dont la fumée s'élevait dans la cime
dépouillée des arbres, la mousse qui tremblait au
souffle du nord sur le tronc d'un chêne, une roche
écartée, un étang désert où le jonc flétri murmurait!
Le clocher du hameau, s'élevant au loin dans la vallée,
a souvent attiré mes regards; souvent j'ai suivi des
yeux les oiseaux de passage qui volaient au-dessus de
ma tête[238]. Je me figurais les bords ignorés, les climats
lointains où ils se rendent; j'aurais voulu être sur leurs
ailes. Un secret instinct me tourmentait; je sentais que
je n'étais moi-même qu'un voyageur; mais une voix
du ciel semblait me dire : « Homme, la saison de ta
« migration n'est pas encore venue; attends que le
« vent de la mort se lève, alors tu déploieras ton vol
« vers ces régions inconnues que ton cœur demande. »

« Levez-vous vite, orages désirés[239], qui devez
emporter René dans les espaces d'une autre vie! Ainsi
disant, je marchais à grands pas, le visage enflammé,
le vent sifflant dans ma chevelure, ne sentant ni pluie
ni frimas, enchanté, tourmenté, et comme possédé par
le démon de mon cœur.

« La nuit, lorsque l'aquilon ébranlait ma chaumière,
que les pluies tombaient en torrent sur mon toit, qu'à
travers ma fenêtre je voyais la lune sillonner les nuages
amoncelés, comme un pâle vaisseau qui laboure les
vagues, il me semblait que la vie redoublait au fond de
mon cœur, que j'aurais eu la puissance de créer des

mondes. Ah! si j'avais pu faire partager à une autre les transports que j'éprouvais! O Dieu! si tu m'avais donné une femme selon mes désirs; si, comme à notre premier père, tu m'eusses amené par la main une Ève tirée de moi-même... Beauté céleste, je me serais prosterné devant toi; puis, te prenant dans mes bras, j'aurais prié l'Éternel de te donner le reste de ma vie.

« Hélas, j'étais seul, seul sur la terre! Une langueur secrète s'emparait de mon corps. Ce dégoût de la vie que j'avais ressenti dès mon enfance, revenait avec une force nouvelle. Bientôt mon cœur ne fournit plus d'aliment à ma pensée, et je ne m'apercevais de mon existence que par un profond sentiment d'ennui.

« Je luttai quelque temps contre mon mal, mais avec indifférence et sans avoir la ferme résolution de le vaincre. Enfin, ne pouvant trouver de remède à cette étrange blessure de mon cœur, qui n'était nulle part et qui était partout, je résolus de quitter la vie[240].

« Prêtre du Très-Haut, qui m'entendez, pardonnez à un malheureux que le ciel avait presque privé de la raison. J'étais plein de religion, et je raisonnais en impie; mon cœur aimait Dieu, et mon esprit le méconnaissait; ma conduite, mes discours, mes sentiments, mes pensées, n'étaient que contradiction, ténèbres, mensonges. Mais l'homme sait-il bien toujours ce qu'il veut, est-il toujours sûr de ce qu'il pense?

« Tout m'échappait à la fois, l'amitié, le monde, la retraite. J'avais essayé de tout, et tout m'avait été fatal. Repoussé par la société, abandonné d'Amélie, quand la solitude vint à me manquer, que me restait-il? C'était la dernière planche sur laquelle j'avais espéré me sauver, et je la sentais encore s'enfoncer dans l'abîme!

« Décidé que j'étais à me débarrasser du poids de la vie, je résolus de mettre toute ma raison dans cet acte insensé. Rien ne me pressait; je ne fixai point le moment du départ, afin de savourer à longs traits les derniers moments de l'existence, et de recueillir toutes mes forces, à l'exemple d'un Ancien, pour sentir mon âme s'échapper[241].

« Cependant je crus nécessaire de prendre des arrangements concernant ma fortune, et je fus obligé d'écrire à Amélie. Il m'échappa quelques plaintes sur son oubli, et je laissai sans doute percer l'attendrissement qui surmontait peu à peu mon cœur. Je m'imaginais pourtant avoir bien dissimulé mon secret ; mais ma sœur accoutumée à lire dans les replis de mon âme, le devina sans peine. Elle fut alarmée du ton de contrainte qui régnait dans ma lettre, et de mes questions sur des affaires dont je ne m'étais jamais occupé. Au lieu de me répondre, elle me vint tout à coup surprendre.

« Pour bien sentir quelle dut être dans la suite l'amertume de ma douleur, et quels furent mes premiers transports en revoyant Amélie, il faut vous figurer que c'était la seule personne au monde que j'eusse aimée, que tous mes sentiments se venaient confondre en elle, avec la douceur des souvenirs de mon enfance. Je reçus donc Amélie dans une sorte d'extase de cœur. Il y avait si longtemps que je n'avais trouvé quelqu'un qui m'entendît, et devant qui je pusse ouvrir mon âme !

« Amélie se jetant dans mes bras, me dit : « Ingrat, « tu veux mourir, et ta sœur existe ! Tu soupçonnes « son cœur ! Ne t'explique point, ne t'excuse point, je « sais tout ; j'ai tout compris, comme si j'avais été avec « toi. Est-ce moi que l'on trompe, moi, qui ai vu naître « tes premiers sentiments ? Voilà ton malheureux « caractère, tes dégoûts, tes injustices. Jure, tandis que « je te presse sur mon cœur, jure que c'est la dernière « fois que tu te livreras à tes folies ; fais le serment de « ne jamais attenter à tes jours. »

« En prononçant ces mots, Amélie me regardait avec compassion et tendresse, et couvrait mon front de ses baisers ; c'était presque une mère, c'était quelque chose de plus tendre [242]. Hélas ! mon cœur se rouvrit à toutes les joies ; comme un enfant, je ne demandais qu'à être consolé ; je cédai à l'empire d'Amélie ; elle exigea un serment solennel ; je le fis sans hésiter, ne soupçonnant même pas que désormais je pusse être malheureux.

« Nous fûmes plus d'un mois à nous accoutumer à l'enchantement d'être ensemble. Quand le matin, au lieu de me trouver seul, j'entendais la voix de ma sœur, j'éprouvais un tressaillement de joie et de bonheur. Amélie avait reçu de la nature quelque chose de divin ; son âme avait les mêmes grâces innocentes que son corps ; la douceur de ses sentiments était infinie ; il n'y avait rien que de suave et d'un peu rêveur dans son esprit ; on eût dit que son cœur, sa pensée et sa voix soupiraient comme de concert ; elle tenait de la femme la timidité et l'amour, et de l'ange la pureté et la mélodie [243].

« Le moment était venu où j'allais expier toutes mes inconséquences. Dans mon délire j'avais été jusqu'à désirer d'éprouver un malheur, pour avoir du moins un objet réel de souffrance : épouvantable souhait que Dieu, dans sa colère, a trop exaucé !

« Que vais-je vous révéler, ô mes amis ! Voyez les pleurs qui coulent de mes yeux. Puis-je même... Il y a quelques jours, rien n'aurait pu m'arracher ce secret... A présent tout est fini !

« Toutefois, ô vieillards, que cette histoire soit à jamais ensevelie dans le silence : souvenez-vous qu'elle n'a été racontée que sous l'arbre du désert.

« L'hiver finissait, lorsque je m'aperçus qu'Amélie perdait le repos et la santé qu'elle commençait à me rendre. Elle maigrissait ; ses yeux se creusaient ; sa démarche était languissante, et sa voix troublée [244]. Un jour, je la surpris tout en larmes au pied d'un crucifix. Le monde, la solitude, mon absence, ma présence, la nuit, le jour, tout l'alarmait. D'involontaires soupirs venaient expirer sur ses lèvres ; tantôt elle soutenait, sans se fatiguer, une longue course ; tantôt elle se traînait à peine ; elle prenait et laissait son ouvrage, ouvrait un livre sans pouvoir lire, commençait une phrase qu'elle n'achevait pas, fondait tout à coup en pleurs, et se retirait pour prier.

« En vain je cherchais à découvrir son secret. Quand je l'interrogeais, en la pressant dans mes bras, elle me répondait, avec un sourire, qu'elle était comme moi, qu'elle ne savait pas ce qu'elle avait.

« Trois mois se passèrent de la sorte, et son état devenait pire chaque jour. Une correspondance mystérieuse me semblait être la cause de ses larmes, car elle paraissait ou plus tranquille ou plus émue, selon les lettres qu'elle recevait. Enfin, un matin, l'heure à laquelle nous déjeunions ensemble étant passée, je monte[245] à son appartement ; je frappe, on ne me répond point ; j'entrouvre la porte, il n'y avait personne dans la chambre. J'aperçois sur la cheminée un paquet à mon adresse. Je le saisis en tremblant, je l'ouvre, et je lis cette lettre, que je conserve pour m'ôter à l'avenir tout mouvement de joie.

A RENÉ

« Le Ciel m'est témoin, mon frère, que je donnerais
« mille fois ma vie pour vous épargner un moment de
« peine ; mais, infortunée que je suis, je ne puis rien
« pour votre bonheur. Vous me pardonnerez donc de
« m'être dérobée de chez vous, comme une coupable :
« je n'aurais pu résister à vos prières, et cependant il
« fallait partir... Mon Dieu, ayez pitié de moi !

« Vous savez, René, que j'ai toujours eu du pen-
« chant pour la vie religieuse : il est temps que je mette
« à profit les avertissements du Ciel. Pourquoi ai-je
« attendu si tard ? Dieu m'en punit. J'étais restée pour
« vous dans le monde... Pardonnez, je suis toute trou-
« blée par le chagrin que j'ai de vous quitter.

« C'est à présent, mon cher frère, que je sens bien la
« nécessité de ces asiles, contre lesquels je vous ai vu
« souvent vous élever[246]. Il est des malheurs qui nous
« séparent pour toujours des hommes : que devien-
« draient alors de pauvres infortunées ?... Je suis per-
« suadée que vous-même, mon frère, vous trouveriez
« le repos dans ces retraites de la religion : la terre
« n'offre rien qui soit digne de vous.

« Je ne vous rappellerai point votre serment : je
« connais la fidélité de votre parole. Vous l'avez juré,
« vous vivrez pour moi. Y a-t-il rien de plus misérable,
« que de songer sans cesse à quitter la vie ? Pour un

« homme de votre caractère, il est si aisé de mourir !
« Croyez-en votre sœur, il est plus difficile de vivre.

« Mais, mon frère, sortez au plus vite de la solitude,
« qui ne vous est pas bonne ; cherchez quelque
« occupation. Je sais que vous riez amèrement de cette
« nécessité où l'on est en France de *prendre un état* [247].
« Ne méprisez pas tant l'expérience et la sagesse de
« nos pères. Il vaut mieux, mon cher René, ressembler
« un peu plus au commun des hommes, et avoir un
« peu moins de malheur.

« Peut-être trouveriez-vous dans le mariage un sou-
« lagement à vos ennuis. Une femme, des enfants
« occuperaient vos jours. Et quelle est la femme qui ne
« chercherait pas à vous rendre heureux ! L'ardeur de
« votre âme, la beauté de votre génie, votre air noble et
« passionné, ce regard fier et tendre, tout vous assure-
« rait de son amour et de sa fidélité. Ah ! avec quelles
« délices ne te presserait-elle pas dans ses bras et sur
« son cœur ! Comme tous ses regards, toutes ses pen-
« sées seraient attachés sur toi pour prévenir tes
« moindres peines ! Elle serait tout amour, toute inno-
« cence devant toi ; tu croirais retrouver une sœur [248].

« Je pars pour le couvent de... Ce monastère, bâti au
« bord de la mer, convient à la situation de mon âme.
« La nuit, du fond de ma cellule, j'entendrai le mur-
« mure des flots qui baignent les murs du couvent ; je
« songerai à ces promenades que je faisais avec vous,
« au milieu des bois, alors que nous croyions retrouver
« le bruit des mers dans la cime agitée des pins.
« Aimable compagnon de mon enfance, est-ce que je
« ne vous verrai plus ? A peine plus âgée que vous, je
« vous balançais dans votre berceau ; souvent nous
« avons dormi ensemble. Ah ! si un même tombeau
« nous réunissait un jour ! Mais non : je dois dormir
« seule sous les marbres glacés de ce sanctuaire où
« reposent pour jamais ces filles qui n'ont point aimé.

« Je ne sais si vous pourrez lire ces lignes à demi
« effacées par mes larmes. Après tout, mon ami, un
« peu plus tôt, un peu plus tard, n'aurait-il pas fallu
« nous quitter ? Qu'ai-je besoin de vous entretenir de

« l'incertitude et du peu de valeur de la vie ? Vous vous
« rappelez le jeune M[249]... qui fit naufrage à l'île de
« France. Quand vous reçûtes sa dernière lettre, quel-
« ques mois après sa mort, sa dépouille terrestre
« n'existait même plus, et l'instant où vous commen-
« ciez son deuil en Europe était celui où on le finissait
« aux Indes. Qu'est-ce donc que l'homme, dont la
« mémoire périt si vite ? Une partie de ses amis ne peut
« apprendre sa mort, que l'autre n'en soit déjà conso-
« lée ! Quoi, cher et trop cher René, mon souvenir
« s'effacera-t-il si promptement de ton cœur ? O mon
« frère, si je m'arrache à vous dans le temps, c'est pour
« n'être pas séparée de vous dans l'éternité. »

                                         AMÉLIE.

    P. S. « Je joins ici l'acte de donation de mes biens ;
« j'espère que vous ne refuserez pas cette marque de
« mon amitié. »

    « La foudre qui fût tombée à mes pieds ne m'eût
pas causé plus d'effroi que cette lettre. Quel secret
Amélie me cachait-elle ? Qui la forçait si subitement à
embrasser la vie religieuse ? Ne m'avait-elle rattaché à
l'existence par le charme de l'amitié que pour me
délaisser tout à coup ? Oh ! pourquoi était-elle venue
me détourner de mon dessein ! Un mouvement de
pitié l'avait rappelée auprès de moi, mais bientôt fati-
guée d'un pénible devoir, elle se hâte de quitter un
malheureux qui n'avait qu'elle sur la terre. On croit
avoir tout fait quand on a empêché un homme de
mourir ! Telles étaient mes plaintes. Puis faisant un
retour sur moi-même : « Ingrate Amélie, disais-je, si tu
« avais été à ma place, si, comme moi, tu avais été per-
« due dans le vide de tes jours, ah ! tu n'aurais pas été
« abandonnée de ton frère. »

    « Cependant, quand je relisais la lettre, j'y trouvais
je ne sais quoi de si triste et de si tendre, que tout mon
cœur se fondait. Tout à coup il me vint une idée qui
me donna quelque espérance : je m'imaginai qu'Amélie avait peut-être conçu une passion pour un homme
qu'elle n'osait avouer[250]. Ce soupçon sembla m'expli-

quer sa mélancolie, sa correspondance mystérieuse, et le ton passionné qui respirait dans sa lettre. Je lui écrivis aussitôt pour la supplier de m'ouvrir son cœur[251].

« Elle ne tarda pas à me répondre, mais sans me découvrir son secret : elle me mandait seulement qu'elle avait obtenu les dispenses du noviciat, et qu'elle allait prononcer ses vœux[252].

« Je fus révolté de l'obstination d'Amélie, du mystère de ses paroles, et de son peu de confiance en mon amitié.

« Après avoir hésité un moment sur le parti que j'avais à prendre, je résolus d'aller à B... pour faire un dernier effort auprès de ma sœur. La terre où j'avais été élevé se trouvait sur la route[253]. Quand j'aperçus les bois où j'avais passé les seuls moments heureux de ma vie, je ne pus retenir mes larmes, et il me fut impossible de résister à la tentation de leur dire un dernier adieu.

« Mon frère aîné avait vendu l'héritage paternel, et le nouveau propriétaire ne l'habitait pas. J'arrivai au château par la longue avenue de sapins ; je traversai à pied les cours désertes ; je m'arrêtai à regarder les fenêtres fermées ou demi-brisées, le chardon qui croissait au pied des murs, les feuilles qui jonchaient le seuil des portes, et ce perron solitaire où j'avais vu si souvent mon père et ses fidèles serviteurs. Les marches étaient déjà couvertes de mousse ; le violier jaune[254] croissait entre leurs pierres déjointes et tremblantes. Un gardien inconnu m'ouvrit brusquement les portes. J'hésitais à franchir le seuil ; cet homme s'écria : « Eh bien ! allez-vous faire comme cette étran- « gère qui vint ici il y a quelques jours ? Quand ce fut « pour entrer, elle s'évanouit, et je fus obligé de la « reporter à sa voiture. » Il me fut aisé de reconnaître l'étrangère qui, comme moi, était venue chercher dans ces lieux des pleurs et des souvenirs !

« Couvrant un moment mes yeux de mon mouchoir, j'entrai sous le toit de mes ancêtres. Je parcourus les appartements sonores où l'on n'entendait que le bruit de mes pas. Les chambres étaient à peine

éclairées par la faible lumière qui pénétrait entre les
volets fermés : je visitai celle où ma mère avait perdu
la vie en me mettant au monde, celle où se retirait
mon père, celle où j'avais dormi dans mon berceau,
celle enfin où l'amitié avait reçu mes premiers vœux
dans le sein d'une sœur. Partout les salles étaient
détendues[255], et l'araignée filait sa toile dans les
couches abandonnées. Je sortis précipitamment de ces
lieux, je m'en éloignai à grands pas, sans oser tourner
la tête. Qu'ils sont doux, mais qu'ils sont rapides, les
moments que les frères et les sœurs passent dans leurs
jeunes années, réunis sous l'aile de leurs vieux
parents! La famille de l'homme n'est que d'un jour; le
souffle de Dieu la disperse comme une fumée. A
peine le fils connaît-il le père, le père le fils, le frère la
sœur, la sœur le frère! Le chêne voit germer ses glands
autour de lui : il n'en est pas ainsi des enfants des
hommes !

« En arrivant à B..., je me fis conduire au couvent;
je demandai à parler à ma sœur. On me dit qu'elle ne
recevait personne. Je lui écrivis : elle me répondit que,
sur le point de se consacrer à Dieu, il ne lui était pas
permis de donner une pensée au monde; que si je
l'aimais, j'éviterais de l'accabler de ma douleur. Elle
ajoutait : « Cependant si votre projet est de paraître à
« l'autel le jour de ma profession, daignez m'y servir
« de père; ce rôle est le seul digne de votre courage, le
« seul qui convienne à notre amitié, et à mon repos. »

« Cette froide fermeté qu'on opposait à l'ardeur de
mon amitié, me jeta dans de violents transports. Tantôt j'étais près de retourner sur mes pas; tantôt je voulais rester, uniquement pour troubler le sacrifice.
L'enfer me suscitait jusqu'à la pensée de me poignar-
der dans l'église, et de mêler mes derniers soupirs aux
vœux qui m'arrachaient ma sœur. La supérieure du
couvent me fit prévenir qu'on avait préparé un banc
dans le sanctuaire, et elle m'invitait à me rendre à la
cérémonie qui devait avoir lieu dès le lendemain.

« Au lever de l'aube, j'entendis le premier son des
cloches... Vers dix heures, dans une sorte d'agonie, je

me traînai au monastère. Rien ne peut plus être tragique quand on a assisté à un pareil spectacle ; rien ne
peut plus être douloureux quand on y a survécu[256].

« Un peuple immense remplissait l'église. On me
conduit au banc du sanctuaire ; je me précipite à
genoux sans presque savoir où j'étais, ni à quoi j'étais
résolu. Déjà le prêtre attendait à l'autel ; tout à coup la
grille mystérieuse s'ouvre, et Amélie s'avance, parée
de toutes les pompes du monde. Elle était si belle, il y
avait sur son visage quelque chose de si divin, qu'elle
excita un mouvement de surprise et d'admiration.
Vaincu par la glorieuse douleur de la sainte, abattu
par les grandeurs de la religion, tous mes projets de
violence s'évanouirent ; ma force m'abandonna ; je me
sentis lié par une main toute-puissante, et, au lieu de
blasphèmes et de menaces, je ne trouvai dans mon
cœur que de profondes adorations et les gémissements
de l'humilité.

« Amélie se place sous un dais. Le sacrifice
commence à la lueur des flambeaux, au milieu des
fleurs et des parfums, qui devaient rendre l'holo-
causte[257] agréable. A l'offertoire, le prêtre se dépouilla
de ses ornements, ne conserva qu'une tunique de lin,
monta en chaire, et, dans un discours simple et pathétique, peignit le bonheur de la vierge qui se consacre
au Seigneur. Quand il prononça ces mots : « Elle a
« paru comme l'encens qui se consume dans le
« feu[258] », un grand calme et des odeurs célestes sem-
blèrent se répandre dans l'auditoire ; on se sentit
comme à l'abri sous les ailes de la colombe mystique[259], et l'on eût cru voir les anges descendre sur
l'autel et remonter vers les cieux avec des parfums et
des couronnes.

« Le prêtre achève son discours, reprend ses vêtements, continue le sacrifice. Amélie, soutenue de deux
jeunes religieuses, se met à genoux sur la dernière
marche de l'autel. On vient alors me chercher, pour
remplir les fonctions paternelles. Au bruit de mes pas
chancelants dans le sanctuaire, Amélie est prête à
défaillir. On me place à côté du prêtre, pour lui pré-

senter les ciseaux. En ce moment je sens renaître mes transports; ma fureur va éclater, quand Amélie, rappelant son courage, me lance un regard où il y a tant de reproche et de douleur que j'en suis atterré. La religion triomphe. Ma sœur profite de mon trouble; elle avance hardiment la tête. Sa superbe chevelure tombe de toutes parts sous le fer sacré; une longue robe d'étamine remplace pour elle les ornements du siècle, sans la rendre moins touchante; les ennuis de son front se cachent sous un bandeau de lin; et le voile mystérieux, double symbole de la virginité et de la religion, accompagne sa tête dépouillée. Jamais elle n'avait paru si belle. L'œil de la pénitente était attaché sur la poussière du monde, et son âme était dans le ciel.

« Cependant Amélie n'avait point encore prononcé ses vœux; et pour mourir au monde il fallait qu'elle passât à travers le tombeau [260]. Ma sœur se couche sur le marbre; on étend sur elle un drap mortuaire; quatre flambeaux en marquent les quatre coins. Le prêtre, l'étole au cou, le livre à la main, commence l'Office des morts; de jeunes vierges le continuent. O joies de la religion, que vous êtes grandes, mais que vous êtes terribles! On m'avait contraint de me placer à genoux, près de ce lugubre appareil [261]. Tout à coup un murmure confus sort de dessous le voile sépulcral; je m'incline, et ces paroles épouvantables (que je fus seul à entendre) viennent frapper mon oreille : « Dieu « de miséricorde, fais que je ne me relève jamais de « cette couche funèbre, et comble de tes biens un frère « qui n'a point partagé ma criminelle passion! »

« A ces mots échappés du cercueil, l'affreuse vérité m'éclaire; ma raison s'égare, je me laisse tomber sur le linceul de la mort, je presse ma sœur dans mes bras, je m'écrie : « Chaste épouse de Jésus-Christ, reçois mes « derniers embrassements à travers les glaces du trépas « et les profondeurs de l'éternité, qui te séparent déjà « de ton frère! »

« Ce mouvement, ce cri, ces larmes, troublent la cérémonie, le prêtre s'interrompt, les religieuses fer-

ment la grille, la foule s'agite et se presse vers l'autel ;
on m'emporte sans connaissance. Que je sus peu de
gré à ceux qui me rappelèrent au jour ! J'appris, en
rouvrant les yeux, que le sacrifice était consommé, et
que ma sœur avait été saisie d'une fièvre ardente. Elle
me faisait prier de ne plus chercher à la voir. O misère
de ma vie : une sœur craindre de parler à un frère, et
un frère craindre de faire entendre sa voix à une sœur !
Je sortis du monastère comme de ce lieu d'expia-
tion[262] où des flammes nous préparent pour la vie
céleste, où l'on a tout perdu comme aux enfers, hors
l'espérance.

« On peut trouver des forces dans son âme contre
un malheur personnel[263] ; mais devenir la cause involontaire du malheur d'un autre, cela est tout à fait
insupportable. Eclairé sur les maux de ma sœur, je me
figurais ce qu'elle avait dû souffrir. Alors s'expliquèrent pour moi plusieurs choses que je n'avais pu
comprendre : ce mélange de joie et de tristesse,
qu'Amélie avait fait paraître au moment de mon
départ pour mes voyages, le soin qu'elle prit de m'éviter à mon retour, et cependant cette faiblesse qui
l'empêcha si longtemps d'entrer dans un monastère ;
sans doute la fille malheureuse s'était flattée de guérir !
Ses projets de retraite, la dispense du noviciat, la disposition de ses biens en ma faveur, avaient apparemment produit cette correspondance secrète qui servit à
me tromper.

« O mes amis, je sus donc ce que c'était que de verser des larmes, pour un mal qui n'était point imaginaire ! Mes passions, si longtemps indéterminées, se
précipitèrent sur cette première proie avec fureur. Je
trouvai même une sorte de satisfaction inattendue
dans la plénitude de mon chagrin, et je m'aperçus,
avec un secret mouvement de joie, que la douleur
n'est pas une affection qu'on épuise comme le plaisir.

« J'avais voulu quitter la terre avant l'ordre du Tout-
Puissant ; c'était un grand crime : Dieu m'avait envoyé
Amélie à la fois pour me sauver et pour me punir.
Ainsi, toute pensée coupable, toute action criminelle

entraîne après elle des désordres et des malheurs. Amélie me priait de vivre, et je lui devais bien de ne pas aggraver ses maux. D'ailleurs (chose étrange!) je n'avais plus envie de mourir depuis que j'étais réellement malheureux. Mon chagrin était devenu une occupation qui remplissait tous mes moments : tant mon cœur est naturellement pétri d'ennui et de misère!

« Je pris donc subitement une autre résolution; je me déterminai à quitter l'Europe, et à passer en Amérique.

« On équipait, dans ce moment même, au port de B..., une flotte pour la Louisiane; je m'arrangeai avec un des capitaines de vaisseau; je fis savoir mon projet à Amélie, et je m'occupai de mon départ.

« Ma sœur avait touché aux portes de la mort; mais Dieu, qui lui destinait la première palme des vierges, ne voulut pas la rappeler si vite à lui; son épreuve ici-bas fut prolongée. Descendue une seconde fois dans la pénible carrière de la vie, l'héroïne, courbée sous la croix, s'avança courageusement à l'encontre des douleurs, ne voyant plus que le triomphe dans le combat, et dans l'excès des souffrances, l'excès de la gloire.

« La vente du peu de bien qui me restait, et que je cédai à mon frère, les longs préparatifs d'un convoi, les vents contraires, me retinrent longtemps dans le port. J'allais chaque matin m'informer des nouvelles d'Amélie, et je revenais toujours avec de nouveaux motifs d'admiration et de larmes.

« J'errais sans cesse autour du monastère bâti au bord de la mer [264]. J'apercevais souvent, à une petite fenêtre grillée qui donnait sur une plage déserte, une religieuse assise dans une attitude pensive; elle rêvait à l'aspect de l'océan où apparaissait quelque vaisseau, cinglant aux extrémités de la terre. Plusieurs fois, à la clarté de la lune, j'ai revu la même religieuse aux barreaux de la même fenêtre : elle contemplait la mer, éclairée par l'astre de la nuit, et semblait prêter l'oreille au bruit des vagues qui se brisaient tristement sur des grèves solitaires.

« Je crois encore entendre la cloche qui, pendant la nuit, appelait les religieuses aux veilles et aux prières. Tandis qu'elle tintait avec lenteur, et que les vierges s'avançaient en silence à l'autel du Tout-Puissant, je courais au monastère ; là, seul au pied des murs, j'écoutais dans une sainte extase, les derniers sons des cantiques, qui se mêlaient sous les voûtes du temple au faible bruissement des flots[265].

« Je ne sais comment toutes ces choses, qui auraient dû nourrir mes peines, en émoussaient au contraire l'aiguillon. Mes larmes avaient moins d'amertume lorsque je les répandais sur les rochers et parmi les vents. Mon chagrin même, par sa nature extraordinaire, portait avec lui quelque remède : on jouit de ce qui n'est pas commun, même quand cette chose est un malheur. J'en conçus presque l'espérance que ma sœur deviendrait à son tour moins misérable.

« Une lettre que je reçus d'elle avant mon départ sembla me confirmer dans ces idées. Amélie se plaignait tendrement de ma douleur, et m'assurait que le temps diminuait la sienne. « Je ne désespère pas de « mon bonheur, me disait-elle. L'excès même du « sacrifice, à présent que le sacrifice est consommé, « sert à me rendre quelque paix. La simplicité de mes « compagnes, la pureté de leurs vœux, la régularité de « leur vie, tout répand du baume sur mes jours. « Quand j'entends gronder les orages, et que l'oiseau « de mer vient battre des ailes à ma fenêtre, moi, « pauvre colombe du ciel, je songe au bonheur que j'ai « eu de trouver un abri contre la tempête[266]. C'est ici « la sainte montagne, le sommet élevé d'où l'on entend « les derniers bruits de la terre, et les premiers concerts « du ciel ; c'est ici que la religion trompe doucement « une âme sensible : aux plus violentes amours elle « substitue une sorte de chasteté brûlante où l'amante « et la vierge sont unies ; elle épure les soupirs ; elle « change en une flamme incorruptible une flamme « périssable[267] ; elle mêle divinement son calme et son « innocence à ce reste de trouble et de volupté d'un « cœur qui cherche à se reposer, et d'une vie qui se « retire. »

« Je ne sais ce que le ciel me réserve, et s'il a voulu m'avertir que les orages accompagneraient partout mes pas. L'ordre était donné pour le départ de la flotte ; déjà plusieurs vaisseaux avaient appareillé au baisser du soleil ; je m'étais arrangé pour passer la dernière nuit à terre, afin d'écrire ma lettre d'adieux à Amélie. Vers minuit, tandis que je m'occupe de ce soin, et que je mouille mon papier de mes larmes, le bruit des vents vient frapper mon oreille. J'écoute ; et au milieu de la tempête, je distingue les coups de canon d'alarme, mêlés au glas de la cloche monastique. Je vole sur le rivage où tout était désert, et où l'on n'entendait que le rugissement des flots. Je m'assieds sur un rocher. D'un côté s'étendent les vagues étincelantes, de l'autre les murs sombres du monastère se perdent confusément dans les cieux. Une petite lumière paraissait à la fenêtre grillée. Était-ce toi, ô mon Amélie, qui, prosternée au pied du crucifix, priait le Dieu des orages d'épargner ton malheureux frère ? La tempête sur les flots, le calme dans ta retraite ; des hommes brisés sur des écueils, au pied de l'asile que rien ne peut troubler ; l'infini de l'autre côté du mur d'une cellule ; les fanaux agités des vaisseaux, le phare immobile du couvent ; l'incertitude des destinées du navigateur, la vestale connaissant dans un seul jour tous les jours futurs de sa vie ; d'une autre part, une âme telle que la tienne, ô Amélie, orageuse comme l'océan ; un naufrage plus affreux que celui du marinier : tout ce tableau est encore profondément gravé dans ma mémoire. Soleil de ce ciel nouveau maintenant témoin de mes larmes, écho du rivage américain qui répétez les accents de René, ce fut le lendemain de cette nuit terrible, qu'appuyé sur le gaillard de mon vaisseau, je vis s'éloigner pour jamais ma terre natale ! Je contemplai longtemps sur la côte les derniers balancements des arbres de la patrie, et les faîtes du monastère qui s'abaissaient à l'horizon. »

Comme René achevait de raconter son histoire, il tira un papier de son sein, et le donna au P. Souël ; puis, se jetant dans les bras de Chactas, et étouffant ses sanglots, il laissa le temps au missionnaire de parcourir la lettre qu'il venait de lui remettre.

Elle était de la Supérieure de... Elle contenait le récit des derniers moments de la sœur Amélie de la Miséricorde, morte victime de son zèle et de sa charité, en soignant ses compagnes attaquées d'une maladie contagieuse. Toute la communauté était inconsolable, et l'on y regardait Amélie comme une sainte. La Supérieure ajoutait que, depuis trente ans qu'elle était à la tête de la maison, elle n'avait jamais vu de religieuse d'une humeur aussi douce et aussi égale, ni qui fût plus contente d'avoir quitté les tribulations du monde.

Chactas pressait René dans ses bras; le vieillard pleurait. « Mon enfant, dit-il à son fils, je voudrais que « le P. Aubry fût ici, il tirait du fond de son cœur je ne « sais quelle paix qui, en les calmant, ne semblait « cependant point étrangère aux tempêtes; c'était la « lune dans une nuit orageuse; les nuages errants ne « peuvent l'emporter dans leur course; pure et inalté- « rable, elle s'avance tranquille au-dessus d'eux. Hélas, « pour moi, tout me trouble et m'entraîne[268] ! »

Jusqu'alors le P. Souël, sans proférer une parole, avait écouté d'un air austère l'histoire de René. Il portait en secret un cœur compatissant, mais il montrait au-dehors un caractère inflexible; la sensibilité du Sachem le fit sortir du silence :

« Rien, dit-il au frère d'Amélie, rien ne mérite, dans « cette histoire, la pitié qu'on vous montre ici. Je vois « un jeune homme entêté de chimères, à qui tout « déplaît et qui s'est soustrait aux charges de la société « pour se livrer à d'inutiles rêveries. On n'est point, « monsieur, un homme supérieur parce qu'on aperçoit « le monde sous un jour odieux. On ne hait les « hommes et la vie, que faute de voir assez loin. Éten- « dez un peu plus votre regard, et vous serez bientôt « convaincu que tous ces maux dont vous vous plai- « gnez sont de purs néants. Mais quelle honte de ne « pouvoir songer au seul malheur réel de votre vie, « sans être forcé de rougir! Toute la pureté, toute la

« vertu, toute la religion, toutes les couronnes d'une
« sainte rendent à peine tolérable la seule idée de vos
« chagrins. Votre sœur a expié sa faute; mais, s'il faut
« dire ici ma pensée, je crains que, par une épouvan-
« table justice, un aveu sorti du sein de la tombe n'ait
« troublé votre âme à son tour. Que faites-vous seul au
« fond des forêts où vous consumez vos jours, négli-
« geant tous vos devoirs? Des saints, me direz-vous, se
« sont ensevelis dans les déserts? Ils y étaient avec
« leurs larmes et employaient à éteindre leurs passions
« le temps que vous perdez peut-être à allumer les
« vôtres. Jeune présomptueux qui avez cru que
« l'homme se peut suffire à lui-même! La solitude est
« mauvaise à celui qui n'y vit pas avec Dieu; elle
« redouble les puissances de l'âme, en même temps
« qu'elle leur ôte tout sujet pour s'exercer. Quiconque
« a reçu des forces, doit les consacrer au service de ses
« semblables; s'il les laisse inutiles, il en est d'abord
« puni par une secrète misère, et tôt ou tard le ciel lui
« envoie un châtiment effroyable. »

Troublé par ces paroles, René releva du sein de
Chactas sa tête humiliée. Le Sachem aveugle se prit à
sourire; et ce sourire de la bouche, qui ne se mariait
plus à celui des yeux, avait quelque chose de mystérieux et de céleste. « Mon fils, dit le vieil amant
« d'Atala, il nous parle sévèrement; il corrige et le
« vieillard et le jeune homme, et il a raison. Oui, il faut
« que tu renonces à cette vie extraordinaire qui n'est
« pleine que de soucis : il n'y a de bonheur que dans
« les voies communes.

« Un jour le Meschacebé, encore assez près de sa
« source, se lassa de n'être qu'un limpide ruisseau. Il
« demande des neiges aux montagnes, des eaux aux
« torrents, des pluies aux tempêtes, il franchit ses
« rives, et désole ses bords charmants. L'orgueilleux
« ruisseau s'applaudit d'abord de sa puissance; mais
« voyant que tout devenait désert sur son passage;
« qu'il coulait, abandonné dans la solitude; que ses
« eaux étaient toujours troublées, il regretta l'humble

« lit que lui avait creusé la nature, les oiseaux, les
« fleurs, les arbres et les ruisseaux, jadis modestes
« compagnons de son paisible cours[269]. »

Chactas cessa de parler, et l'on entendit la voix du
flamant qui, retiré dans les roseaux de Meschacebé,
annonçait un orage pour le milieu du jour. Les trois
amis reprirent la route de leurs cabanes : René marchait en silence entre le missionnaire qui priait Dieu,
et le Sachem aveugle qui cherchait sa route. On dit
que, pressé par les deux vieillards, il retourna chez son
épouse, mais sans y trouver le bonheur. Il périt peu de
temps après avec Chactas et le P. Souël, dans le massacre des Français et des Natchez à la Louisiane. On
montre encore un rocher où il allait s'asseoir au soleil
couchant[270].

LES AVENTURES DU
DERNIER ABENCÉRAGE

AVERTISSEMENT[271]

Les Aventures du dernier Abencérage sont écrites depuis à peu près une vingtaine d'années[272] : le portrait que j'ai tracé des Espagnols[273] explique assez pourquoi cette Nouvelle n'a pu être imprimée sous le gouvernement impérial. La résistance des Espagnols à Buonaparte, d'un peuple désarmé à ce conquérant qui avait vaincu les meilleurs soldats de l'Europe, excitait alors l'enthousiasme de tous les cœurs susceptibles d'être touchés par les grands dévouements et les nobles sacrifices. Les ruines de Saragosse[274] fumaient encore, et la censure n'aurait pas permis des éloges où elle eût découvert, avec raison, un intérêt caché pour les victimes. La peinture des vieilles mœurs de l'Europe, les souvenirs de la gloire d'un autre temps, et ceux de la cour d'un de nos plus brillants monarques, n'auraient pas été plus agréables à la censure, qui d'ailleurs commençait à se repentir de m'avoir tant de fois laissé parler de l'ancienne monarchie et de la religion de nos pères : ces morts que j'évoquais sans cesse faisaient trop penser aux vivants.

On place souvent dans les tableaux quelque personnage difforme pour faire ressortir la beauté des autres : dans cette Nouvelle, j'ai voulu peindre trois hommes d'un caractère également élevé, mais ne sortant point de la nature, et conservant, avec des passions, les mœurs et les préjugés mêmes de leur pays.

Le caractère de la femme est aussi dessiné dans les mêmes proportions. Il faut au moins que le monde chimérique, quand on s'y transporte, nous dédommage du monde réel.

On s'apercevra facilement que cette Nouvelle est l'ouvrage d'un homme qui a senti les chagrins de l'exil, et dont le cœur est tout à sa patrie.

C'est sur les lieux mêmes [275] que j'ai pris, pour ainsi dire, les vues de Grenade, de l'Alhambra, et de cette mosquée transformée en église, qui n'est autre chose que la cathédrale de Cordoue. Ces descriptions sont donc une espèce d'addition à ce passage de l'*Itinéraire* :

« De Cadix, je me rendis à Cordoue : j'admirai la mosquée qui fait aujourd'hui la cathédrale de cette ville. Je parcourus l'ancienne Bétique, où les poètes avaient placé le bonheur. Je remontai jusqu'à Andujar, et je revins sur mes pas pour voir Grenade. L'Alhambra me parut digne d'être regardé même après les temples de la Grèce. La vallée de Grenade est délicieuse, et ressemble beaucoup à celle de Sparte : on conçoit que les Maures regrettent un pareil pays. » (*Itinér.*, VIIe et dernière partie.)

Il est souvent fait allusion dans cette Nouvelle à l'histoire des Zégris et des Abencérages ; cette histoire est si connue qu'il m'a semblé superflu d'en donner un précis dans cet avertissement [276]. La Nouvelle d'ailleurs contient les détails suffisants pour l'intelligence du texte.

Lorsque Boabdil, dernier roi de Grenade[277], fut obligé d'abandonner le royaume de ses pères, il s'arrêta au sommet du mont Padul[278]. De ce lieu élevé on découvrait la mer où l'infortuné monarque allait s'embarquer pour l'Afrique; on apercevait aussi Grenade, la Véga et le Xénil, au bord duquel s'élevaient les tentes de Ferdinand et d'Isabelle. A la vue de ce beau pays et des cyprès qui marquaient encore çà et là les tombeaux des musulmans, Boabdil se prit à verser des larmes. La sultane Aïxa[279], sa mère, qui l'accompagnait dans son exil avec les grands qui composaient jadis sa cour, lui dit : « Pleure maintenant comme une femme un royaume que tu n'as pas su défendre comme un homme. » Ils descendirent de la montagne, et Grenade disparut à leurs yeux pour toujours.

Les Maures d'Espagne, qui partagèrent le sort de leur roi, se dispersèrent en Afrique. Les tribus des Zégris et des Gomèles s'établirent dans le royaume de Fez, dont elles tiraient leur origine. Les Vanégas et les Alabès s'arrêtèrent sur la côte, depuis Oran jusqu'à Alger; enfin les Abencérages se fixèrent dans les environs de Tunis[280]. Ils formèrent, à la vue des ruines de Carthage, une colonie que l'on distingue encore aujourd'hui des Maures d'Afrique, par l'élégance de ses mœurs et la douceur de ses lois.

Ces familles portèrent dans leur patrie nouvelle le souvenir de leur ancienne patrie. Le *Paradis de Grenade*[281] vivait toujours dans leur mémoire, les mères en redisaient le nom aux enfants qui suçaient encore la mamelle. Elles les berçaient avec les romances des Zégris et des Abencérages. Tous les cinq jours on priait dans la mosquée, en se tournant vers Grenade[282]. On invoquait Allah, afin qu'il rendît à ses élus cette terre de délices. En vain le pays des Lotophages[283] offrait aux exilés ses fruits, ses eaux, sa verdure, son brillant soleil; loin des *Tours Vermeilles*[a], il n'y avait ni fruits agréables, ni fontaines limpides, ni fraîche verdure, ni soleil digne d'être regardé. Si l'on montrait à quelque banni les plaines de la Bagrada[284], il secouait la tête et s'écriait en soupirant : « Grenade ! »

Les Abencérages surtout conservaient le plus tendre et le plus fidèle souvenir de la patrie. Ils avaient quitté avec un mortel regret le théâtre de leur gloire, et les bords qu'ils firent si souvent retentir de ce cri d'armes : « Honneur et Amour[285] ». Ne pouvant plus lever la lance dans les déserts, ni se couvrir du casque dans une colonie de laboureurs, ils s'étaient consacrés à l'étude des simples, profession estimée chez les Arabes à l'égal du métier des armes. Ainsi cette race de guerriers qui jadis faisait des blessures s'occupait maintenant de l'art de les guérir. En cela elle avait retenu quelque chose de son premier génie, car les chevaliers pansaient souvent eux-mêmes les plaies de l'ennemi qu'ils avaient abattu.

La cabane[286] de cette famille, qui jadis eut des palais, n'était point placée dans le hameau des autres exilés, au pied de la montagne du Mamelife, elle était bâtie parmi les débris mêmes de Carthage, au bord de la mer, dans l'endroit où Saint Louis mourut sur la cendre, et où l'on voit aujourd'hui un ermitage mahométan[287]. Aux murailles de la cabane étaient attachés des boucliers de peau de lion, qui portaient

a. Tours d'un palais de Grenade.

empreintes sur un champ d'azur deux figures de sauvages, brisant une ville avec une massue[288]. Autour de cette devise on lisait ces mots, « *C'est peu de chose!* » armes et devise des Abencérages. Des lances ornées de pennons blancs et bleus[289], des alburnos[290], des casaques de satin taillardé, étaient rangés auprès des boucliers, et brillaient au milieu des cimeterres et des poignards. On voyait encore suspendus çà et là des gantelets, des mors enrichis de pierreries, de larges étriers d'argent, de longues épées dont le fourreau avait été brodé par les mains des princesses, et des éperons d'or que les Yseult, les Genièvre, les Oriane[291], chaussèrent jadis à de vaillants chevaliers.

Sur des tables, au pied de ces trophées de la gloire, étaient posés des trophées d'une vie pacifique : c'était des plantes cueillies sur les sommets de l'Atlas et dans le désert de Zaara[292], plusieurs même avaient été apportées de la plaine de Grenade. Les unes étaient propres à soulager les maux du corps; les autres devaient étendre leur pouvoir jusque sur les chagrins de l'âme. Les Abencérages estimaient surtout celles qui servaient à calmer les vains regrets, à dissiper les folles illusions et ces espérances de bonheur toujours naissantes, toujours déçues. Malheureusement ces simples avaient des vertus opposées, et souvent le parfum d'une fleur de la patrie était comme une espèce de poison pour les illustres bannis[293].

Vingt-quatre ans s'étaient écoulés depuis la prise de Grenade[294]. Dans ce court espace de temps quatorze Abencérages avaient péri par l'influence d'un nouveau climat, par les accidents d'une vie errante, et surtout par le chagrin, qui mine sourdement les forces de l'homme. Un seul rejeton était tout l'espoir de cette maison fameuse. Aben-Hamet portait le nom de cet Abencérage qui fut accusé par les Zégris d'avoir séduit la sultane Alfaïma. Il réunissait en lui la beauté, la valeur, la courtoisie, la générosité de ses ancêtres, avec ce doux éclat et cette légère expression de tristesse que donne le malheur noblement supporté. Il n'avait que vingt-deux ans lorsqu'il perdit son père; il résolut alors de faire un pèlerinage au pays de ses aïeux, afin de satisfaire au besoin de son cœur, et d'accomplir un dessein qu'il cacha soigneusement à sa mère.

Il s'embarque à l'Échelle de Tunis ; un vent favorable le conduit à Carthagène ; il descend du navire, et prend aussitôt la route de Grenade : il s'annonçait comme un médecin arabe qui venait herboriser parmi les rochers de la Sierra Nevada. Une mule paisible le portait lentement dans le pays où les Abencérages volaient jadis sur de belliqueux coursiers : un guide marchait en avant, conduisant deux autres mules ornées de sonnettes et de touffes de laine de diverses couleurs. Aben-Hamet traversa les grandes bruyères et les bois de palmiers du royaume de Murcie[295] : à la vieillesse de ces palmiers, il jugea qu'ils devaient avoir été plantés par ses pères, et son cœur fut pénétré de regrets. Là s'élevait une tour où veillait la sentinelle au temps de la guerre des Maures et des Chrétiens ; ici se montrait une ruine dont l'architecture annonçait une origine moresque ; autre sujet de douleur pour l'Abencérage ! Il descendait de sa mule, et sous prétexte de chercher des plantes, il se cachait un moment dans ces débris pour donner un libre cours à ses larmes. Il reprenait ensuite sa route, en rêvant au bruit des sonnettes de la caravane et au chant monotone de son guide. Celui-ci n'interrompait sa longue romance que pour encourager ses mules, en leur donnant le nom de *belles* et de *valeureuses,* ou pour les gourmander, en les appelant *paresseuses* et *obstinées.*

Des troupeaux de moutons qu'un berger conduisait comme une armée dans des plaines jaunes et incultes, quelques voyageurs solitaires, loin de répandre la vie sur le chemin, ne servaient qu'à le faire paraître plus triste et plus désert. Ces voyageurs portaient tous une épée à la ceinture : ils étaient enveloppés dans un manteau, et un large chapeau rabattu leur couvrait à demi le visage. Ils saluaient en passant Aben-Hamet, qui ne distinguait dans ce noble salut que le nom de *Dieu,* de *Seigneur* et de *Chevalier.* Le soir à la *venta* l'Abencérage prenait sa place au milieu des étrangers, sans être importuné de leur curiosité indiscrète. On ne lui parlait point, on ne le questionnait point; son turban, sa robe, ses armes, n'excitaient aucun étonnement. Puisque Allah avait voulu que les Maures d'Espagne perdissent leur belle patrie, Aben-Hamet ne pouvait s'empêcher d'en estimer les graves conquérants.

Des émotions encore plus vives attendaient l'Abencérage au terme de sa course. Grenade est bâtie au pied de la Sierra Nevada, sur deux hautes collines que sépare une profonde vallée. Les maisons placées sur la pente des coteaux, dans l'enfoncement de la vallée, donnent à la ville l'air et la forme d'une grenade entr'ouverte, d'où lui est venu son nom. Deux rivières, le Xénil et le Douro, dont l'une roule des paillettes d'or, et l'autre des sables d'argent, lavent le pied des collines, se réunissent, et serpentent ensuite au milieu d'une plaine charmante, appelée la Véga [296]. Cette plaine que domine Grenade est couverte de vignes, de grenadiers, de figuiers, de mûriers, d'orangers; elle est entourée par des montagnes d'une forme et d'une couleur admirables. Un ciel enchanté, un air pur et délicieux, portent dans l'âme une langueur secrète dont le voyageur qui ne fait que passer a même de la peine à se défendre. On sent que dans ce pays les tendres passions auraient promptement étouffé les passions héroïques, si l'amour, pour être véritable, n'avait pas toujours besoin d'être accompagné de la gloire [297].

Lorsque Aben-Hamet découvrit le faîte des premiers édifices de Grenade, le cœur lui battit avec tant de violence qu'il fut obligé d'arrêter sa mule. Il croisa les bras sur sa poitrine, et, les yeux attachés sur la ville sacrée, il resta muet et immobile. Le guide s'arrêta à son tour, et comme tous les sentiments élevés sont aisément compris d'un Espagnol, il parut touché et devina que le Maure revoyait son ancienne patrie. L'Abencérage rompit enfin le silence [298]

« Guide, s'écria-t-il, sois heureux! ne me cache

point la vérité, car le calme régnait dans les flots le
jour de ta naissance, et la lune entrait dans son croissant. Quelles sont ces tours qui brillent comme des
étoiles au-dessus d'une verte forêt?

— C'est l'Alhambra, répond le guide.

— Et cet autre château, sur cette autre colline? dit
Aben-Hamet.

— C'est le Généralife, répliqua l'Espagnol. Il y a
dans ce château un jardin planté de myrtes où l'on
prétend qu'Abencérage fut surpris avec la sultane
Alfaïma. Plus loin vous voyez l'Albaïzyn, et plus près
de nous les Tours Vermeilles. »

Chaque mot du guide perçait le cœur d'Aben-
Hamet. Qu'il est cruel d'avoir recours à des étrangers
pour apprendre à connaître les monuments de ses
pères, et de se faire raconter par des indifférents l'histoire de sa famille et de ses amis! Le guide, mettant fin
aux réflexions d'Aben-Hamet, s'écria : « Marchons,
seigneur Maure; marchons, Dieu l'a voulu! Prenez
courage. François Ier n'est-il pas aujourd'hui même
prisonnier dans notre Madrid? Dieu l'a voulu. » Il ôta
son chapeau, fit un grand signe de croix et frappa ses
mules. L'Abencérage, pressant la sienne à son tour,
s'écria : « C'était écrit[a] »; et ils descendirent vers Grenade.

Ils passèrent près du gros frêne célèbre par le
combat de Muça et du grand maître de Calatrava,
sous le dernier roi de Grenade[299]. Ils firent le tour de
la promenade Alameïda, et pénétrèrent dans la cité
par la porte d'Elvire. Ils remontèrent le Rambla et
arrivèrent bientôt sur une place qu'environnaient de
toutes parts des maisons d'architecture moresque[300].
Un kan[301] était ouvert sur cette place pour les Maures
d'Afrique, que le commerce de soies de la Véga atti-
rait en foule à Grenade. Ce fut là que le guide conduisit Aben-Hamet.

L'Abencérage était trop agité pour goûter un peu

a. Expression que les musulmans ont sans cesse à la bouche, et
qu'ils appliquent à la plupart des événements de la vie.

de repos dans sa nouvelle demeure; la patrie le tourmentait. Ne pouvant résister aux sentiments qui troublaient son cœur, il sortit au milieu de la nuit pour errer dans les rues de Grenade. Il essayait de reconnaître avec ses yeux ou ses mains quelques-uns des monuments que les vieillards lui avaient si souvent décrits. Peut-être que ce haut édifice dont il entrevoyait les murs à travers les ténèbres était autrefois la demeure des Abencérages; peut-être était-ce sur cette place solitaire que se donnaient ces fêtes qui portèrent la gloire de Grenade jusqu'aux nues. Là passaient les quadrilles superbement vêtus de brocarts, là s'avançaient les galères chargées d'armes et de fleurs, les dragons qui lançaient des feux et qui recélaient dans leurs flancs d'illustres guerriers; ingénieuses inventions du plaisir et de la galanterie [302].

Mais, hélas! au lieu du son des anafins [303], du bruit des trompettes et des chants d'amour, un silence profond régnait autour d'Aben-Hamet. Cette ville muette avait changé d'habitants, et les vainqueurs reposaient sur la couche des vaincus. « Ils dorment donc, ces fiers Espagnols, s'écriait le jeune Maure indigné, sous ces toits dont ils ont exilé mes aïeux! Et moi, Abencérage, je veille inconnu, solitaire, délaissé, à la porte du palais de mes pères! »

Aben-Hamet réfléchissait alors sur les destinées humaines, sur les vicissitudes de la fortune, sur la chute des empires, sur cette Grenade enfin, surprise par ses ennemis au milieu des plaisirs, et changeant tout à coup ses guirlandes de fleurs contre des chaînes; il lui semblait voir ses citoyens abandonnant leurs foyers en habits de fête, comme des convives qui, dans le désordre de leur parure, sont tout à coup chassés de la salle du festin par un incendie.

Toutes ces images, toutes ces pensées se pressaient dans l'âme d'Aben-Hamet; plein de douleur et de regret, il songeait surtout à exécuter le projet qui l'avait amené à Grenade : le jour le surprit. L'Abencérage s'était égaré : il se trouvait loin du kan, dans un faubourg écarté de la ville. Tout dormait; aucun bruit ne troublait le silence des rues; les portes et les fenêtres des maisons étaient fermées : seulement la voix du coq proclamait dans l'habitation du pauvre, le retour des peines et des travaux.

Après avoir erré longtemps sans pouvoir retrouver sa route, Aben-Hamet entendit une porte s'ouvrir. Il vit sortir une jeune femme[304], vêtue à peu près comme ces reines gothiques sculptées sur les monuments de nos anciennes abbayes. Son corset noir, garni de jais, serrait sa taille élégante; son jupon court, étroit et sans plis, découvrait une jambe fine et un pied charmant; une mantille également noire était jetée sur sa tête : elle tenait avec sa main gauche, cette mantille croisée et fermée comme une guimpe au-dessous de son menton, de sorte que l'on n'apercevait de tout son visage que ses grands yeux et sa bouche de rose. Une duègne accompagnait ses pas; un page portait devant elle un livre d'église; deux varlets, parés de ses couleurs, suivaient à quelque distance la belle inconnue : elle se rendait à la prière matinale, que les tintements d'une cloche annonçaient dans un monastère voisin.

Aben-Hamet crut voir l'ange Israfil[305] ou la plus jeune des houris[306]. L'Espagnole, non moins surprise, regardait l'Abencérage, dont le turban, la robe et les armes embellissaient encore la noble figure. Revenue de son premier étonnement, elle fit signe à l'étranger de s'approcher avec une grâce et une liberté particulières aux femmes de ce pays. « Seigneurs Maure, lui dit-elle, vous paraissez nouvellement arrivé à Grenade : vous seriez-vous égaré ?

— Sultane des fleurs, répondit Aben-Hamet, délices des yeux des hommes, ô esclave chrétienne, plus belle que les vierges de la Géorgie, tu l'as deviné ! je suis étranger dans cette ville : perdu au milieu de ses palais, je n'ai pu retrouver le kan des Maures. Que Mahomet touche ton cœur et récompense ton hospitalité !

— Les Maures sont renommés pour leur galanterie, reprit l'Espagnole avec le plus doux sourire; mais je ne suis ni sultane des fleurs, ni esclave, ni contente d'être recommandée à Mahomet. Suivez-moi, seigneur chevalier : je vais vous reconduire au kan des Maures. »

Elle marcha légèrement devant l'Abencérage, le mena jusqu'à la porte du kan, le lui montra de la main, passa derrière un palais et disparut.

A quoi tient donc le repos de la vie ! La patrie n'occupe plus seule et tout entière l'âme d'Aben-Hamet : Grenade a cessé d'être pour lui déserte, abandonnée, veuve, solitaire ; elle est plus chère que jamais à son cœur, mais c'est un prestige nouveau qui embellit ses ruines ; au souvenir des aïeux se mêle à présent un autre charme. Aben-Hamet a découvert le cimetière où reposent les cendres des Abencérages ; mais en priant, mais en se prosternant, mais en versant des larmes filiales, il songe que la jeune Espagnole a passé quelquefois sur ces tombeaux, et il ne trouve plus ses ancêtres si malheureux.

C'est en vain qu'il ne veut s'occuper que de son pèlerinage au pays de ses pères ; c'est en vain qu'il parcourt les coteaux du Douro et du Xénil, pour y cueillir des plantes au lever de l'aurore : la fleur qu'il cherche maintenant, c'est la belle chrétienne. Que d'inutiles efforts il a déjà tentés pour retrouver le palais de son enchanteresse ! Que de fois il a essayé de repasser par les chemins que lui fit parcourir son divin guide ! Que de fois il a cru reconnaître le son de cette cloche, le chant de ce coq qu'il entendit près de la demeure de l'Espagnole ! Trompé par des bruits pareils, il court aussitôt de ce côté, et le palais magique ne s'offre point à ses regards ! Souvent encore le vêtement uniforme des femmes de Grenade lui donnait un moment d'espoir : de loin toutes les chrétiennes ressemblaient à la maîtresse de son cœur ; de près pas une n'avait sa beauté ou sa grâce. Aben-Hamet avait enfin parcouru les églises pour découvrir l'étrangère ; il avait même pénétré jusqu'à la tombe de Ferdinand et d'Isabelle ; mais c'était aussi le plus grand sacrifice qu'il eût jusqu'alors fait à l'amour.

Un jour il herborisait dans la vallée du Douro[307]. Le

coteau du midi soutenait sur sa pente fleurie les murailles de l'Alhambra et les jardins du Généralife; la colline du nord était décorée par l'Albaïzyn, par de riants vergers, et par des grottes qu'habitait un peuple nombreux. A l'extrémité occidentale de la vallée on découvrait les clochers de Grenade qui s'élevaient en groupe du milieu des chênes verts et des cyprès. A l'autre extrémité, vers l'orient, l'œil rencontrait sur des pointes de rochers, des couvents, des ermitages, quelques ruines de l'ancienne Illibérie, et dans le lointain les sommets de la Sierra Nevada. Le Douro roulait au milieu du vallon, et présentait le long de son cours de frais moulins, de bruyantes cascades, les arches brisées d'un aqueduc romain, et les restes d'un pont du temps des Maures.

Aben-Hamet n'était plus ni assez infortuné, ni assez heureux, pour bien goûter le charme de la solitude : il parcourait avec distraction et indifférence ces bords enchantés. En marchant à l'aventure, il suivit une allée d'arbres qui circulait sur la pente du coteau de l'Albaïzyn. Une maison de campagne, environnée d'un bocage d'orangers, s'offrit bientôt à ses yeux : en approchant du bocage, il entendit les sons d'une voix et d'une guitare. Entre la voix, les traits et les regards d'une femme, il y a des rapports qui ne trompent jamais un homme que l'amour possède. « C'est ma houri! » dit Aben-Hamet; et il écoute, le cœur palpitant : au nom des Abencérages plusieurs fois répété, son cœur bat encore plus vite. L'inconnue chantait une romance castillane qui retraçait l'histoire des Abencérages et des Zégris. Aben-Hamet ne peut plus résister à son émotion; il s'élance à travers une haie de myrtes et tombe au milieu d'une troupe de jeunes femmes effrayées qui fuient en poussant des cris. L'Espagnole qui venait de chanter et qui tenait encore la guitare s'écrie : « C'est le seigneur Maure! » Et elle rappelle ses compagnes. « Favorite des Génies, dit l'Abencérage, je te cherchais comme l'Arabe cherche une source dans l'ardeur du midi; j'ai entendu les sons de ta guitare, tu célébrais les héros de mon pays,

je t'ai devinée à la beauté de tes accents, et j'apporte à
tes pieds le cœur d'Aben-Hamet.

— Et moi, répondit Dona Blanca, c'était en pensant à vous que je redisais la romance des Abencérages. Depuis que je vous ai vu, je me suis figuré que
ces chevaliers Maures vous ressemblaient. »

Une légère rougeur monta au front de Blanca en
prononçant ces mots. Aben-Hamet se sentit prêt à
tomber aux genoux de la jeune chrétienne, à lui déclarer qu'il était le dernier Abencérage; mais un reste de
prudence le retint; il craignit que son nom, trop
fameux à Grenade, ne donnât des inquiétudes au gouverneur. La guerre des Morisques[308] était à peine terminée, et la présence d'un Abencérage dans ce
moment, pouvait inspirer aux Espagnols de justes
craintes. Ce n'est pas qu'Aben-Hamet s'effrayât
d'aucun péril, mais il frémissait à la pensée d'être
obligé de s'éloigner pour jamais de la fille de don
Rodrigue.

Dona Blanca descendait d'une famille qui tirait son
origine du Cid de Bivar et de Chimène, fille du comte
Gomez de Gormas. La postérité du vainqueur de
Valence-la-Belle tomba, par l'ingratitude de la cour de
Castille, dans une extrême pauvreté; on crut même
pendant plusieurs siècles qu'elle s'était éteinte, tant
elle devint obscure. Mais vers le temps de la conquête
de Grenade, un dernier rejeton de la race des Bivars,
l'aïeul de Blanca, se fit reconnaître moins encore à ses
titres qu'à l'éclat de sa valeur. Après l'expulsion des
Infidèles, Ferdinand donna au descendant du Cid les
biens de plusieurs familles maures, et le créa duc de
Santa Fé[309]. Le nouveau duc fixa sa demeure à Grenade, et mourut jeune encore, laissant un fils unique
déjà marié, don Rodrigue, père de Blanca.

Dona Thérésa de Xérès, femme de don Rodrigue,
mit au jour un fils qui reçut à sa naissance le nom de
Rodrigue comme tous ses aïeux, mais que l'on appela
don Carlos, pour le distinguer de son père. Les grands
événements que don Carlos eut sous les yeux, dès sa
plus tendre jeunesse, les périls auxquels il fut exposé

presque au sortir de l'enfance, ne firent que rendre
plus grave et plus rigide un caractère naturellement
porté à l'austérité. Don Carlos comptait à peine quatorze ans, lorsqu'il suivit Cortez au Mexique[310] : il
avait supporté tous les dangers, il avait été témoin de
toutes les horreurs de cette étonnante aventure; il
avait assisté à la chute du dernier roi d'un monde
jusqu'alors inconnu. Trois ans après cette catastrophe, don Carlos s'était trouvé en Europe à la
bataille de Pavie, comme pour voir l'honneur et la
vaillance couronnés succomber sous les coups de la
fortune. L'aspect d'un nouvel univers, de longs
voyages sur des mers non encore parcourues, le spectacle des révolutions et des vicissitudes du sort,
avaient fortement ébranlé l'imagination religieuse et
mélancolique de don Carlos : il était entré dans
l'Ordre chevaleresque de Calatrava[311], et, renonçant
au mariage malgré les prières de don Rodrigue, il destinait tous ses biens à sa sœur.

Blanca de Bivar, sœur unique de don Carlos, et
beaucoup plus jeune que lui, était l'idole de son père :
elle avait perdu sa mère, et elle entrait dans sa dix-
huitième année, lorsque Aben-Hamet parut à Grenade. Tout était séduction dans cette femme enchanteresse[312], sa voix était ravissante, sa danse plus légère
que le zéphyr : tantôt elle se plaisait à guider un char
comme Armide, tantôt elle volait sur le dos du plus
rapide coursier de l'Andalousie, comme ces Fées
charmantes qui apparaissaient à Tristan et à Galaor
dans les forêts. Athènes l'eût prise pour Aspasie, et
Paris pour Diane de Poitiers qui commençait à briller
à la cour. Mais avec les charmes d'une Française, elle
avait les passions d'une Espagnole, et sa coquetterie
naturelle n'ôtait rien à la sûreté, à la constance, à la
force, à l'élévation des sentiments de son cœur.

Aux cris qu'avaient poussés les jeunes Espagnoles
lorsque Aben-Hamet s'était élancé dans le bocage,
don Rodrigue était accouru. « Mon père, dit Blanca,
voilà le seigneur Maure dont je vous ai parlé. Il m'a
entendu chanter, il m'a reconnue; il est entré dans le

jardin pour me remercier de lui avoir enseigné sa route. »

Le duc de Santa-Fé reçut l'Abencérage avec la politesse grave et pourtant naïve des Espagnols[313]. On ne remarque chez cette nation aucun de ces airs serviles, aucun de ces tours de phrase qui annoncent l'abjection des pensées et la dégradation de l'âme. La langue du grand seigneur et du paysan est la même, le salut le même, les compliments, les habitudes, les usages sont les mêmes. Autant la confiance et la générosité de ce peuple envers les étrangers sont sans bornes, autant sa vengeance est terrible quand on le trahit. D'un courage héroïque, d'une patience à toute épreuve, incapable de céder à la mauvaise fortune, il faut qu'il la dompte ou qu'il en soit écrasé. Il a peu de ce qu'on appelle esprit, mais les passions exaltées lui tiennent lieu de cette lumière qui vient de la finesse et de l'abondance des idées. Un Espagnol qui passe le jour sans parler, qui n'a rien vu, qui ne se soucie de rien voir, qui n'a rien lu, rien étudié, rien comparé, trouvera dans la grandeur de ses résolutions les ressources nécessaires au moment de l'adversité.

C'était le jour de la naissance de don Rodrigue, et Blanca donnait à son père une *tertullia*, ou petite fête, dans cette charmante solitude. Le duc de Santa-Fé invita Aben-Hamet à s'asseoir au milieu des jeunes femmes, qui s'amusaient du turban et de la robe de l'étranger. On apporta des carreaux[314] de velours, et l'Abencérage se reposa sur ces carreaux à la façon des Maures. On lui fit des questions sur son pays et sur ses aventures : il y répondit avec esprit et gaieté. Il parlait le castillan le plus pur ; on aurait pu le prendre pour un Espagnol, s'il n'eût presque toujours dit *toi* au lieu de *vous*. Ce mot avait quelque chose de si doux dans sa bouche, que Blanca ne pouvait se défendre d'un secret dépit, lorsqu'il s'adressait à l'une de ses compagnes.

De nombreux serviteurs parurent : ils portaient le chocolat, les pâtes de fruits et les petits pains de sucre de Malaga, blancs comme la neige, poreux et légers comme des éponges[315]. Après le *refresco*, on pria Blanca d'exécuter une de ces danses de caractère, où elle surpassait les plus habiles Guitanas. Elle fut obligée de céder aux vœux de ses amies. Aben-Hamet avait gardé le silence, mais ses regards suppliants parlaient au défaut de sa bouche. Blanca choisit une Zambra[316], danse expressive que les Espagnols ont empruntée des Maures.

Une des jeunes femmes commence à jouer sur la guitare l'air de la danse étrangère. La fille de don Rodrigue ôte son voile, et attache à ses mains blanches des castagnettes de bois d'ébène. Ses cheveux noirs tombent en boucles sur son cou d'albâtre; sa bouche et ses yeux sourient de concert; son teint est animé par le mouvement de son cœur. Tout à coup elle fait retentir le bruyant ébène, frappe trois fois la mesure, entonne le chant de la Zambra, et, mêlant sa voix aux sons de la guitare, elle part comme un éclair[317].

Quelle variété dans ses pas! quelle élégance dans ses attitudes! Tantôt elle lève ses bras avec vivacité, tantôt elle les laisse retomber avec mollesse. Quelquefois elle s'élance comme enivrée de plaisir, et se retire comme accablée de douleur. Elle tourne la tête, semble appeler quelqu'un d'invisible, tend modestement une joue vermeille au baiser d'un nouvel époux, fuit honteuse, revient brillante et consolée, marche d'un pas noble et presque guerrier, puis voltige de nouveau sur le gazon. L'harmonie de ses pas, de ses chants, et des sons de sa guitare était parfaite. La voix de Blanca, légèrement voilée, avait cette sorte d'accent qui remue les passions jusqu'au fond de l'âme. La musique espagnole, composée de soupirs, de mouvements vifs, de refrains tristes, de chants subitement arrêtés, offre un singulier mélange de gaieté et de mélancolie. Cette musique et cette danse fixèrent sans retour le destin du dernier Abencérage : elles auraient suffi pour troubler un cœur moins malade que le sien.

On retourna le soir à Grenade, par la vallée du Douro. Don Rodrigue, charmé des manières nobles et polies d'Aben-Hamet, ne voulut point se séparer de lui qu'il ne lui eût promis de venir souvent amuser Blanca des merveilleux récits de l'Orient[318]. Le Maure, au comble de ses vœux, accepta l'invitation du duc de Santa-Fé; et dès le lendemain il se rendit au palais où respirait celle qu'il aimait plus que la lumière du jour.

Blanca se trouva bientôt engagée dans une passion profonde par l'impossibilité même où elle crut être d'éprouver jamais cette passion. Aimer un Infidèle, un Maure, un inconnu, lui paraissait une chose si étrange, qu'elle ne prit aucune précaution contre le mal qui commençait à se glisser dans ses veines; mais aussitôt qu'elle en reconnut les atteintes, elle accepta ce mal en véritable Espagnole. Les périls et les chagrins qu'elle prévit ne la firent point reculer au bord de l'abîme, ni délibérer longtemps avec son cœur. Elle se dit : « Qu'Aben-Hamet soit chrétien, qu'il m'aime, et je le suis au bout de la terre. »

L'Abencérage ressentait de son côté toute la puissance d'une passion irrésistible : il ne vivait plus que pour Blanca. Il ne s'occupait plus des projets qui l'avaient amené à Grenade : il lui était facile d'obtenir les éclaircissements qu'il était venu chercher, mais tout autre intérêt que celui de son amour s'était évanoui à ses yeux. Il redoutait même des lumières qui auraient pu apporter des changements dans sa vie. Il ne demandait rien, il ne voulait rien connaître, il se disait : « Que Blanca soit musulmane, qu'elle m'aime, et je la sers jusqu'à mon dernier soupir. »

Aben-Hamet et Blanca, ainsi fixés dans leur résolution, n'attendaient que le moment de se découvrir leurs sentiments. On était alors dans les plus beaux jours de l'année. « Vous n'avez point encore vu l'Alhambra, dit la fille du duc de Santa-Fé à l'Abencérage. Si j'en crois quelques paroles qui vous sont échappées, votre famille est originaire de Grenade. Peut-être serez-vous bien aise de visiter le palais de vos anciens rois? Je veux moi-même ce soir vous servir de guide. »

Aben-Hamet jura par le Prophète que jamais promenade ne pouvait lui être plus agréable.

L'heure fixée pour le pèlerinage à l'Alhambra étant arrivée, la fille de don Rodrigue monta sur une haquenée [319] blanche accoutumée à gravir les rochers comme un chevreuil. Aben-Hamet accompagnait la brillante Espagnole sur un cheval andalou équipé à la manière des Turcs. Dans la course rapide du jeune Maure, sa robe de pourpre s'enflait derrière lui, son sabre recourbé retentissait sur la selle élevée, et le vent agitait l'aigrette dont son turban était surmonté. Le peuple, charmé de sa bonne grâce, disait en le regardant passer : « C'est un prince infidèle que dona Blanca va convertir. »

Ils suivirent d'abord une longue rue qui portait encore le nom d'une illustre famille maure ; cette rue aboutissait à l'enceinte extérieure de l'Alhambra [320]. Ils traversèrent ensuite un bois d'ormeaux, arrivèrent à une fontaine, et se trouvèrent bientôt devant l'enceinte intérieure du palais de Boabdil. Dans une muraille flanquée de tours et surmontée de créneaux, s'ouvrait une porte appelée la Porte du Jugement. Ils franchirent cette première porte, et s'avancèrent par un chemin étroit qui serpentait entre de hauts murs, et des masures à demi ruinées. Ce chemin les conduisit à la place des Algibes [321], près de laquelle Charles Quint faisait alors élever un palais. De là, tournant vers le nord, ils s'arrêtèrent dans une cour déserte, au pied d'un mur sans ornements et dégradé par les âges. Aben-Hamet, sautant légèrement à terre, offrit la main à Blanca pour descendre de sa mule. Les serviteurs frappèrent à une porte abandonnée, dont l'herbe cachait le seuil : la porte s'ouvrit et laissa voir tout à coup les réduits secrets de l'Alhambra.

Tous les charmes, tous les regrets de la patrie, mêlés aux prestiges de l'amour, saisirent le cœur du dernier Abencérage. Immobile et muet, il plongeait des regards étonnés dans cette habitation des Génies ; il croyait être transporté à l'entrée d'un de ces palais dont on lit la description dans les contes arabes. De légères galeries, des canaux de marbre blanc bordés de citronniers et d'orangers en fleurs, des fontaines,

des cours solitaires, s'offraient de toutes parts aux
yeux d'Aben-Hamet, et, à travers les voûtes allongées
des portiques, il apercevait d'autres labyrinthes et de
nouveaux enchantements. L'azur du plus beau ciel se
montrait entre des colonnes qui soutenaient une
chaîne d'arceaux gothiques. Les murs, chargés d'arabesques, imitaient à la vue ces étoffes de l'Orient, que
brode dans l'ennui du harem le caprice d'une femme
esclave. Quelque chose de voluptueux, de religieux et
de guerrier semblait respirer dans ce magique édifice ;
espèce de cloître de l'amour, retraite mystérieuse où
les rois maures goûtaient tous les plaisirs, et oubliaient
tous les devoirs de la vie.

Après quelques instants de surprise et de silence, les
deux amants entrèrent dans ce séjour de la puissance
évanouie et des félicités passées. Ils firent d'abord le
tour de la salle des Mésucar, au milieu du parfum des
fleurs et de la fraîcheur des eaux [322]. Ils pénétrèrent
ensuite dans la cour des Lions. L'émotion d'Aben-
Hamet augmentait à chaque pas. « Si tu ne remplissais
mon âme de délices, dit-il à Blanca, avec quel chagrin
me verrais-je obligé de te demander, à toi Espagnole,
l'histoire de ces demeures ! Ah ! ces lieux sont faits
pour servir de retraite au bonheur, et moi !... »

Aben-Hamet aperçut le nom de Boabdil enchâssé
dans des mosaïques. « O mon roi, s'écria-t-il, qu'es-tu
devenu ? Où te trouverai-je dans ton Alhambra
désert ? » Et les larmes de la fidélité, de la loyauté et de
l'honneur couvraient les yeux du jeune Maure. « Vos
anciens maîtres, dit Blanca, ou plutôt les rois de vos
pères, étaient des ingrats. — Qu'importe ! repartit
l'Abencérage, ils ont été malheureux [323] ! »

Comme il prononçait ces mots, Blanca le conduisit
dans un cabinet qui semblait être le sanctuaire même
du temple de l'amour. Rien n'égalait l'élégance de cet
asile [324] : la voûte entière, peinte d'azur et d'or, et
composée d'arabesques découpées à jour, laissait passer la lumière comme à travers un tissu de fleurs. Une
fontaine jaillissait au milieu de l'édifice, et ses eaux,
retombant en rosée, étaient recueillies dans une

conque d'albâtre. « Aben-Hamet, dit la fille du duc de Santa-Fé, regardez bien cette fontaine ; elle reçut les têtes défigurées des Abencérages. Vous voyez encore sur le marbre la tache du sang des infortunés que Boabdil sacrifia à ses soupçons [325]. C'est ainsi qu'on traite dans votre pays les hommes qui séduisent les femmes crédules. »

Aben-Hamet n'écoutait plus Blanca ; il s'était prosterné et baisait avec respect la trace du sang de ses ancêtres. Il se relève et s'écrie : « O Blanca ! je jure par le sang de ces chevaliers, de t'aimer avec la constance, la fidélité et l'ardeur d'un Abencérage.

— Vous m'aimez donc ? repartit Blanca en joignant ses deux belles mains et levant ses regards au ciel. Mais songez-vous que vous êtes un Infidèle, un Maure, un ennemi, et que je suis Chrétienne et Espagnole ?

— O saint Prophète, dit Aben-Hamet, soyez témoin de mes serments !... » Blanca l'interrompant : « Quelle foi voulez-vous que j'ajoute aux serments d'un persécuteur de mon Dieu ? Savez-vous si je vous aime ? Qui vous a donné l'assurance de me tenir un pareil langage ? »

Aben-Hamet consterné répondit : « Il est vrai, je ne suis que ton esclave ; tu ne m'as pas choisi pour ton chevalier.

— Maure, dit Blanca, laisse là la ruse ; tu as vu dans mes regards que je t'aimais ; ma folie pour toi passe toute mesure ; sois Chrétien, et rien ne pourra m'empêcher d'être à toi. Mais si la fille du duc de Santa-Fé ose te parler avec cette franchise, tu peux juger par cela même qu'elle saura se vaincre, et que jamais un ennemi des Chrétiens n'aura aucun droit sur elle. »

Aben-Hamet, dans un transport de passion, saisit les mains de Blanca, les posa sur son turban et ensuite sur son cœur. « Allah est puissant, s'écria-t-il, et Aben-Hamet est heureux ! O Mahomet ! que cette Chrétienne connaisse ta loi, et rien ne pourra... — Tu blasphèmes, dit Blanca : sortons d'ici. »

Elle s'appuya sur le bras du Maure, et s'approcha de la fontaine des Douze-Lions, qui donne son nom à l'une des cours de l'Alhambra : « Étranger, dit la naïve Espagnole, quand je regarde ta robe, ton turban, tes armes, et que je songe à nos amours, je crois voir l'ombre du bel Abencérage se promenant dans cette retraite abandonnée avec l'infortunée Alfaïma. Explique-moi l'inscription arabe gravée sur le marbre de cette fontaine[326]. »

Aben-Hamet lut ces mots :

La belle princesse qui se promène couverte de perles dans son jardin, en augmente si prodigieusement la beauté..., le reste de l'inscription était effacé[a].

« C'est pour toi qu'elle a été faite, cette inscription, dit Aben-Hamet. Sultane aimée, ces palais n'ont jamais été aussi beaux dans leur jeunesse, qu'ils le sont aujourd'hui dans leurs ruines. Écoute le bruit des fontaines dont la mousse a détourné les eaux ; regarde les jardins qui se montrent à travers ces arcades à demi tombées ; contemple l'astre du jour qui se couche par-delà tous ces portiques : qu'il est doux d'errer avec toi dans ces lieux ! Tes paroles embaument ces retraites, comme les roses de l'Yémen[327]. Avec quel charme je reconnais dans ton langage quelques accents de la langue de mes pères ! Le seul frémissement de ta robe sur ces marbres me fait tressaillir. L'air n'est parfumé que parce qu'il a touché ta chevelure. Tu es belle comme le Génie de ma patrie au milieu de ces débris. Mais Aben-Hamet peut-il espérer de fixer ton cœur ? Qu'est-il auprès de toi ? Il a parcouru les montagnes avec son père ; il connaît les plantes du désert... ; hélas ! il n'en est pas une seule qui pût le guérir de la blessure que tu lui as faite ! il porte des armes, mais il n'est point chevalier. Je me disais autrefois : L'eau de la mer qui dort à l'abri dans le creux du rocher est tranquille et muette, tandis que tout auprès la grande

a. Cette inscription existe avec quelques autres. Il est inutile de répéter que j'ai fait cette description de l'Alhambra sur les lieux mêmes.

mer est agitée et bruyante. Aben-Hamet! ainsi sera ta vie, silencieuse, paisible, ignorée dans un coin de terre inconnu, tandis que la cour du sultan est bouleversée par les orages. Je me disais cela, jeune Chrétienne, et tu m'as prouvé que la tempête peut aussi troubler la goutte d'eau dans le creux du rocher. »

Blanca écoutait avec ravissement ce langage nouveau pour elle, et dont le tour oriental semblait si bien convenir à la demeure des Fées, qu'elle parcourait avec son amant. L'amour pénétrait dans son cœur de toutes parts; elle sentait chanceler ses genoux; elle était obligée de s'appuyer plus fortement sur le bras de son guide. Aben-Hamet soutenait le doux fardeau, et répétait en marchant : « Ah! que ne suis-je un brillant Abencérage!

— Tu me plairais moins, dit Blanca, car je serais plus tourmentée; reste obscur et vis pour moi. Souvent un chevalier célèbre oublie l'amour pour la renommée.

— Tu n'aurais pas ce danger à craindre, répliqua vivement Aben-Hamet.

— Et comment m'aimerais-tu donc, si tu étais un Abencérage? dit la descendante de Chimène.

— Je t'aimerais, répondit le Maure, plus que la gloire et moins que l'honneur. »

Le soleil était descendu sous l'horizon, pendant la promenade des deux amants. Ils avaient parcouru tout l'Alhambra. Quels souvenirs offerts à la pensée d'Aben-Hamet! Ici la sultane recevait par des soupiraux la fumée des parfums qu'on brûlait au-dessous d'elle[328]. Là, dans cet asile écarté, elle se parait de tous les atours de l'Orient. Et c'était Blanca, c'était une femme adorée qui racontait ces détails au beau jeune homme qu'elle idolâtrait.

La lune, en se levant, répandit sa clarté douteuse dans les sanctuaires abandonnés, et dans les parvis déserts de l'Alhambra. Ses blancs rayons dessinaient sur le gazon des parterres, sur les murs des salles, la dentelle d'une architecture aérienne, les cintres des cloîtres, l'ombre mobile des eaux jaillissantes, et celle des arbustes balancés par le zéphyr. Le rossignol chantait dans un cyprès qui perçait les dômes d'une mosquée en ruine, et les échos répétaient ses plaintes. Aben-Hamet écrivit, au clair de la lune, le nom de Blanca sur le marbre de la salle des Deux-Sœurs : il traça ce nom en caractères arabes, afin que le voyageur eût un mystère de plus à deviner dans ce palais des mystères[329].

« Maure, ces jeux sont cruels, dit Blanca, quittons ces lieux. Le destin de ma vie est fixé pour jamais. Retiens bien ces mots : Musulman, je suis ton amante sans espoir ; chrétien, je suis ton épouse fortunée. »

Aben-Hamet répondit : « Chrétienne, je suis ton esclave désolé ; musulmane, je suis ton époux glorieux. »

Et ces nobles amants sortirent de ce dangereux palais.

La passion de Blanca s'augmenta de jour en jour, et celle d'Aben-Hamet s'accrut avec la même violence. Il était si enchanté d'être aimé pour lui seul, de ne devoir à aucune cause étrangère les sentiments qu'il inspirait, qu'il ne révéla point le secret de sa naissance à la fille du duc de Santa-Fé : il se faisait un plaisir délicat de lui apprendre qu'il portait un nom illustre. le jour même où elle consentirait à lui donner sa main. Mais il fut tout à coup rappelé à Tunis : sa mère, atteinte d'un mal sans remède, voulait embrasser son fils et le bénir avant d'abandonner la vie. Aben-Hamet se présente au palais de Blanca. « Sultane, lui dit-il, ma mère va mourir. Elle me demande pour lui fermer les yeux. Me conserveras-tu ton amour ?

— Tu me quittes, répondit Blanca pâlissante. Te reverrai-je jamais ?

— Viens, dit Aben-Hamet. Je veux exiger de toi un serment et t'en faire un que la mort seule pourra briser. Suis-moi. »

Ils sortent ; ils arrivent à un cimetière qui fut jadis celui des Maures. On voyait encore çà et là de petites colonnes funèbres autour desquelles le sculpteur figura jadis un turban ; mais les Chrétiens avaient

depuis remplacé ce turban par une croix. Aben-
Hamet conduisit Blanca au pied de ces colonnes.

« Blanca, dit-il, mes ancêtres reposent ici ; je jure par
leurs cendres de t'aimer jusqu'au jour où l'ange du
jugement m'appellera au tribunal d'Allah. Je te pro-
mets de ne jamais engager mon cœur à une autre
femme, et de te prendre pour épouse aussitôt que tu
connaîtras la sainte lumière du Prophète. Chaque
année, à cette époque, je reviendrai à Grenade pour
voir si tu m'as gardé ta foi et si tu veux renoncer à tes
erreurs.

— Et moi, dit Blanca en larmes, je t'attendrai tous
les ans ; je te conserverai jusqu'à mon dernier soupir la
foi que je t'ai jurée, et je te recevrai pour époux
lorsque le Dieu des Chrétiens, plus puissant que ton
amante, aura touché ton cœur infidèle. »

Aben-Hamet part ; les vents l'emportent aux bords
africains : sa mère venait d'expirer. Il la pleure, il
embrasse son cercueil. Les mois s'écoulent : tantôt
errant parmi les ruines de Carthage, tantôt assis sur le
tombeau de Saint Louis, l'Abencérage exilé appelle le
jour qui doit le ramener à Grenade. Ce jour se lève
enfin : Aben-Hamet monte sur un vaisseau et fait
tourner la proue vers Malaga. Avec quel transport,
avec quelle joie mêlée de crainte il aperçut les premiers promontoires de l'Espagne ! Blanca l'attend-elle
sur ces bords ? Se souvient-elle encore d'un pauvre
Arabe qui ne cessa de l'adorer sous le palmier du
désert ?

La fille du duc de Santa-Fé n'était point infidèle à
ses serments. Elle avait prié son père de la conduire à
Malaga. Du haut des montagnes qui bordaient la côte
inhabitée, elle suivait des yeux les vaisseaux lointains
et les voiles fugitives. Pendant la tempête, elle contemplait avec effroi la mer soulevée par les vents : elle
aimait alors à se perdre dans les nuages, à s'exposer
dans les passages dangereux, à se sentir baignée par
les mêmes vagues, enlevée par le même tourbillon qui
menaçaient les jours d'Aben-Hamet. Quand elle

voyait la mouette plaintive raser les flots avec ses grandes ailes recourbées, et voler vers les rivages de l'Afrique, elle la chargeait de toutes ces paroles d'amour, de tous ces vœux insensés qui sortent d'un cœur que la passion dévore.

Un jour qu'elle errait sur les grèves, elle aperçut une longue barque dont la proue élevée, le mât penché et la voile latine annonçaient l'élégant génie des Maures. Blanca court au port, et voit bientôt entrer le vaisseau barbaresque qui faisait écumer l'onde sous la rapidité de sa course. Un Maure, couvert de superbes habits, se tenait debout sur la proue. Derrière lui deux esclaves noirs arrêtaient par le frein un cheval arabe, dont les naseaux fumants et les crins épars annonçaient à la fois son naturel ardent, et la frayeur que lui inspirait le bruit des vagues. La barque arrive, abaisse ses voiles, touche au môle, présente le flanc : le Maure s'élance sur la rive qui retentit du son de ses armes. Les esclaves font sortir le coursier tigré comme un léopard, qui hennit et bondit de joie en retrouvant la terre. D'autres esclaves descendent doucement une corbeille où reposait une gazelle couchée parmi des feuilles de palmier. Ses jambes fines étaient attachées et ployées sous elle, de peur qu'elles ne se fussent brisées dans les mouvements du vaisseau : elle portait un collier de grains d'aloès ; et sur une plaque d'or qui servait à rejoindre les deux bouts du collier, étaient gravés, en arabe, un nom et un talisman[330].

Blanca reconnaît Aben-Hamet : elle n'ose se trahir aux yeux de la foule ; elle se retire, et envoie Dorothée, une de ses femmes, avertir l'Abencérage qu'elle l'attend au palais des Maures. Aben-Hamet présentait dans ce moment au gouverneur son firman[331] écrit en lettres d'azur, sur un vélin précieux et renfermé dans un fourreau de soie. Dorothée s'approche et conduit l'heureux Abencérage aux pieds de Blanca. Quels transports, en se retrouvant tous deux fidèles ! Quel bonheur de se revoir, après avoir été si longtemps séparés ! Quels nouveaux serments de s'aimer toujours !

Les deux esclaves noirs amènent le cheval numide, qui, au lieu de selle, n'avait sur le dos qu'une peau de lion, rattachée par une zone de pourpre[332]. On apporte ensuite la gazelle. « Sultane, dit Aben-Hamet, c'est un chevreuil de mon pays, presque aussi léger que toi. » Blanca détache elle-même l'animal charmant qui semblait la remercier, en jetant sur elle les regards les plus doux. Pendant l'absence de l'Abencérage, la fille du duc de Santa-Fé avait étudié l'arabe : elle lut avec des yeux attendris son propre nom sur le collier de la gazelle. Celle-ci, rendue à la liberté, se soutenait à peine sur ses pieds si longtemps enchaînés ; elle se couchait à terre, et appuyait sa tête sur les genoux de sa maîtresse. Blanca lui présentait des dattes nou-velles, et caressait cette chevrette du désert, dont la peau fine avait retenu l'odéur du bois d'aloès et de la rose de Tunis.

L'Abencérage, le duc de Santa-Fé et sa fille par-tirent ensemble pour Grenade. Les jours du couple heureux s'écoulèrent comme ceux de l'année pré-cédente : mêmes promenades, même regret à la vue de la patrie, même amour ou plutôt amour toujours croissant, toujours partagé ; mais aussi même attache-ment dans les deux amants à la religion de leurs pères. « Sois chrétien », disait Blanca ; « Sois musulmane », disait Aben-Hamet, et ils se séparèrent encore une fois sans avoir succombé à la passion qui les entraînait l'un vers l'autre.

Aben-Hamet reparut la troisième année, comme ces oiseaux voyageurs que l'amour ramène au prin-temps dans nos climats. Il ne trouva point Blanca au rivage, mais une lettre de cette femme adorée apprit au fidèle Arabe le départ du duc de Santa-Fé pour Madrid, et l'arrivée de don Carlos à Grenade. Don Carlos était accompagné d'un prisonnier français, ami du frère de Blanca. Le Maure sentit son cœur se serrer à la lecture de cette lettre. Il partit de Malaga pour Grenade avec les plus tristes pressentiments. Les montagnes lui parurent d'une solitude effrayante, et il tourna plusieurs fois la tête pour regarder la mer qu'il venait de traverser.

Blanca, pendant l'absence de son père, n'avait pu quitter un frère qu'elle aimait, un frère qui voulait en sa faveur se dépouiller de tous ses biens, et qu'elle revoyait après sept années d'absence. Don Carlos avait tout le courage et toute la fierté de sa nation : terrible comme les conquérants du Nouveau Monde, parmi lesquels il avait fait ses premières armes ; religieux comme les chevaliers espagnols vainqueurs des Maures, il nourrissait dans son cœur contre les Infidèles la haine qu'il avait héritée du sang du Cid.

Thomas de Lautrec, de l'illustre maison de Foix[333], où la beauté dans les femmes et la valeur dans les hommes passait pour un don héréditaire, était frère cadet de la comtesse de Foix, et du brave et malheureux Odet de Foix, seigneur de Lautrec. A l'âge de dix-huit ans, Thomas avait été armé chevalier par Bayard, dans cette retraite qui coûta la vie au Chevalier sans peur et sans reproche. Quelque temps après, Thomas fut percé de coups et fait prisonnier à Pavie, en défendant le roi chevalier qui perdit tout alors, *fors l'honneur*.

Don Carlos de Bivar, témoin de la vaillance de Lautrec, avait fait prendre soin des blessures du jeune Français, et bientôt il s'établit entre eux une de ces amitiés héroïques, dont l'estime et la vertu sont les fondements[334]. François Ier était retourné en France ; mais Charles Quint retint les autres prisonniers. Lautrec avait eu l'honneur de partager la captivité de son roi, et de coucher à ses pieds dans la prison. Resté en Espagne après le départ du monarque, il avait été remis sur sa parole à Don Carlos, qui venait de l'amener à Grenade.

Lorsque Aben-Hamet se présenta au palais de don Rodrigue, et fut introduit dans la salle où se trouvait la fille du duc de Santa-Fé, il sentit des tourments jusqu'alors inconnus pour lui. Aux pieds de dona Blanca était assis un jeune homme qui la regardait en silence, dans une espèce de ravissement. Ce jeune homme portait un haut-de-chausses de buffle, et un pourpoint de même couleur, serré par un ceinturon d'où pendait une épée aux fleurs de lis. Un manteau de soie était jeté sur ses épaules, et sa tête était couverte d'un chapeau à petits bords, ombragé de plumes : une fraise de dentelle, rabattue sur sa poitrine, laissait voir son cou découvert. Deux moustaches noires comme l'ébène donnaient à son visage naturellement doux un air mâle et guerrier. De larges bottes, qui tombaient et se repliaient sur ses pieds, portaient l'éperon d'or, marque de la chevalerie.

A quelque distance, un autre chevalier se tenait debout, appuyé sur la croix de fer de sa longue épée : il était vêtu comme l'autre chevalier ; mais il paraissait plus âgé. Son air austère, bien qu'ardent et passionné, inspirait le respect et la crainte. La croix rouge de Calatrava était brodée sur son pourpoint, avec cette devise : *Pour elle et pour mon roi.*

Un cri involontaire s'échappa de la bouche de Blanca, lorsqu'elle aperçut Aben-Hamet. « Chevaliers, dit-elle aussitôt, voici l'Infidèle dont je vous ai tant parlé, craignez qu'il ne remporte la victoire. Les Abencérages étaient faits comme lui, et nul ne les surpassait en loyauté, courage et galanterie. »

Don Carlos s'avança au-devant d'Aben-Hamet : « Seigneur Maure, dit-il, mon père et ma sœur m'ont appris votre nom ; on vous croit d'une race noble et brave ; vous-même, vous êtes distingué par votre courtoisie. Bientôt Charles Quint, mon maître, doit porter la guerre à Tunis[335], et nous nous verrons, j'espère, au champ d'honneur. »

Aben-Hamet posa la main sur son sein, s'assit à terre sans répondre, et resta les yeux attachés sur Blanca et sur Lautrec. Celui-ci admirait, avec la curiosité de son pays, la robe superbe, les armes brillantes, la beauté du Maure ; Blanca ne paraissait point embarrassée ; toute son âme était dans ses yeux : la sincère Espagnole n'essayait point de cacher le secret de son cœur. Après quelques moments de silence, Aben-Hamet se leva, s'inclina devant la fille de don Rodrigue, et se retira. Étonné du maintien du Maure et des regards de Blanca, Lautrec sortit avec un soupçon qui se changea bientôt en certitude.

Don Carlos resta seul avec sa sœur. « Blanca, lui dit-il, expliquez-vous ? D'où naît le trouble que vous a causé la vue de cet étranger ?

— Mon frère, répondit Blanca, j'aime Aben-Hamet, et, s'il veut se faire chrétien, ma main est à lui.

— Quoi ! s'écria don Carlos, vous aimez Aben-Hamet ! la fille des Bivars aime un Maure, un Infidèle, un ennemi que nous avons chassé de ces palais !

— Don Carlos, répliqua Blanca, j'aime Aben-Hamet ; Aben-Hamet m'aime ; depuis trois ans il renonce à moi plutôt que de renoncer à la religion de ses pères. Noblesse, honneur, chevalerie sont en lui ; jusqu'à mon dernier soupir je l'adorerai. »

Don Carlos était digne de sentir ce que la résolution d'Aben-Hamet avait de généreux, quoiqu'il déplorât l'aveuglement de cet Infidèle. « Infortunée Blanca, dit-il, où te conduira cet amour ? J'avais espéré que Lautrec, mon ami, deviendrait mon frère.

— Tu t'étais trompé, répondit Blanca : je ne puis aimer cet étranger. Quant à mes sentiments pour Aben-Hamet, je n'en dois compte à personne. Garde tes serments de chevalerie[336] comme je garderai mes serments d'amour. Sache seulement, pour te consoler, que jamais Blanca ne sera l'épouse d'un Infidèle[337].

— Notre famille disparaîtra donc de la terre ! s'écria don Carlos.

— C'est à toi de la faire revivre, dit Blanca. Qu'importent d'ailleurs des fils que tu ne verras point, et qui dégénéreront de ta vertu ? Don Carlos, je sens que nous sommes les derniers de notre race ; nous sortons trop de l'ordre commun pour que notre sang fleurisse après nous[338] : le Cid fut notre aïeul, il sera notre postérité. » Blanca sortit.

Don Carlos vole chez l'Abencérage. « Maure, lui dit-il, renonce à ma sœur ou accepte le combat.

— Es-tu chargé par ta sœur, répondit Aben-Hamet, de me redemander les serments qu'elle m'a faits ?

— Non, répliqua don Carlos, elle t'aime plus que jamais.

— Ah! digne frère de Blanca! s'écria Aben-Hamet en l'interrompant, je dois tenir tout mon bonheur de ton sang! O fortuné Aben-Hamet! O heureux jour! je croyais Blanca infidèle pour ce chevalier français...

— Et c'est là ton malheur, s'écria à son tour don Carlos hors de lui; Lautrec est mon ami; sans toi il serait mon frère. Rends-moi raison des larmes que tu fais verser à ma famille.

— Je le veux bien, répondit Aben-Hamet; mais né d'une race qui peut-être a combattu la tienne, je ne suis pourtant point chevalier. Je ne vois ici personne pour me conférer l'ordre qui te permettra de te mesurer avec moi sans descendre de ton rang. »

Don Carlos, frappé de la réflexion du Maure, le regarda avec un mélange d'admiration et de fureur. Puis tout à coup : « C'est moi qui t'armerai chevalier! tu en es digne[339]. »

Aben-Hamet fléchit le genou devant don Carlos, qui lui donne l'accolade, en lui frappant trois fois l'épaule du plat de son épée; ensuite don Carlos lui ceint cette même épée que l'Abencérage va peut-être lui plonger dans la poitrine : tel était l'antique honneur.

Tous deux s'élancent sur leurs coursiers, sortent des murs de Grenade, et volent à la fontaine du Pin[340]. Les duels des Maures et des Chrétiens avaient depuis longtemps rendu cette source célèbre. C'était là que Malique Alabès s'était battu contre Ponce de Léon, et que le grand maître de Calatrava avait donné la mort au valeureux Abayados. On voyait encore les débris des armes de ce chevalier maure suspendus aux branches du pin, et l'on apercevait sur l'écorce de l'arbre quelques lettres d'une inscription funèbre. Don Carlos montra de la main la tombe d'Abayados à l'Abencérage : « Imite, lui cria-t-il, ce brave Infidèle; et reçois le baptême et la mort de ma main.

— La mort peut-être, répondit Aben-Hamet : mais vive Allah et le Prophète! »

Ils prirent aussitôt du champ, et coururent l'un sur l'autre avec furie. Ils n'avaient que leurs épées : Aben-

Hamet était moins habile dans les combats que don Carlos, mais la bonté de ses armes, trempées à Damas, et la légèreté de son cheval arabe, lui donnaient encore l'avantage sur son ennemi. Il lança son coursier comme les Maures, et avec son large étrier tranchant, il coupa la jambe droite du cheval de don Carlos au-dessous du genou. Le cheval blessé s'abattit, et don Carlos, démonté par ce coup heureux, marcha sur Aben-Hamet l'épée haute. Aben-Hamet saute à terre et reçoit don Carlos avec intrépidité. Il pare les premiers coups de l'Espagnol, qui brise son épée sur le fer de Damas. Trompé deux fois par la fortune, don Carlos verse des pleurs de rage, et crie à son ennemi : « Frappe, Maure, frappe ; don Carlos désarmé te défie, toi et toute ta race infidèle.

— Tu pouvais me tuer, répond l'Abencérage, mais je n'ai jamais songé à te faire la moindre blessure : j'ai voulu seulement te prouver que j'étais digne d'être ton frère, et t'empêcher de me mépriser. »

Dans cet instant on aperçoit un nuage de poussière : Lautrec et Blanca pressaient deux cavales de Fez plus légères que les vents. Ils arrivent à la fontaine du Pin et voient le combat suspendu.

« Je suis vaincu, dit don Carlos, ce chevalier m'a donné la vie. Lautrec, vous serez peut-être plus heureux que moi.

— Mes blessures, dit Lautrec d'une voix noble et gracieuse, me permettent de refuser le combat contre ce chevalier courtois. Je ne veux point, ajouta-t-il en rougissant, connaître le sujet de votre querelle, et pénétrer un secret qui porterait peut-être la mort dans mon sein. Bientôt mon absence fera renaître la paix parmi vous, à moins que Blanca ne m'ordonne de rester à ses pieds.

— Chevalier, dit Blanca, vous demeurerez auprès de mon frère ; vous me regarderez comme votre sœur. Tous les cœurs qui sont ici éprouvent des chagrins ; vous apprendrez de nous à supporter les maux de la vie. »

Blanca voulut contraindre les trois chevaliers à se

donner la main; tous les trois s'y refusèrent : « Je hais Aben-Hamet! s'écria don Carlos. — Je l'envie, dit Lautrec. — Et moi, dit l'Abencérage, j'estime don Carlos, et je plains Lautrec, mais je ne saurais les aimer. »

« Voyons-nous toujours, dit Blanca, et tôt ou tard l'amitié suivra l'estime. Que l'événement fatal qui nous rassemble ici soit à jamais ignoré de Grenade. »

Aben-Hamet devint, dès ce moment, mille fois plus cher à la fille du duc de Santa-Fé : l'amour aime la vaillance; il ne manquait plus rien à l'Abencérage, puisqu'il était brave, et que don Carlos lui devait la vie. Aben-Hamet, par le conseil de Blanca, s'abstint, pendant quelques jours, de se présenter au palais, afin de laisser se calmer la colère de don Carlos. Un mélange de sentiments doux et amers remplissait l'âme de l'Abencérage : si d'un côté l'assurance d'être aimé avec tant de fidélité et d'ardeur, était pour lui une source inépuisable de délices; d'un autre côté la certitude de n'être jamais heureux sans renoncer à la religion de ses pères, accablait le courage d'Aben-Hamet. Déjà plusieurs années s'étaient écoulées sans apporter de remède à ses maux : verrait-il ainsi s'écouler le reste de sa vie?

Il était plongé dans un abîme de réflexions les plus sérieuses et les plus tendres, lorsqu'un soir il entendit sonner cette prière chrétienne qui annonce la fin du jour. Il lui vint en pensée d'entrer dans le temple du Dieu de Blanca, et de demander des conseils au Maître de la nature.

Il sort, il arrive à la porte d'une ancienne mosquée convertie en église par les fidèles [341]. Le cœur saisi de tristesse et de religion, il pénètre dans le temple qui fut autrefois celui de son Dieu et de sa patrie. La prière venait de finir : il n'y avait plus personne dans l'église. Une sainte obscurité régnait à travers une multitude de colonnes qui ressemblaient aux troncs des arbres d'une forêt régulièrement plantée. L'architecture légère des Arabes s'était mariée à l'architecture gothique, et, sans rien perdre de son élégance, elle

avait pris une gravité plus convenable aux méditations. Quelques lampes éclairaient à peine les enfon-
cements des voûtes; mais à la clarté de plusieurs
cierges allumés, on voyait encore briller l'autel du
sanctuaire : il étincelait d'or et de pierreries. Les Espagnols mettent toute leur gloire à se dépouiller de leurs
richesses pour en parer les objets de leur culte; et
l'image du Dieu vivant placée au milieu des voiles de
dentelles, des couronnes de perles et des gerbes de
rubis, est adorée par un peuple à demi nu.

On ne remarquait aucun siège au milieu de la vaste
enceinte : un pavé de marbre qui recouvrait des cercueils servait aux grands comme aux petits, pour se
prosterner devant le Seigneur. Aben-Hamet s'avançait
lentement dans les nefs désertes qui retentissaient du
seul bruit de ses pas[342]. Son esprit était partagé entre
les souvenirs que cet ancien édifice de la religion des
Maures retraçait à sa mémoire, et les sentiments que
la religion des Chrétiens faisait naître dans son cœur.
Il entrevit au pied d'une colonne, une figure immobile, qu'il prit d'abord pour une statue sur un tombeau. Il s'en approche; il distingue un jeune chevalier
à genoux, le front respectueusement incliné et les
deux bras croisés sur sa poitrine. Ce chevalier ne fit
aucun mouvement au bruit des pas d'Aben-Hamet;
aucune distraction, aucun signe extérieur de vie ne
troubla sa profonde prière. Son épée était couchée à
terre devant lui, et son chapeau chargé de plumes,
était posé sur le marbre à ses côtés : il avait l'air d'être
fixé dans cette attitude par l'effet d'un enchantement.
C'était Lautrec : « Ah! dit l'Abencérage en lui-même,
ce jeune et beau Français demande au ciel quelque
faveur signalée; ce guerrier, déjà célèbre par son courage, répand ici son cœur devant le Souverain du Ciel,
comme le plus humble et le plus obscur des hommes.
Prions donc aussi le Dieu des chevaliers et de la
gloire. »

Aben-Hamet allait se précipiter sur le marbre,
lorsqu'il aperçut, à la lueur d'une lampe, des caractères arabes et un verset du Coran, qui paraissaient

sous un plâtre à demi tombé. Les remords rentrent dans son cœur, et il se hâte de quitter l'édifice où il a pensé devenir infidèle à sa religion et à sa patrie.

Le cimetière qui environnait cette ancienne mosquée, était une espèce de jardin planté d'orangers, de cyprès, de palmiers, et arrosé par deux fontaines; un cloître régnait à l'entour. Aben-Hamet, en passant sous un des portiques, aperçut une femme prête à entrer dans l'église. Quoiqu'elle fût enveloppée d'un voile, l'Abencérage reconnut la fille du duc de Santa-Fé; il l'arrête et lui dit : « Viens-tu chercher Lautrec dans ce temple ?

— Laisse là ces vulgaires jalousies, répondit Blanca; si je ne t'aimais plus, je te le dirais : je dédaignerais de te tromper. Je viens ici prier pour toi; toi seul es maintenant l'objet de mes vœux : j'oublie mon âme pour la tienne. Il ne fallait pas m'enivrer du poison de ton amour, ou il fallait consentir à servir le Dieu que je sers. Tu troubles toute ma famille; mon frère te hait; mon père est accablé de chagrin, parce que je refuse de choisir un époux. Ne t'aperçois-tu pas que ma santé s'altère ? Vois cet asile de la mort; il est enchanté ! Je m'y reposerai bientôt, si tu ne te hâtes de recevoir ma foi au pied de l'autel des Chrétiens. Les combats que j'éprouve minent peu à peu ma vie; la passion que tu m'inspires ne soutiendra pas toujours ma frêle existence : songe, ô Maure, pour te parler ton langage, que le feu qui allume le flambeau est aussi le feu qui le consume. »

Blanca entre dans l'église, et laisse Aben-Hamet accablé de ces dernières paroles.

C'en est fait : l'Abencérage est vaincu; il va renoncer aux erreurs de son culte; assez longtemps il a combattu. La crainte de voir Blanca mourir l'emporte sur tout autre sentiment dans le cœur d'Aben-Hamet. Après tout, se disait-il, le Dieu des Chrétiens est peut-être le Dieu véritable ? Ce Dieu est toujours le Dieu des nobles âmes, puisqu'il est celui de Blanca, de don Carlos et de Lautrec.

Dans cette pensée, Aben-Hamet attendit avec

impatience le lendemain pour faire connaître sa résolution à Blanca et changer une vie de tristesse et de
larmes dans une vie de joie et de bonheur. Il ne put se
rendre au palais du duc de Santa-Fé que le soir. Il
apprit que Blanca était allée avec son frère au Généralife, où Lautrec donnait une fête. Aben-Hamet, agité
de nouveaux soupçons, vole sur les traces de Blanca.
Lautrec rougit en voyant paraître l'Abencérage ; quant
à don Carlos, il reçut le Maure avec une froide politesse, mais à travers laquelle perçait l'estime.

Lautrec avait fait servir les plus beaux fruits de
l'Espagne et de l'Afrique dans une des salles du Généralife, appelée la salle des Chevaliers. Tout autour de
cette salle étaient suspendus les portraits des princes
et des chevaliers vainqueurs de Maures, Pélasge[343], le
Cid, Gonzalve de Cordoue. L'épée du dernier roi de
Grenade était attachée au-dessous de ces portraits[344].
Aben-Hamet renferma sa douleur en lui-même, et dit
seulement comme le lion, en regardant ces tableaux :
« Nous ne savons pas peindre[345]. »

Le généreux Lautrec, qui voyait les yeux de l'Abencérage se tourner malgré lui vers l'épée de Boabdil, lui
dit : « Chevalier Maure, si j'avais prévu que vous
m'eussiez fait l'honneur de venir à cette fête, je ne
vous aurais pas reçu ici. On perd tous les jours une
épée, et j'ai vu le plus vaillant des rois remettre la
sienne à son heureux ennemi.

— Ah ! s'écria le Maure en se couvrant le visage
d'un pan de sa robe, on peut la perdre comme François Ier ; mais comme Boabdil !... »

La nuit vint ; on apporta des flambeaux ; la conversation changea de cours. On pria don Carlos de
raconter la découverte du Mexique. Il parla de ce
monde inconnu avec l'éloquence pompeuse naturelle
à la nation espagnole. Il dit les malheurs de Monté-
zume, les mœurs des Américains, les prodiges de la
valeur castillane, et même les cruautés de ses compatriotes[346] qui ne lui semblaient mériter ni blâme ni
louange. Ces récits enchantaient Aben-Hamet, dont la
passion pour les histoires merveilleuses trahissait le

sang arabe. Il fit à son tour le tableau de l'empire
Ottoman, nouvellement assis sur les ruines de
Constantinople, non sans donner des regrets au premier empire de Mahomet; temps heureux où le
Commandeur des Croyants voyait briller autour de lui
Zobéide, Fleur de Beauté, Force des Cœurs, Tourmente, et ce généreux Ganem, esclave par amour[347].
Quant à Lautrec, il peignit la cour galante de Fran-
çois Ier, les arts renaissant du sein de la barbarie, l'honneur, la loyauté, la chevalerie des anciens temps, unis
à la politesse des siècles civilisés, les tourelles
gothiques ornées des ordres de la Grèce, et les dames
gauloises rehaussant la richesse de leurs atours par
l'élégance athénienne[348].

Après ces discours, Lautrec, qui voulait amuser la
divinité de cette fête, prit une guitare, et chanta cette
romance qu'il avait composée sur un air des montagnes de son pays :

> Combien j'ai douce souvenance[a]
> Du joli lieu de ma naissance!
> Ma sœur, qu'ils étaient beaux les jours
>   De France!
> O mon pays, sois mes amours
>   Toujours!
>
> Te souvient-il que notre mère,
> Au foyer de notre chaumière,
> Nous pressait sur son cœur joyeux,
>   Ma chère;
> Et nous baisions ses blancs cheveux
>   Tous deux.
>
> Ma sœur, te souvient-il encore
> Du château que baignait la Dore,
> Et de cette tant vieille tour
>   Du Maure,
> Où l'airain sonnait le retour
>   Du jour?

    a. Cette romance est déjà connue du public[349]. J'en avais
composé les paroles pour un air des montagnes d'Auvergne, remarquable par sa douceur et sa simplicité.

Te souvient-il du lac tranquille
Qu'effleurait l'hirondelle agile,
Du vent qui courbait le roseau
      Mobile,
Et du soleil couchant sur l'eau,
      Si beau?

Oh! qui me rendra mon Hélène,
Et ma montagne, et le grand chêne?
Leur souvenir fait tous les jours
      Ma peine :
Mon pays sera mes amours
      Toujours!

Lautrec, en achevant le dernier couplet, essuya avec son gant une larme que lui arrachait le souvenir du gentil pays de France. Les regrets du beau prisonnier furent vivement sentis par Aben-Hamet, qui déplorait comme Lautrec la perte de sa patrie. Sollicité de prendre à son tour la guitare, il s'en excusa, en disant qu'il ne savait qu'une romance, et qu'elle serait peu agréable à des Chrétiens.

« Si ce sont des Infidèles qui gémissent de nos victoires, repartit dédaigneusement don Carlos, vous pouvez chanter; les larmes sont permises aux vaincus.

— Oui, dit Blanca, et c'est pour cela que nos pères, soumis autrefois au joug des Maures, nous ont laissé tant de complaintes. »

Aben-Hamet chanta donc cette ballade, qu'il avait apprise d'un poète de la tribu des Abencérages[a] :

a. En traversant un pays montagneux entre Algésiras et Cadix, je m'arrêtai dans une *venta* située au milieu d'un bois. Je n'y trouvai qu'un petit garçon de quatorze à quinze ans, et une petite fille à peu près du même âge, frère et sœur, qui tressaient auprès du feu des nattes de jonc. Ils chantaient une romance dont je ne comprenais pas les paroles, mais dont l'air était simple et naïf. Il faisait un temps affreux; je restai deux heures à la *venta*. Mes jeunes hôtes répétèrent si longtemps les couplets de leur romance, qu'il me fut aisé d'en apprendre l'air par cœur. C'est sur cet air que j'ai composé la romance de l'Abencérage. Peut-être était-il question d'Aben-Hamet dans la chanson de mes deux petits Espagnols. Au reste, le dialogue de Grenade et du roi de Léon est imité d'une romance espagnole[350].

Le roi don Juan,
Un jour chevauchant,
Vit sur la montagne
Grenade d'Espagne;
Il lui dit soudain :
Cité mignonne,
Mon cœur te donne
Avec ma main.

Je t'épouserai,
Puis apporterai
En dons à ta ville,
Cordoue et Séville.
Superbes atours
Et perle fine
Je te destine
Pour nos amours.

Grenade répond :
Grand roi de Léon,
Au Maure liée,
Je suis mariée.
Garde tes présents :
J'ai pour parure,
Riche ceinture
Et beaux enfants.

Ainsi tu disais;
Ainsi tu mentais;
O mortelle injure!
Grenade est parjure!
Un Chrétien maudit,
D'Abencérage
Tient l'héritage :
C'était écrit!

Jamais le chameau
N'apporte au tombeau
Près de la Piscine,
L'Haggi de Médine[351].
Un Chrétien maudit,

> *D'Abencérage*
> *Tient l'héritage :*
> *C'était écrit !*
>
> *O bel Alhambra !*
> *O palais d'Allah !*
> *Cité des fontaines !*
> *Fleuve aux vertes plaines !*
> *Un Chrétien maudit,*
> *D'Abencérage*
> *Tient l'héritage :*
> *C'était écrit !*

La naïveté de ces plaintes avait touché jusqu'au superbe don Carlos, malgré les imprécations prononcées contre les Chrétiens. Il aurait bien désiré qu'on le dispensât de chanter lui-même ; mais par courtoisie pour Lautrec il crut devoir céder à ses prières. Aben-Hamet donna la guitare au frère de Blanca, qui célébra les exploits du Cid son illustre aïeul :

> *Prêt à partir pour la rive africaine*[a]
> *Le Cid armé, tout brillant de valeur,*
> *Sur sa guitare, aux pieds de sa Chimène,*
> *Chantait ces vers que lui dictait l'honneur :*
>
> *Chimène a dit : Va combattre le Maure ;*
> *De ce combat surtout reviens vainqueur.*

a. Tout le monde connaît l'air des *Folies d'Espagne*[352]. Cet air était sans paroles, du moins il n'y avait point de paroles qui en rendissent le caractère grave, religieux et chevaleresque. J'ai essayé d'exprimer ce caractère dans la romance du Cid. Cette romance s'étant répandue dans le public sans mon aveu, des maîtres célèbres m'ont fait l'honneur de l'embellir de leur musique[353]. Mais comme je l'avais expressément composée pour l'air des *Folies d'Espagne*, il y a un couplet qui devient un vrai galimatias, s'il ne se rapporte à mon intention primitive :

...Mon noble chant vainqueur
D'Espagne *un jour deviendra* la folie, *etc.*

Enfin ces trois romances n'ont quelque mérite qu'autant qu'elles sont chantées sur trois vieux airs véritablement nationaux ; elles amènent d'ailleurs le dénoûment.

> *Oui, je croirai que Rodrigue m'adore*
> *S'il fait céder son amour à l'honneur.*
>
> *Donnez, donnez et mon casque et ma lance!*
> *Je veux montrer que Rodrigue a du cœur :*
> *Dans les combats signalant sa vaillance,*
> *Son cri sera pour sa dame et l'honneur.*
>
> *Maure vanté par ta galanterie,*
> *De tes accents mon noble chant vainqueur*
> *D'Espagne un jour deviendra la folie,*
> *Car il peindra l'amour avec l'honneur.*
>
> *Dans le vallon de notre Andalousie,*
> *Les vieux Chrétiens conteront ma valeur :*
> *Il préféra, diront-ils, à la vie,*
> *Son Dieu, son roi, sa Chimène et l'honneur*[354].

Don Carlos avait paru si fier, en chantant ces paroles d'une voix mâle et sonore, qu'on l'aurait pris pour le Cid lui-même. Lautrec partageait l'entousiasme guerrier de son ami; mais l'Abencérage avait pâli au nom du Cid.

« Ce chevalier, dit-il, que les Chrétiens appellent la Fleur des batailles, porte parmi nous le nom de cruel. Si sa générosité avait égalé sa valeur!...

— Sa générosité, repartit vivement don Carlos interrompant Aben-Hamet, surpassait encore son courage, et il n'y a que des Maures qui puissent calomnier le héros à qui ma famille doit le jour.

— Que dis-tu? s'écria Aben-Hamet s'élançant du siège où il était à demi couché : tu comptes le Cid parmi tes aïeux?

— Son sang coule dans mes veines, répliqua don Carlos, et je me reconnais de ce noble sang à la haine qui brûle dans mon cœur contre les ennemis de mon Dieu.

— Ainsi, dit Aben-Hamet, regardant Blanca, vous êtes de la maison de ces Bivars qui, après la conquête de Grenade, envahirent les foyers des malheureux Abencérages et donnèrent la mort à un vieux chevalier de ce nom qui voulut défendre le tombeau de ses aïeux!

— Maure! s'écria don Carlos enflammé de colère, sache que je ne me laisse point interroger. Si je possède aujourd'hui la dépouille des Abencérages, mes ancêtres l'ont acquise au prix de leur sang, et ils ne la doivent qu'à leur épée.

— Encore un mot, dit Aben-Hamet, toujours plus ému : nous avons ignoré dans notre exil que les Bivars eussent porté le titre de Santa-Fé, c'est ce qui a causé mon erreur.

— Ce fut, répondit don Carlos, à ce même Bivar, vainqueur des Abencérages, que ce titre fut conféré par Ferdinand le Catholique. »

La tête d'Aben-Hamet se pencha dans son sein : il resta debout au milieu de don Carlos, de Lautrec et de Blanca étonnés. Deux torrents de larmes coulèrent de ses yeux sur le poignard attaché à sa ceinture. « Pardonnez, dit-il ; les hommes, je le sais, ne doivent pas répandre des larmes : désormais les miennes ne couleront plus au-dehors, quoiqu'il me reste beaucoup à pleurer : écoutez-moi.

« Blanca, mon amour pour toi égale l'ardeur des vents brûlants de l'Arabie. J'étais vaincu ; je ne pouvais plus vivre sans toi. Hier, la vue de ce chevalier français en prières, tes paroles dans le cimetière du temple, m'avaient fait prendre la résolution de connaître ton Dieu, et de t'offrir ma foi. »

Un mouvement de joie de Blanca, et de surprise de don Carlos, interrompit Aben-Hamet ; Lautrec cacha son visage dans ses deux mains. Le Maure devina sa pensée, et secouant la tête avec un sourire déchirant : « Chevalier, dit-il, ne perds pas toute espérance ; et toi, Blanca, pleure à jamais sur le dernier Abencérage ! »

Blanca, don Carlos, Lautrec lèvent tous trois les mains au ciel, et s'écrient : « Le dernier Abencérage ! »

Le silence règne ; la crainte, l'espoir, la haine, l'amour, l'étonnement, la jalousie agitent tous les cœurs ; Blanca tombe bientôt à genoux. « Dieu de bonté ! dit-elle, tu justifies mon choix ! je ne pouvais aimer que le descendant des héros.

— Ma sœur, s'écria don Carlos irrité, songez donc que vous êtes ici devant Lautrec !

— Don Carlos, dit Aben-Hamet, suspends ta colère ; c'est à moi à vous rendre le repos. » Alors s'adressant à Blanca qui s'était assise de nouveau :

« Houri du ciel, Génie de l'amour et de la beauté, Aben-Hamet sera ton esclave jusqu'à son dernier soupir ; mais connais toute l'étendue de son malheur. Le vieillard immolé par ton aïeul en défendant ses foyers, était le père de mon père ; apprends encore un secret que je t'ai caché ou plutôt que tu m'avais fait oublier. Lorsque je vins la première fois visiter cette triste patrie, j'avais surtout pour dessein de chercher quelque fils des Bivars, qui pût me rendre compte du sang que ses pères avaient versé[355].

— Eh bien ! dit Blanca d'une voix douloureuse, mais soutenue par l'accent d'une grande âme ; quelle est ta résolution ?

— La seule qui soit digne de toi, répondit Aben-Hamet : te rendre tes serments, satisfaire par mon éternelle absence et par ma mort, à ce que nous devons l'un et l'autre à l'inimitié de nos dieux, de nos patries et de nos familles. Si jamais mon image s'effaçait de ton cœur ; si le temps qui détruit tout, emportait de ta mémoire le souvenir d'Abencérage... ce chevalier français... Tu dois ce sacrifice à ton frère. »

Lautrec se lève avec impétuosité, se jette dans les bras du Maure. « Aben-Hamet ! s'écrie-t-il, ne crois pas me vaincre en générosité : je suis Français ; Bayard m'arma chevalier ; j'ai versé mon sang pour mon roi ; je serai, comme mon parrain et comme mon prince, sans peur et sans reproche. Si tu restes parmi nous, je supplie don Carlos de t'accorder la main de sa sœur ; si tu quittes Grenade, jamais un mot de mon amour ne troublera ton amante. Tu n'emporteras point dans ton exil la funeste idée que Lautrec, insensible à ta vertu, cherche à profiter de ton malheur. »

Et le jeune chevalier pressait le Maure sur son sein avec la chaleur et la vivacité d'un Français.

« Chevaliers, dit don Carlos à son tour, je n'attendais pas moins de vos illustres races. Aben-Hamet, à quelle marque puis-je vous reconnaître pour le dernier Abencérage ?

— A ma conduite, répondit Aben-Hamet.

— Je l'admire, dit l'Espagnol; mais, avant de m'expliquer, montrez-moi quelque signe de votre naissance. »

Aben-Hamet tira de son sein l'anneau héréditaire des Abencérages qu'il portait suspendu à une chaîne d'or.

A ce signe, don Carlos tendit la main au malheureux Aben-Hamet. « Sire chevalier, dit-il, je vous tiens pour prud'homme et véritable fils de rois. Vous m'honorez par vos projets sur ma famille : j'accepte le combat que vous étiez venu secrètement chercher. Si je suis vaincu, tous mes biens, autrefois tous les vôtres, vous seront fidèlement remis. Si vous renoncez au projet de combattre, acceptez à votre tour ce que je vous offre : soyez chrétien et recevez la main de ma sœur, que Lautrec a demandée pour vous. »

La tentation était grande; mais elle n'était pas au-dessus des forces d'Aben-Hamet. Si l'amour dans toute sa puissance parlait au cœur de l'Abencérage, d'une autre part il ne pensait qu'avec épouvante à l'idée d'unir le sang des persécuteurs au sang des persécutés. Il croyait voir l'ombre de son aïeul sortir du tombeau et lui reprocher cette alliance sacrilège. Transpercé de douleur, Aben-Hamet s'écrie : « Ah! faut-il que je rencontre ici tant d'âmes sublimes, tant de caractères généreux, pour mieux sentir ce que je perds! Que Blanca prononce; qu'elle dise ce qu'il faut que je fasse, pour être plus digne de son amour! »

Blanca s'écrie : « Retourne au désert! » et elle s'évanouit.

Aben-Hamet se prosterna, adora Blanca encore plus que le ciel, et sortit sans prononcer une seule parole. Dès la nuit même il partit pour Malaga, et s'embarqua sur un vaisseau qui devait toucher à Oran. Il trouva campée près de cette ville la caravane qui tous les trois ans sort de Maroc, traverse l'Afrique, se rend en Égypte et rejoint dans l'Yémen la caravane de La Mecque. Aben-Hamet se mit au nombre des pèlerins.

Blanca, dont les jours furent d'abord menacés, revint à la vie. Lautrec, fidèle à la parole qu'il avait donnée à l'Abencérage, s'éloigna, et jamais un mot de son amour ou de sa douleur ne troubla la mélancolie de la fille du duc de Santa-Fé. Chaque année Blanca allait errer sur les montagnes de Malaga, à l'époque où son amant avait coutume de revenir d'Afrique ; elle s'asseyait sur les rochers, regardait la mer, les vaisseaux lointains, et retournait ensuite à Grenade : elle passait le reste de ses jours parmi les ruines de l'Alhambra. Elle ne se plaignait point ; elle ne pleurait point ; elle ne parlait jamais d'Aben-Hamet : un étranger l'aurait crue heureuse. Elle resta seule de sa famille. Son père mourut de chagrin, et don Carlos fut tué dans un duel où Lautrec lui servit de second. On n'a jamais su quelle fut la destinée d'Aben-Hamet [356].

Lorsqu'on sort de Tunis, par la porte qui conduit aux ruines de Carthage, on trouve un cimetière : sous un palmier, dans un coin de ce cimetière, on m'a montré un tombeau qu'on appelle le *tombeau du dernier Abencérage*. Il n'a rien de remarquable ; la pierre sépulcrale en est tout unie : seulement, d'après une coutume des Maures, on a creusé au milieu de cette pierre un léger enfoncement avec le ciseau. L'eau de la pluie se rassemble au fond de cette coupe funèbre et sert, dans un climat brûlant, à désaltérer l'oiseau du ciel [357].

NOTES

1. Cette lettre, signée « L'Auteur du Génie du Christianisme », fut reproduite dans le *Journal des Débats* du 31 mars et dans *Le Publiciste* du 1ᵉʳ avril 1801 (10 et 11 germinal an IX). Le volume fut mis en vente le lendemain, 2 avril 1801.

2. Dans la *Défense du Génie du Christianisme* (1803), Chateaubriand avoue avoir essayé diverses « combinaisons de chapitres et de parties » avant de parvenir à une solution définitive. Le plan qui est ici indiqué diffère de celui qui a été retenu pour la version originale de 1802, où *Atala* figure à la fin de la troisième partie, intitulée « Beaux-arts et littérature », tandis que la « Poétique du christianisme » proprement dite constitue la seconde partie.

3. Sur les raisons de cette publication anticipée, voir introduction, p. 22.

4. Lorsque Chateaubriand réédita cette préface au t. XV de ses *Œuvres complètes* (1827), il fit disparaître certains passages de circonstance. Nous rétablissons le texte original de 1801, mais nous modernisons son orthographe.

5. La dernière insurrection des Natchez date de 1729, comme Chateaubriand pouvait le vérifier dans toutes ses sources. En retenant la date fictive de 1727, le romancier recule un peu toute la chronologie de la vie de Chactas et de René. Ce dernier a pu connaître la fin du règne de Louis XIV, devenir adulte sous la Régence, etc.

6. C'est une partie du sujet des *Incas* de Marmontel (1777).

7. Ressemblante.

8. Au printemps 1792.

9. Cf. *Mémoires d'outre-tombe*, X, 6 (t. 1, p. 558). Le persiflage de Chateaubriand vise les apologistes de la « perfectibilité », comme Condorcet ou Mme de Staël.

10. Marie-Anne de Chateaubriand, comtesse de Marigny, veuve

depuis 1787. Les Vendéens avaient occupé Fougères en octobre-
novembre 1793, au moment de leur marche sur Granville. Mme de
Marigny paraît alors avoir joué double jeu. Royaliste fervente (son
château, sur la paroisse de Saint-Germain-en-Coglès sera sous le
Directoire un centre actif de chouannerie), elle se ménagea aussi,
par son action humanitaire, des sympathies auprès des républicains
modérés, comme le prouve cette attestation, délivrée par le comité
de surveillance de Fougères le 29 août 1794 : « La citoyenne Mari-
gné [...] a arraché à la mort plusieurs de nos frères d'armes enfer-
més au château lors du passage des Brigands dans cette cité »
(G. Collas, *La Vieillesse douloureuse de Mme de Chateaubriand*, 1961,
t. 2, p. 473). Le chiffre de 800 est sans doute exagéré. Dans une
pétition envoyée au Premier Consul quelques semaines plus tard
(mai 1801), Chateaubriand ne parle plus que de 600 hommes (voir
Correspondance générale, t. 1, p. 134).

11. Chateaubriand a développé cette idée dans un fragment du
Génie intitulé « Corruption du goût », et dans un article sur Shakespeare publié par le *Mercure de France* du 25 prairial an X/14 juin
1802.

12. *Iliade*, XXIV, vers 506.

13. *Genèse*, XLV, verset 4.

14. Malgré sa référence explicite à Rousseau, Chateaubriand vise
moins, dans ce passage, le philosophe genevois que la doctrine
esthétique du nouveau réalisme « bourgeois », en particulier au
théâtre (les « drames infâmes »). Ses promoteurs sont en effet clairement désignés par une double allusion : Diderot, auteur de *Regrets
sur ma vieille robe de chambre*, et Mercier, auteur de *Mon bonnet de
nuit*. Ainsi Chateaubriand arrive à réunir dans la même page, non
sans artifice, trois noms emblématiques des Lumières, pour les
vouer à un égal opprobre. Démarche révélatrice de cet « esprit de
parti » qui joue un rôle central dans le débat littéraire sous le Consulat.

15. C'est la thèse du *Génie du Christianisme* : le dogme du péché
originel a des conséquences esthétiques : il renouvelle la psychologie
des personnages de fiction.

16. Un « scélérat », comme le cardinal de Lorraine dans
Charles IX de Chénier ; un « philosophe », comme Las Casas dans
les *Incas* ou le curé de *Mélanie* (La Harpe). Avec Chateaubriand, et
jusqu'à Bernanos, le prêtre va devenir un véritable *personnage* dans
la littérature française : qu'on songe à Lamartine (*Jocelyn*), Balzac
ou Barbey...

17. Voir la note 38.

18. C'est la « Lettre au citoyen Fontanes sur la seconde édition
de l'ouvrage de Mme de Staël », publiée par le *Mercure de France* du
1er nivôse an IX/22 décembre 1800. Dans ce texte polémique, qui
avait précisément pour objectif de le faire connaître, Chateaubriand
se livrait, à propos de *la Littérature*, à une critique en règle de la
notion de perfectibilité, et se posait en rival potentiel de la brillante
fille de Necker.

19. Ils ne tarderont pas, du reste, à nouer des relations cordiales,

après la généreuse intervention de Mme de Staël en faveur de la radiation du nom de Chateaubriand de la liste des émigrés.

20. Cette indication concerne plutôt les *Natchez* qu'*Atala* : preuve qu'en 1801 Chateaubriand ne désespère pas de publier la totalité de son manuscrit dans un avenir proche.

21. Il ne faut pas oublier qu'au moment de la publication du compte rendu de Ginguené dans la *Décade* du 10 floréal an IX/30 avril 1801, la situation de Chateaubriand est toujours précaire, voire illégale. C'est pourquoi Fontanes avait terminé le sien, dans le *Mercure* du 16 germinal/6 avril 1801, par un appel à la bienveillance du pouvoir : « Les talents qui nous restent aujourd'hui sont trop rares pour les éloigner plus longtemps [...]. Il ne faut pas que les Muses françaises soient errantes chez les Barbares. Puissent-elles se rassembler enfin de tous côtés, autour du pouvoir réparateur qui essuiera toutes leurs larmes en leur préparant un nouveau siècle de gloire ! »

22. C'est le 24 avril 1804 que le *Journal des Débats* annonça cet abrégé du *Génie du christianisme à l'usage de la jeunesse*. Dans cette édition (2 volumes in-12), *Atala* et *René*, ainsi qu'une partie de la « Poétique du christianisme » ont disparu, et la disposition des livres et des chapitres a été modifiée.

23. *Atala, René*, par Fr. Aug. de Chateaubriand. A Paris, chez le Normant [...] MDCCCV. Cette petite édition in-12 regroupe pour la première fois les deux épisodes des *Natchez*, qui, de 1802 à 1804, avaient été incorporés dans *Le Génie du Christianisme*. Elle comporte six figures de Garnier (quatre pour *Atala*, deux pour *René*).

24. La moins chère des éditions ordinaires alors disponibles (Ballanche, 1804, 9 vol. in-12) était vendue 12 francs. Mais pour les éditions de luxe avec gravures (Migneret, 1803), il fallait compter 75 francs pour le format in-8° et même 108 francs pour le format in-4°.

25. Le compte rendu de Fontanes a paru dans le *Mercure de France* du 25 germinal an X/15 avril 1802, le lendemain de la publication du livre. Les trois articles hostiles de Ginguené furent publiés dans la *Décade* des 30 prairial, 10 et 20 messidor an X (19 et 29 juin, 10 juillet 1802), puis repris en brochure sous le titre de *Coup d'œil rapide sur le « Génie du christianisme »*.

26. Dans un chapitre tardif de ses *Mémoires* (XIII, 11), Chateaubriand a indiqué assez précisément dans quel sens il aurait souhaité, après 1830, réorienter son livre ; mais il ne procéda jamais à ces remaniements.

27. Voir Henri Chatelain, « Les Critiques d'*Atala* et les corrections de Chateaubriand », R.H.L.F., 1902, pp. 414-440.

28. La publication de son *Cours de littérature* donnait alors à ce disciple de Voltaire, converti dans les prisons de la Terreur, une grande réputation de critique. Il avait rencontré Chateaubriand chez Migneret, leur éditeur commun. Il est mort au début de 1803.

29. Le vieil académicien, qui avait été un fidèle du salon de Mme Geoffrin, fit paraître au mois de mai 1801 des *Observations*

critiques sur le roman intitulé « Atala ». Le rationalisme un peu borné de cette brochure de soixante-douze pages ne manque pas toujours de pertinence. Chateaubriand fera du reste son profit des critiques de son censeur (dans les rééditions de son roman) et lui rendra hommage, au lendemain de sa mort (début de 1819, à quatre-vingt-douze ans), dans *Le Conservateur* (t. 2, p. 124).

30. Chateaubriand distingue, à juste titre, *misère* (au sens pascalien : infirmité de notre nature déchue) et *malheur* (infortune).

31. C'est du moins ainsi qu'ils se succédaient dans les *Natchez* et qu'ils sont disposés à partir de 1805. Mais dans le *Génie du Christianisme*, *René* précédait *Atala*, puisqu'il formait le livre IV de la seconde partie (*Suite des passions*) tandis qu'*Atala* formait le livre VI de la troisième partie (*Suite des harmonies*).

32. La ligne de points remplace, dans la préface de 1805, 2 paragraphes du chapitre cité, ainsi rédigés dans le *Génie du Christianisme* (édition Ballanche, 1804) :

« Enfin, les Grecs et les Romains, n'étendant guère leurs regards au-delà de la vie, et ne soupçonnant point des plaisirs plus parfaits que ceux de ce monde, n'étaient point portés, comme nous, aux rêveries et aux désirs par le caractère de leur religion. C'est dans le *Génie du Christianisme* qu'il faut surtout chercher la raison de ce *vague* des sentiments répandu chez les hommes modernes. Formée pour nos misères et pour nos besoins, la religion chrétienne nous offre sans cesse le double tableau des chagrins de la terre et des joies célestes, et par ce moyen elle a fait dans le cœur une source de maux présents et d'espérances lointaines, d'où découlent d'inépuisables rêveries. Le chrétien se regarde toujours comme un voyageur qui passe ici-bas dans une vallée de larmes, et qui ne se repose qu'au tombeau. Le monde n'est point l'objet de ses vœux, car il sait que l'*homme vit peu de jours*, et que cet objet lui échapperait vite.

« Les persécutions qu'éprouvèrent les premiers fidèles augmentèrent en eux ce dégoût des choses de la vie. L'invasion des Barbares y mit le comble, et l'esprit humain en reçut une impression de tristesse, et peut-être même une légère teinte de misanthropie, qui ne s'est jamais bien effacée. De toutes parts s'élevèrent des couvents, où se retirèrent des malheureux trompés par le monde, ou des âmes qui aimaient mieux ignorer certains sentiments de la vie, que de s'exposer à les voir cruellement trahis. Une prodigieuse mélancolie fut le fruit de cette vie monastique ; et ce sentiment, qui est d'une nature un peu confuse, en se mêlant à tous les autres, leur imprima son caractère d'incertitude. Mais en même temps, par un effet bien remarquable, le vague même où la mélancolie plonge les sentiments, est ce qui la fait renaître ; car elle s'engendre au milieu des passions, lorsque ces passions, sans objet, se consument d'elles-mêmes dans un cœur solitaire. »

33. Dans le *Génie du Christianisme*, la fin du chapitre a connu diverses rédactions :

« Ce n'est pour ainsi dire, qu'*une pensée*; c'est la peinture du *vague des passions*, sans aucun mélange d'aventures, hors un malheur, qui, sans produire d'événements remarquables, sert seulement à redoubler la mélancolie de René et à la punir. On trouvera d'ailleurs dans cet épisode quelques harmonies des monuments chrétiens et de la vie religieuse, avec les passions du cœur et les tableaux de la nature : ainsi notre but sera doublement rempli » (Édition originale, 1802).

« Ce n'est pour ainsi dire qu'*une pensée*; c'est la peinture du vague des passions, sans aucun mélange d'aventures, hors un grand malheur envoyé pour punir René, et pour effrayer les jeunes hommes qui, livrés à d'inutiles rêveries, se dérobent criminellement aux charges de la société. Cet épisode sert encore à prouver la nécessité des abris du cloître pour certaines calamités de la vie, auxquelles il ne resterait que le désespoir et la mort, si elles étaient privées des retraites de la religion. Ainsi le double but de notre ouvrage, qui est de faire voir comment le génie du christianisme a modifié les arts, la morale, l'esprit, le caractère, et les passions même des peuples modernes, et de montrer quelle prévoyante sagesse a dirigé les institutions chrétiennes; ce double but, disons-nous, se trouve également rempli dans l'histoire de René » (Édition Ballanche, 1804).

34. Brochure que Chateaubriand publia en avril 1803 et qu'il annexa par la suite à toutes les éditions du *Génie*.

35. Citation du Tasse, *Jérusalem délivrée*, Chant 1, 3 : « Tu sais que le monde fréquente plus volontiers le versant du Parnasse où celui-ci prodigue la douceur de ses attraits, et que le charme des vers donne au vrai le pouvoir de séduire les plus rebelles et de les convaincre. »

36. Chateaubriand évite soigneusement de prononcer le mot *inceste* dans cette brève énumération de ses manifestations littéraires.

Érope fut séduite par Thyeste, frère de son mari Atrée, qui tira de ce crime une vengeance exemplaire : voir *Atrée et Thyeste* de Sénèque, mais aussi Crébillon, etc.

Dans la Bible, c'est le chap. XIII du deuxième livre de Samuel (classé par la Vulgate parmi les Rois, ce qui explique la référence de Chateaubriand) qui raconte le viol de Thamar par son demi-frère Amnon, sous le règne de David leur père.

A ces évocations aussi brutales que sommaires, Ovide a substitué des analyses psychologiques beaucoup plus séduisantes : c'est Canacé qui raconte, dans une lettre à son frère Macarée, comment elle est devenue sa maîtresse (*Héroïdes*, XI) ; c'est Byblis qui, pour combattre sa coupable passion envers son frère Caunus (« *Dulcia fraterno sub nomine furta tegemus* »), se réfugie dans le désert, où elle est transformée en source (*Métamorphoses*, IX, vers 456-471). Le poète latin mentionne aussi le désir de Myrrha pour son père Cynaras (*Métamorphoses*, X, vers 321-334), auquel correspond en quelque sorte, dans la Bible, le célèbre épisode des filles de Loth (Genèse, XIX, 30-38).

Enfin, dans *Abufar ou la famille arabe* (1795), Ducis avait mis en scène le personnage de Farhan épris de ce qu'il croit être sa propre sœur Saléma, et cherchant à la fuir par des voyages lointains.

37. Tous les efforts ont été à ce jour vains pour identifier cette ballade que Chateaubriand mentionne aussi dans les *Mémoires d'outre-tombe* (livre XXXVIII, chap. 6).

ATALA

38. Ce prologue se compose de deux parties bien différentes. La première est une description du cours du Mississipi ; la seconde un rappel historique des événements de la vie de Chactas et de René qui résume, dans le désordre, les livres I à VIII des *Natchez*. Ce retour en arrière se justifie par la nécessité de présenter les personnages du récit. En revanche, le statut de la première séquence demeure problématique. Car ce morceau de bravoure sur la Louisiane ne semble avoir aucun rapport avec *Atala*, dont la brève histoire ne se situe à aucun moment dans le voisinage du Meschacebé. Destiné sans doute à introduire les *Natchez* dans leur version de 1798, il sert ensuite de prologue à un de ses épisodes. Dans ces conditions, il ne faut pas rechercher dans ces pages une représentation réaliste de la Louisiane contemporaine de Chateaubriand. C'est un paysage emblématique, antérieur à toute Histoire, hyperbolique et saturé. Comme le faisait observer dès la publication du roman le critique Toulongeon : « Le lieu de la scène étale toute la pompe majestueuse et toute la fraîcheur de la nature dans sa beauté primitive et travaillant encore à sa formation » (*Bibliothèque française*, mai 1801). Cette partie du prologue fonctionne plutôt comme une ouverture thématique. Mais Pierre Glaudes (*Le Désir cannibale*, p. 31 sq.) a souligné les aspects mortifères de ce « paradis », ainsi que le lien qui rattache cette description liminaire à celle de la cataracte de Niagara dans les dernières pages du récit.

Néanmoins, les références géographiques de Chateaubriand dans ce texte ne sont pas toutes imaginaires. Il faut pour les apprécier se référer à la géographie ancienne du continent américain et se rappeler quelles furent les ambitions coloniales de la France dans la région jusqu'au traité de Paris en 1763. Au milieu du XVIIIe siècle, cette « Amérique septentrionale » échappe encore, dans une large mesure, à la domination des Européens. Ces derniers sont implantés au Canada (France), sur la bordure atlantique (Angleterre), en Floride (Espagne), enfin en Louisiane (France). Au-delà du Mississipi commence en principe une zone de souveraineté espagnole (le Nouveau-Mexique) ; mais en réalité la partie comprise entre le fleuve et la côte du Pacifique demeure inexplorée ; on ne soupçonne même pas son immensité. En revanche, des Grands Lacs au golfe du Mexique, les Blancs sont en contact avec les Indiens sur un très vaste espace, encore mal délimité.

Ainsi, le nom de Louisiane désigne alors, au sens large, toute la rive gauche du Mississipi (Raynal considère par exemple les Illinois

comme « placés dans la partie la plus septentrionale de la Louisiane »), tandis que *les* Florides vont du golfe du Mexique au Tennessee.

Plus au nord commence le Canada (qui déborde largement, vers
le sud, la région des Grands Lacs). Ainsi se constitue, sous le nom
de Nouvelle-France, un ensemble continental continu, qui, de Québec à La Nouvelle-Orléans, entoure les provinces anglaises de la
côte atlantique. Au moins sur le papier, car dans la réalité, entre le
Saint-Laurent et le Bas-Mississipi, la zone intermédiaire demeure
un pays sauvage, à peine pourvu de quelques postes ou fortins, dispersés le long des rivières, comme Fort Duquesne, devenu Pitts-
burgh.

Au cours de son voyage de 1791, trente-deux ans après la prise
de Québec, Chateaubriand a pu constater la survivance de cette
présence française en Amérique du Nord. En 1801, elle alimente
encore ses rêves de Malouin, comme elle intéresse la politique du
Premier Consul.

39. Allusion symbolique au fleuve du paradis terrestre « qui se
divise pour former quatre bras » (*Genèse*, II, 10). Mais ce chiffre
correspond aussi à la topographie en vigueur au XVIIIe siècle.

Le fleuve Bourbon, depuis anglicisé en *Nelson River*, sort du lac
Winnipeg pour se diriger vers le nord. Du côté ouest, ce ne sont
qu'hypothèses ; mais à une époque où la barrière des Rocheuses est
encore inconnue, on imagine, sur la foi des Indiens, un quatrième
fleuve, symétrique du Saint-Laurent, qui rejoindrait la côte du Pacifique (qu'on juge alors beaucoup plus proche du Middle West).
C'est seulement à la fin du siècle que la rivière Columbia sera iden-
tifiée par Mackenzie et que sera réglée la question du passage du
Nord-Ouest, avant même la grande expédition de Lewis et de Clark
(1804-1806).

Bien informé de ces problèmes (il va rendre compte, dans *Le
Mercure de France* des 14 août et 14 septembre 1802/26 thermidor
et 24 fructidor an X, des *Voyages* de Mackenzie, publiés en 1801),
Chateaubriand conserve néanmoins, dans le prologue de cette histoire censée se dérouler vers 1670, la topographie ancienne des missionnaires.

40. Pour Arkansas, [...] Wabash, et Tennessee. A propos du
Meschacebé, Chateaubriand glose, dans la note VIII du *Génie du
Christianisme* :

« *Père barbu des fleuves*, vrai nom du Mississipi ou Méchassipi »,
se souvenant peut-être de Bernardin de Saint-Pierre (*Études de la
nature*, t. 1) : « Mississipi, [...] que les Sauvages appellent Méchassipi, père des eaux. » Bartram, lui, parle du « grand-père des
rivières » (t. 2, p. 272). Chateaubriand a popularisé ce nom très rare
du fleuve, mais le réserve à ses œuvres de fiction (effet poétique).
Ailleurs, par exemple dans le *Voyage en Amérique*, il ne parle que du
Mississipi.

41. Ce paragraphe, dont la rédaction la plus ancienne se trouve
dans un fragment du *Génie du Christianisme* primitif intitulé : « Des
Plantes et de leurs migrations » (*Génie*, p. 1319), combine deux
sources :

Chateaubriand emprunte sa première partie à Imlay : « Les barres qui traversent la plupart de ces étroits canaux ouverts par le courant ont été multipliées par les arbres charriés par les rivières. Un seul arrêté par ses branches ou par ses racines dans un endroit peu profond suffit à en arrêter mille de plus et à les fixer à cette place. Aucune force humaine ne pourrait les enlever, car le limon entraîné par le fleuve les lie et les cimente ensemble. En moins de dix ans, les roseaux et les arbrisseaux y poussent, forment des promontoires et des îles qui changent le lit de la rivière. Il est certain que lorsque La Salle descendit le Mississipi jusqu'à la mer, l'embouchure de ce fleuve était fort différente de ce qu'elle est aujourd'hui. Le limon dont les inondations annuelles du Mississipi couvrent la surface des rives avoisinantes peut être comparé à celui du Nil. »

La seconde partie du paragraphe, en revanche, transpose la description faite par Bartram des îles flottantes de la rivière Saint-Jean, en Floride (t. 1, p. 167-168) :

« Le temps, au matin, était beau, frais, le vent bon. Je remis de bonne heure à la voile, et vis ce jour-là de grandes quantités de *Pistia stratiotes*, plante aquatique très singulière. Elle forme des îles flottantes, dont quelques-unes ont une grande étendue, et qui voguent çà et là, au gré des vents et des eaux. Ces groupes commencent, pour l'ordinaire, ou sur la côte, ou près du rivage, dans des eaux tranquilles ; de là, ils s'étendent, par degrés, vers la rivière, formant des prairies mobiles, d'un vert charmant, qui ont plusieurs milles de long, et quelquefois un quart de mille de large. De longues racines fibreuses qui, partant du centre inférieur de chaque plante, descendent vers le fond vaseux de la rivière, les nourrissent et les tiennent dans une situation horizontale. La plante, lorsqu'elle a pris tout son accroissement, ressemble à une laitue de jardin, bien développée : mais les feuilles en sont plus nerveuses, plus fermes, et d'une couleur verte tirant sur le jaune. Elle végète sur la surface des eaux dormantes ; et, dans son état naturel, elle ne se multiplie que par ses semences : mais, quand les grosses pluies, les grands vents font subitement élever les eaux de la rivière, il se détache de la côte de grandes portions de ces îles flottantes, qui, poussées dans le milieu de l'eau, y errent, jusqu'à ce qu'elles soient divisées par les vagues et les vents. Leurs fragments, repoussés vers le rivage, s'arrêtent dans quelque coin tranquille, y prennent pied ; et, formant de nouvelles colonies, s'étendent et se multiplient de nouveau, jusqu'à ce que d'autres accidents les brisent et les dispersent à leur tour. Ces islets mobiles offrent un très joli coup d'œil : ils trompent réellement l'imagination, et persuadent au spectateur qu'il voit tout autre chose qu'un amas d'herbes. L'illusion est quelquefois d'autant plus complète, qu'au milieu de ces plantes en fleurs, on voit des groupes d'arbrisseaux, de vieux troncs d'arbres abattus par les vents, et couverts encore de la longue mousse qui pend entre leurs débris. Ils sont même habités et peuplés de crocodiles, de serpents, de grenouilles, de loutres, de corbeaux, de hérons, de courlis, de choucas, etc. »

Chateaubriand apporte à ses modèles quelques modifications

significatives (par exemple la comparaison avec le Nil en crue, renforcée par des images architecturales : *cf. Génie*, p. 884-885). Mais sa principale contribution consiste à imprimer à ce paysage composite une dynamique globale qui assure son unité. A la descente du fleuve, succède le tableau plus statique de ses rives.

42.   Cette opposition se rencontre chez Carver, qui a inspiré *Odérahi* : « D'un côté, la grève d'un sable blanc était bordée d'une ceinture de fleurs qui terminait la prairie ; de l'autre, des érables qui soutenaient, au-dessus des eaux, des massifs de lianes s'étendaient jusqu'à la montagne, laissant à une foule d'arbres et d'arbustes, la liberté de croître autour d'eux » (éd. Chinard, p. 152). Chateaubriand lui confère une bien plus grande ampleur. On en retrouve un écho (mais inversé) dans la description faite par le voyageur italien Beltrami du lieu-dit « Longue vue » :

« Douze petites montagnes isolées se montrent en défilé sur le bord occidental et saillent graduellement [...] comme des coulisses. De petits vallons les entrecoupent et chacun a son ruisseau qui le partage et qui réfléchit dans ses eaux limpides la beauté des arbres qui le bordent. Les traits de ces collines sont entremêlés de sombre et de riant, et celles qu'on voit au fond de la scène, se cachent magiquement dans le brouillard transparent [...]. Sur le bord oriental, une prairie verdoyante conduit [...] à une perspective lointaine. Des petites îles, parsemées de bosquets touffus, parmi lesquelles le steam-boat passait en serpentant, offraient des parterres ravissants. »

Par ailleurs, Bartram écrit à propos de la rivière Saint-Jean (t. 1, p. 247) :

« La rive orientale s'abaissant, offrit à ma vue de vastes plaines composées de marais et de prairies, et me découvrit un horizon presque sans bornes. Le rivage opposé présentait un magnifique contraste. La côte était élevée et couverte de hautes forêts de magnolias, de palmiers, d'orangers, de chênes verts et d'arbustes de différents genres. Cette élévation se prolonge pendant deux ou trois cents toises, en projetant sur la rivière une courbe plantée des plus beaux palmiers ; ils sont au nombre de deux ou trois cents, et ombragent absolument la terre. Au-dessus et au-dessous de ce coteau, le terrain s'abaissant par degrés, se confond avec le niveau des marais, et derrière se voit une grande étendue de prairies. Au milieu de ces immenses savanes, sont quelques flaques, ou mares d'eau qu'entourent des bouquets de pins. Des promontoires ou monticules couverts de chênes et de lauriers s'avancent quelquefois dans ces prairies, ou s'aperçoivent de loin dispersés dans l'espace. »

43.   Sur les superbes magnolias de Louisiane, qui pouvaient atteindre une hauteur de trente mètres, voir le témoignage de Bartram, en particulier t. 1, pp. 161-163.

44.   Chateaubriand emprunte les éléments de cette brillante énumération à des voyageurs comme Charlevoix, Carver ou Bartram, mais aussi à des naturalistes comme Casteby ou Buffon (*Histoire des oiseaux*). A propos de la découverte du Nouveau Monde, il évoquera plus tard la stupéfaction des explorateurs « à la vue de ces

mers virginales, de ces terres primitives qui se déploient devant eux, de cette nature qu'ombragent des arbres gigantesques, qu'arrosent des fleuves immenses, que peuplent des oiseaux inconnus ; nature que Buffon a devinée dans sa description du Kamitchi », etc. C'est une impression analogue que Chateaubriand désire produire sur son lecteur, sans souci de cohérence réaliste (la faune est, par exemple, complètement hétéroclite), mais avec la volonté de représenter la nature américaine comme un nouvel éden où pourraient coexister toutes les espèces.

45. On retrouve dans le *Voyage en Amérique* (pp. 703-709), sous le titre de « Journal sans date » des impressions sonores analogues.

46. C'est à partir du Canada que, dans le dernier tiers du XVIIe siècle, fut exploré le cours du Mississipi. La première expédition date de 1673. Cette année-là le Québécois Joliet et le père Jacques Marquette (1637-1675), de la Compagnie de Jésus, « partent ensemble du lac Michigan, entrent dans la rivière des Renards [...], la remontent jusque vers sa source, et malgré les courants qui en rendent la navigation difficile. Après quelques jours de marche, ils se réembarquent sur le Ouisconsing, et naviguant toujours à l'ouest, ils se trouvent sur le Mississipi, qu'ils descendent jusqu'aux Akansas, vers les trente-trois degrés de latitude. Leur zèle les poussait plus loin ; mais ils manquaient de subsistances ; mais ils se trouvaient dans des régions inconnues [...]. Ces considérations les déterminèrent à reprendre la route du Canada, à travers le pays des Illinois » (Raynal). En 1679-1680, c'est au tour de Robert Cavelier de La Salle (1640-1687), établi à Montréal, de descendre le Mississipi, cette fois jusqu'à son embouchure ; il regagne ensuite le Canada, puis la France. C'est là qu'en 1682, il organise une expédition de quatre navires qui se donne pour objectif de retrouver cette embouchure par mer : mais il la dépasse, et débarque au-delà du fleuve ; il ne tardera pas à être massacré par les Indiens. Enfin, en 1699, le premier établissement de la future Louisiane est fondé à Biloxi, par Le Moyne d'Iberville, un autre « Canadien ».

C'est alors la Compagnie des Indes qui va prendre en charge la nouvelle colonie. Si la ville de Biloxi végète, un comptoir est établi dès 1713 sur le territoire des Natchez, au bord du Mississipi, à plus de 200 kilomètres en amont. Mais les relations avec les Indiens sont difficiles. Après le meurtre de quatre Français, une expédition militaire fut organisée ; il en résulta la construction du fort Rosalie (1716) où devait être maintenue une petite garnison. Peu de temps après, La Nouvelle-Orléans est fondée (1718), tandis qu'en France, une active propagande est faite pour accélérer le peuplement de la Louisiane.

47. En 1722, le gouverneur Bienville installa près de sept cents colons autour du fort Rosalie. Les Natchez reprirent alors les hostilités, mais sans succès. Ils furent néanmoins loin de se soumettre, puisqu'en 1726, le nouveau gouverneur Périer demande des troupes supplémentaires pour prévenir une éventuelle insurrection, que finirent par déclencher, à la fin de 1729, les exactions du chef de poste Chépar. Cette nouvelle révolte des Natchez fut aussi la

dernière; ils furent écrasés, obligés de céder leurs terres, et de se disperser parmi les tribus voisines.

Le monopole de la Compagnie fut alors transféré à la Couronne. Sous son administration directe, la colonie prospéra dans les années 1740. Au milieu du siècle elle compta jusqu'à sept mille Blancs, « dispersés, nous dit Raynal, dans un espace de 500 lieues » (2 000 kilomètres). Mais la souveraineté française ne devait guère survivre à la perte du Canada. La Louisiane passa peu après sous contrôle espagnol. Elle fut restituée à la France en 1802, mais vendue presque aussitôt par le Premier Consul à la Confédération des États-Unis pour 80 millions de francs-or. Chateaubriand avait terminé *Les Natchez* quatre ans plus tôt; il venait de publier *Atala* et *René*.

48. Cf. *Les Natchez*, p. 77 : « On me nomme Chactas, parce qu'on prétend que ma voix a quelque douceur. » En réalité, chez les voyageurs du XVIIIe siècle, le nom de Chactas désigne, sous des formes diverses (Charlevoix : *Tchactas*; Imlay : *Chactaw*; Bartram : *Chactaws*) une tribu voisine de celle des Natchez, et il signifierait : *les têtes plates*! Parmi les noms indiens que Chateaubriand cite dans le *Voyage en Amérique* (p. 831), en précisant qu'ils sont tirés « de quelque qualité, de quelque défaut de leur esprit ou de leur personne, de quelque circonstance de leur vie », il y a : *la bouche plate, la belle voix*, etc. Mais il a préféré pour caractériser son héros, une épithète plus homérique, adaptée à la musique de la narration.

49. Voici brièvement résumés les livres V, VI, VII des *Natchez* où Chactas raconte la totalité de son histoire.

50. Cf. le portrait de Chactas dans *Les Natchez*, p. 76 : « On vit alors paraître un vieillard. Le ciel avait voulu l'éprouver : ses yeux ne voyaient plus la lumière du jour. Il cheminait tout courbé, s'appuyant d'un côté sur le bras d'une jeune femme, de l'autre sur un bâton de chêne.

« Le patriarche du désert se promenait au milieu de la foule charmée. »

C'est peut-être un passage de Bartram qui a fourni le modèle de ce personnage : « ... au milieu d'eux, je distinguai un vieillard dont l'air commandait le respect; le peu de cheveux qu'il avait étaient blancs comme de la neige; il était conduit par trois jeunes gens, dont deux le soutenaient par les bras, et le troisième par-derrière, pour mieux assurer sa marche. A son approche, tout le cercle le salua d'un : sois le bienvenu, et s'ouvrit pour lui faire place. Le sourire était sur ses lèvres, la gaieté de la jeunesse dans tous ses traits. Mais le grand âge l'avait rendu aveugle. C'était de tous les chefs le plus ancien et le plus généralement respecté » (t. 2, p. 389).

Mais il se rattache aussi à toute une tradition littéraire du poète ou aède aveugle : Démodocus (*Odyssée*, chant VIII), Homère lui-même, Ossian.

51. Cette comparaison a intrigué, parce qu'elle ne concorde pas avec les données fournies, dans *Œdipe à Colone*, par Sophocle. Ce dernier fait mourir Œdipe à Colone, et nous montre, au début de la pièce, Antigone guidant les pas de son père aveugle, sur le chemin

qui mène à Athènes. En revanche, dans *Œdipe roi*, avait été mentionné le Cithéron, cette montagne voisine de Thèbes où Œdipe a été abandonné à sa naissance et où, à la fin de la pièce, il supplie en vain qu'on le laisse se retirer (vers 1451-1453), pour pouvoir mourir au lieu même que ses parents lui avaient assigné comme tombe. La tragédie latine a repris, pour la développer, cette indication. Au début des *Phéniciennes* de Sénèque, on voit Œdipe exprimer à Antigone son désir de retourner mourir sur le Cithéron : « J'irai là où mon Cithéron élève ses abruptes cimes » (vers 12-13) ; « ô Cithéron, [...] restitue-moi cet asile qui fut le mien, afin que j'expire, vieillard, là où j'aurais dû mourir nouveau-né » (vers 31-33). Le projet demeure, certes, sans suite, mais on retrouve chez Ducis, un auteur dramatique contemporain de Chateaubriand et que celui-ci appréciait, une scène analogue. Dans *Œdipe chez Admète* (acte III, scène 2), Œdipe, qui se trouve, avec Antigone, à Phères, en Thessalie, imagine dans une sorte de délire hallucinatoire qu'il est revenu sur le Cithéron pour y mourir :

> « Et toi, berceau sanglant où j'aurais dû périr,
> Rochers du Cithéron, j'y reviens pour mourir.
> [...]
> Entends mes derniers vœux, entends mes cris funèbres,
> [...]Cithéron ! Cithéron ! »

Ducis suggère même une assomption sur le Cithéron, idée que développera Ballanche dans son *Antigone*. On constate que Chateaubriand a spontanément choisi une version conforme à ses propres fantasmes puisque dès *Atala* son imaginaire a privilégié cette association du berceau et de la tombe, dont le dernier avatar sera sa propre sépulture du Grand-Bé, qui se dresse en face de sa chambre natale, dans une étonnante conjonction de la mer et de la Mère.

52. Après avoir perdu son fils Oscar, dernier de sa race, le barde écossais demeura seul en compagnie de sa bru, occupé à chanter la gloire passée des héros calédoniens pour apaiser sa douleur. Cf. *Génie*, p. 930 : « L'homme ici-bas ressemble à l'aveugle Ossian, assis sur les tombeaux des rois de Morven : quelque part qu'il étende sa main dans l'ombre, il touche les cendres de ses pères. » (Voir aussi *René*, p. 174.)

53. Dans *Les Natchez*, René épouse Céluta beaucoup plus tard (début de la seconde partie, p. 241-242), après avoir surmonté bien des réticences. Au contraire, dans *Atala*, ce mariage apparaît comme la suite naturelle de son adoption et de son intégration dans la tribu.

54. Cf. le *Voyage en Amérique*, p. 796-797, qui fixe au printemps la période de la chasse au castor. Parmi les rites préparatoires que Chateaubriand énumère, sont mélangés les rites de chasse (p. 793) et les rites réservés à la guerre (p. 805-807). Le *petun* est une espèce de tabac qu'on jetait dans les rivières comme offrande.

55. Ce terme rare, parfois utilisé par Bartram, a une origine dis-

cutée. Il a été vulgarisé dans notre langue par Chateaubriand, que Théophile Gautier appellera plus tard le « sachem du romantisme ».

56. Il est peu vraisemblable que les Natchez aillent chasser aussi loin de leur village. C'est un moyen, pour Chateaubriand, de ramener Chactas dans le voisinage de la mission du père Aubry, où Atala est morte, avant de lui faire raconter son histoire.

57. Comme ce fut sans doute le cas lorsque Chateaubriand lui-même les traversa en octobre 1791 (mais voir note 54). Sur ce « pays magnifique », cf. le *Voyage en Amérique*, p. 716.

58. Dans la chronologie du récit, qui suppose que René est arrivé chez les Natchez en 1725, Chactas serait né au mois de mai 1653, et ses aventures commenceraient vers 1670. C'est une époque antérieure à toute colonisation européenne dans la région, car la ville de Pensacola, sur le golfe du Mexique, ne sera fondée qu'un peu plus tard. Pour les besoins de son intrigue (christianiser Atala), Chateaubriand doit reculer un peu la présence espagnole en Floride.

59. Les deux branches principales sont la rivière Alabama et le Tombekbé ; elles se réunissent pour former la Mobile, qui va se jeter dans le golfe du Mexique. Bartram consacre à cette région les chapitres VI, VII et VIII de la troisième partie de son *Voyage*.

60. Port espagnol situé sur la côte orientale de la Floride.

61. La situation de Chactas ressemble à celle du Huron « ingénu » de Voltaire, recueilli à Saint-Malo par le prieur de Kerkabon et par sa sœur.

62. Cette fois comme Ulysse, retenu par Calypso.

63. La scène rappelle, jusque dans ce détail vestimentaire, un épisode cité par Rousseau dans une note du *Discours sur l'inégalité* et qu'Eisen a choisi pour illustrer le frontispice du volume de 1755. Garnier se souviendra de cette gravure, devenue populaire, pour illustrer à son tour ce passage (voir note 23).

64. La scène est ambivalente dans la mesure où le bon Lopez se dérobe au rôle paternel qui lui est dévolu. Il préfigure donc moins le père Aubry que la complicité de Chactas âgé avec René face au père Souël (voir p. 196). Il est plus déiste que chrétien et une discrète prolepse suggère qu'il a, lui aussi, un passé romanesque. Quoi qu'il en soit, il se refuse à exercer la moindre autorité sur un « enfant de la nature ». Ce dernier, à vingt ans, est encore rebelle à la sédentarisation, comme à la conversion. Mais comme son protecteur il a déjà le don des larmes !

65. Tribus de la confédération des Creeks, répartis dans ce qu'on appelle alors les Florides intérieures. Leurs villages (voir la liste dans Bartram, t. 2, p. 333-335) se rencontraient de la rivière Alabama (Muscogulgues) à la rivière Flint (Siminoles), au sud-ouest de la Géorgie actuelle ; voir Bartram, deuxième partie, VI et VII ; et troisième partie, VIII ; et *Voyage en Amérique*, p. 838-845. C'est à Bartram que Chateaubriand emprunte cette aimable vision du Siminole : « Contents et tranquilles. ils semblent aussi libres de soucis que les oiseaux de l'air ; comme eux, ils sont légers, remuants ; comme eux, ils chantent et babillent. Le Séminole présente l'image

parfaite du bonheur. La joie, le contentement intérieur, l'amour tendre, l'amitié franche sont empreints sur ses traits ; ils se montrent dans son maintien, dans ses gestes [...]. Les vieux magistrats de ce peuple, ses plus graves sénateurs, ont peine à prendre dans les conseils publics des manières graves et sérieuses. Les rides de la plus extrême vieillesse ne peuvent effacer de leur visage cet air naïf et gai » (t. 1, p. 364).

66. Comme celui de Chactas. C'est le langage même de la narration, puisque nous apprendrons à la fin que c'est un Siminole qui a transmis ce récit au voyageur européen.

67. Elle avait une beauté régulière (selon les règles), conforme au canon classique de la sculpture antique.

68. Libre à chacun de supposer que ce portrait renvoie à une femme réelle, que Chateaubriand aurait connue en Angleterre, par exemple Charlotte Ives ou Mme de Belloy, belle créole émigrée à Londres, qui fut sa première maîtresse. Il indique toutefois dans ses *Mémoires* (VIII, 3) qu'Atala a eu un modèle indien. Rappelons enfin que cette association de la *sensibilité* et de la *mélancolie* caractérise déjà la Virginie de Bernardin de Saint-Pierre.

69. Cette coutume est rapportée par Charlevoix : « On abandonne quelquefois aux prisonniers des filles pour leur servir de femmes pendant tout le temps qu'il leur reste à vivre » (information reprise dans *Histoire générale des voyages*, t. XV, p. 58). Mais c'est Chateaubriand qui crée la poétique expression de *Vierge des dernières amours*. On la retrouve au livre XI des *Natchez*, dans une scène analogue où René, prisonnier des Illinois, reçoit la visite de Nelida.

70. Les hypothèses sur la provenance de ce nom sont aussi nombreuses que peu convaincantes. Observons simplement que la voyelle *A* prédomine dans les lexiques indiens, mais qu'elle caractérise aussi le nom de bien des héroïnes de roman au XVIII^c siècle : Clarissa, Pamela, Malvina, Coelina, etc. Avec Mila, Céluta, Velléda et Blanca, Chateaubriand ne fera que poursuivre cette tradition. Il avait néanmoins développé, dans une note pittoresque du *Génie du Christianisme*, une curieuse théorie sur la nature « pastorale » du *A* :

« On peut remarquer que la première voyelle de l'alphabet se trouve dans presque tous les mots qui peignent les scènes de la campagne, comme dans *charrue, vache, cheval, labourage, vallée, montagne, arbre, pâturage, laitage*, etc., et dans les épithètes qui ordinairement accompagnent ces noms, telles que *pesante, champêtre, laborieux, grasse, agreste, frais, délectable*, etc. Cette observation tombe avec la même justesse sur tous les idiomes connus. La lettre *A* ayant été découverte la première, comme étant la première émission naturelle de la voix, les hommes, alors pasteurs, l'ont employée dans les mots qui composaient le simple dictionnaire de leur vie. L'égalité de leurs mœurs, et le peu de variété de leurs idées nécessairement teintes des images des champs, devaient aussi rappeler le retour des mêmes sons dans le langage. Le son de l'*A* convient au calme d'un cœur champêtre et à la paix des tableaux rustiques. L'accent d'une âme passionnée est aigu, sifflant, précipité ; l'*A* est trop long pour elle : il faut une bouche pastorale, qui puisse prendre le temps de le prononcer avec lenteur. Mais toutefois il entre fort bien encore dans les plaintes, dans les larmes amoureuses, et dans les naïfs *hélas* d'un chevrier. Enfin, la nature fait entendre cette lettre rurale dans ses bruits, et une oreille attentive peut la reconnaître diversement accentuée, dans les murmures de certains ombrages, comme dans celui du tremble et du lierre, dans la première voix, ou dans la finale du bêlement des troupeaux, et, la nuit, dans les aboiements du chien rustique. »

71. La capitale de la confédération des Creeks, située au confluent de la rivière Chattahoochee (ou Chata-Uche) et de la rivière Flint. Bartram signale (t. 2, p. 204 ; repris dans *Voyage en Amérique*, p. 842) que les exécutions y étaient proscrites. Mais le récit de Chactas se réfère à la ville ancienne, située dans un méandre de la rivière à 2,5 km plus au sud ; elle avait été évacuée vers 1760, précisément parce qu'on avait violé ce tabou.

72. Vers le milieu du mois de mai. Cf. Bartram (t. 2, p. 57) : « A cette époque la grande éphémère jaune, qu'on appelle mouche de mai, et une espèce de locuste paraissent en nombre prodigieux. »

73. Située à la base de la péninsule de Floride, entre la rivière Saint-Jean et le fond du golfe du Mexique. Bartram en donne une description détaillée (seconde partie, chap. vi) ainsi que des puits naturels plus ou moins remplis de crocodiles (t. 1, p. 289, 302-303, 349-352, 406-407) ; cf. *Voyage en Amérique*, p. 733 et *Génie*, p. 582-583. On peut considérer que le temps mis pour franchir la distance qui sépare les environs de Saint-Augustin de ladite savane (quelque 150 km) est bien long. Par la suite, Chactas marchera beaucoup plus vite !

74. Pressé de faire autre chose : il considère sa tâche comme une insupportable corvée.

75. Arbre tropical dont le nom espagnol signifie : ambre liquide. Le copalme mentionné un peu plus haut est une variété de liquidambar.

76. Langage bien peu *naturel*, chez un jeune Indien. Morellet observe : « Hyperbole amoureuse dont on ne trouverait pas le pendant dans tous les romans de La Calprenède et de Scudéry ! » Toute la scène transpose en effet la rhétorique amoureuse de la préciosité.

77. Expression empruntée à Ossian (*Fingal*, livre II : « His deer drunk of a thousand streams ») pour exprimer la richesse (la vaste étendue du territoire de chasse).

78. Texte original de 1801 : « Tout était calme, superbe, solitaire et mélancolique au désert. La grue des savanes criait debout sur son nid. » Cette variante est symptomatique du travail de révision opéré par Chateaubriand sur le texte original. Il dégraisse la première phrase, pour créer un effet rythmique, qui entraîne à son tour la disparition de la *grue des savanes*, oiseau pourtant bien attesté par ses sources, et son remplacement par la *cigogne*. On retrouve tous les éléments de ce paysage chez Bartram (t. 1, p. 337 pour les promontoires, p. 345-346 et 377-378 pour les mœurs de la grue, *passim* pour la faune).

79. Chateaubriand est passé maître en matière de *nocturnes* (voir J.-C. Berchet, « Chateaubriand poète de la nuit », in *Chateaubriand. Actes du congrès de Wisconsin 1968*, Genève, Droz, 1970, p. 45-62). Celui-ci a son origine dans un célèbre passage de *Paul et Virginie*; mais la « chevelure bleue » ne doit rien à Bernardin. *Cf.* La « Nuit chez les Sauvages » (*Essai historique*, p. 445-446) ou le « Spectacle d'une nuit » dans *Génie*, p. 591-592, et « Fragments », p. 1319-1321.

80. Épisode qui correspond au passage des *Natchez* (p. 350-351) dans lequel Outougamiz va se déclarer à Mila. Chateaubriand a transporté dans *Atala* la chanson du jeune guerrier, sans toutefois faire disparaître le nom de Mila qui rappelle sa destination primitive.

81. Cette coutume indienne a été signalée par Lahontan (*Dialogues curieux*, p. 117-118), puis par Carver (tr. fr., 1784, p. 43). On la retrouve dans *Odérahi* (p. 124) et dans un fragment du *Génie du Christianisme* primitif (*Génie*, p. 1315) : « Chez les sauvages Floridiens, lorsqu'un jeune homme veut déclarer son amour à une jeune fille, il se lève au milieu de la nuit, allume une torche de pin, se rend à la cabane de sa maîtresse comme un chasseur qui veut prendre une colombe au flambeau. Si la vierge réveillée couvre sa tête d'un voile, et dit : Guerrier, je ne te vois pas, c'est le signe du refus; si elle éteint le flambeau, elle accepte la main du jeune homme. Alors, il dépose sur la couche de sa future épouse une rose de magnolia, où le fruit mûr, semblable à un grain de corail, pend au bout d'une longue soie; c'est le symbole d'une mère qui porte à son sein l'espérance de la patrie. »

82. Ces pratiques sont décrites par Lafitau (t. II, p. 431) et par Charlevoix (*Journal*, p. 373); informations reprises dans *Histoire générale des voyages* (t. XV, p. 29-30). Chateaubriand mentionne à plusieurs reprises les sépultures enfantines : « Fragments » du *Génie*, p. 1363, et *Voyage en Amérique*, p. 759; voir aussi plus loin, p. 158-159, et *Les Natchez*, p. 466.

83. Job (III, 1-23) et Jérémie (XX, 14-15) ont « maudit le jour de leur naissance », et les *Mémoires* (III, 6) nous apprennent que ce furent des lectures familières au jeune Chateaubriand et à sa sœur Lucile.

84. La Sainte Vierge, mère de Jésus.

85. Il est permis de juger incongru le moment choisi par Chactas pour rendre hommage au christianisme, même si la date tardive de son récit implique un certain recul.

86. C'est une annonce de ce qui va suivre, mais aussi un aveu : Dieu *marque* pour la mort.

87. Réminiscence virgilienne (à propos de Vénus) : *incessu patuit dea* (*Enéide*, I, 409).

88. Espèce de calebasse remplie de graines.

89. Sur le Mico, voir le *Voyage en Amérique*, p. 838-839. La traduction française du *Voyage* de Bartram comporte, en frontispice du t. 1, le portrait spectaculaire du « Mico Chlucco, le Grand Guerrier ou Roi des Siminoles ».

90. La description qui suit est conforme à celle que donne Bartram (t. 2, p. 169-172) de la rotonde qui sert aux Cherokees de Cowe (sur le Tennessee) de « maison de ville ». Dans le *Voyage en Amérique*, p. 842, Chateaubriand évoque la salle du conseil des Muscogulges de manière très différente.

91. Ou panache : c'est la célèbre coiffure de plume des dignitaires indiens.

92. Sorcier ou prêtre. Dans le *Voyage en Amérique*, Chateaubriand souligne le rôle que jouent les jongleurs dans les assemblées.

93. Le début de cette longue comparaison « épique » est peut-être inspirée par le Tasse (*Jérusalem délivrée*, III, 6) : « Une rumeur [...] pareille à celle qu'on entend dans les épaisses forêts, s'il arrive que le souffle des vents anime le feuillage, ou dans les rochers proches du rivage, lorsque la mer se brise avec de rauques sifflements. »

Cette vision tumultueuse des délibérations indiennes est en réalité peu conforme à la documentation ethnographique : elle reproduit plutôt des modèles littéraires (les discussions homériques) et rappelle aussi le souvenir des assemblées révolutionnaires.

94. Cette cérémonie a été décrite à plusieurs reprises (Charlevoix, Lafitau, *Histoire des voyages*, t. XV, etc.). On la retrouve dans *Odérahi* (p. 210-211). Dans la description de ce rite funéraire, Chateaubriand ne mentionne ni libation, ni sacrifice. Personne ne mange à ce « festin », ni les vivants, ni les défunts qui ne paraissent convoqués que pour servir de témoins à des pactes. Mais il est difficile de ne pas songer à une forme de repas totémique.

95. C'est à Charlevoix que Chateaubriand emprunte les éléments de cette brève évocation de la mythologie des Indiens, qu'on retrouve dans un fragment du *Génie du Christianisme* primitif intitulé « Fragment d'un épisode » (*Génie*, p. 1362-1363). Lorsqu'il la développera dans la notice correspondante du *Voyage en Amérique* (p. 825-828), il soulignera lui-même combien ces « fables religieuses » ont conservé « des traces des fictions grecques et des vérités bibliques ». Il est vrai que les analogies sont frappantes entre ces récits et certains épisodes de la *Genèse* (Adam et Ève, Caïn et Abel, le déluge) ou certains mythes antiques (Orphée et Eurydice). Pour baptiser son Eurydice sauvage, que Charlevoix se contente de mentionner (sans lui donner de nom), Chateaubriand a choisi dans le lexique de Lahontan un mot qui signifie « oui » : Endaé, ou la belle « consentante » !

96. Cf. le *Voyage en Amérique*, p. 823.

97. *Atala* situe dans les Florides les ruines mystérieuses que Bartram signale près des sources de la Savannah et du Tennessee (t. 2, p. 101-103 et 113), mais que Chateaubriand fixe encore plus au nord dans ses autres œuvres : *Génie*, I, IV, 2 et note VIII ; *Voyage en Amérique*, p. 710-712 et 889-929.

98. Rougies au feu.

99. Selon un usage et un modèle mentionnés par tous les voyageurs, résumés dans *Histoire générale des voyages*, t. XV, p. 55 ; voir aussi *Odérahi*, p. 78-79.

100. Cette position est représentée très précisément sur une gravure illustrant le *Voyage* de Lafitau.

101. C'est ainsi qu'au chant XIX de la *Jérusalem délivrée*, Erminie soigne Tancrède. Odérahi, de son côté, applique sur les blessures de son amant Ontérée des baumes efficaces (*Odérahi*, p. 81). Dans un contexte plus humoristique, Voltaire évoque lui aussi cette fonction salvatrice de la femme, en faisant dire à son Ingénu (chap. VII) : « Ah ! si Mlle de Saint-Yves était là, elle me mettrait une *compresse* ! »

102. Agar est la servante égyptienne qui avait donné à Abraham un fils, Ismaël, parce que Sara, son épouse légitime, demeurait stérile. La jalousie de celle-ci obligea Agar et son fils à se réfugier dans le désert de Bersabée, où ils furent secourus par un ange (*Genèse*, XVI et XXI).

103. Bartram donne une description précise (t. 1, p. 164-165) de cette grande mousse que les Français de Louisiane appelaient « barbe espagnole ». Cf. une autre version de ce paragraphe dans *Génie*, p. 1316.

104. Ce nom populaire est mentionné par Charlevoix, *Journal*, p. 332 : « Lorsque la chasse et la pêche leur manquent, leur unique ressource est une espèce de mousse qui croît sur certains rochers, et que nos Français ont nommée *Trippe de roches*. »

105. Bartram mentionne cette particularité de la *Sarracenia flava* (t. 1, p. 6-9 et t. 2, p. 253-254), qu'on retrouve dans un fragment du *Génie* (p. 1312).

106. En Caroline du Sud.

107. Voir note 40.

108. Voir leur description succincte dans Bartram (t. 2, p. 135).

109. Une coquille dans la traduction de Bartram que Chateaubriand utilise est sans doute responsable de la confusion qu'il paraît faire entre Keowe, sur une branche de la Savannah, et Cowe, sur le Tennessee. On peut en effet lire dans le t. 2, p. 134 : « Tout à coup les hautes montagnes s'écartant des deux côtés, découvrirent à mes yeux la vaste et fertile vallée de Cowe, au travers de laquelle la principale branche du Tanase serpente, presque depuis sa source, dans un espace de soixante milles jusqu'à Cowe. » Mais un peu plus loin (p. 148-149) nous lisons : « Sous nos yeux étaient la délicieuse vallée de *Keowe* [...] ; la ville de Cowe et les pics élevés du mont Jore. Sur une pelouse verte et fort éloignée, nous apercevions le village de Jore, élevé de plusieurs mille pieds [...]. De longs promontoires du mont Jore, se prolongeaient dans la vallée, s'avançant jusque dans le Tanase qui roulait, entre leurs pointes, ses ondes écumeuses. » C'est dans le même volume, mais p. 110-113, que Bartram évoque la vallée de Keowe et le comptoir de traite du fort Prince George ; on y trouve également des ruines indiennes, signalées p. 113.

110. Cette manière qu'a Chateaubriand de terminer une séquence par une image plastique irrite Sainte-Beuve : « Toujours, toujours le procédé ! [...] Est-il donc si nécessaire de terminer absolument sa pensée, bon gré mal gré, en image ou en statue ? » (*Chateaubriand et son groupe*, t. 1, p. 197.)

111. Atala exprime dans cette chanson la nostalgie du jeune émigré de Londres. Ce thème de la patrie absente sera repris dans la romance du « Montagnard émigré » (1806). Voir le *Dernier Abencérage*, p. 236.

112. La scène est directement inspirée par le souvenir du voyage de New York à Albany, sur la rivière Hudson, au mois de juillet 1791. Voir *Essai historique*, p. 351, et *Mémoires*, VII, 2 (t. 1, p. 386-387).

113. Cf. un orage du même genre dans le *Voyage en Amérique*, p. 732-733.

114. Voir la description de ce petit félin carnassier dans le *Voyage en Amérique*, p. 745.

115. C'est une manière de la réprimander. Voir Charlevoix, *Journal*, p. 326 : « Ordinairement, la plus grande punition que les Sauvages emploient pour corriger leurs enfants, c'est de leur jeter un peu d'eau au visage. »

116. C'est-à-dire son prénom, son nom de baptême.

117. On rencontre souvent dans les premières œuvres de Chateaubriand cette idée du leurre : voir *Essai historique*, p. 259 : « La nature nous traite comme des enfants malades, dont on refuse de satisfaire les appétits, mais dont on apaise les pleurs par des illusions et des espérances » ; p. 268 : « Nous sommes ici-bas comme au spectacle : si nous détournons un moment la tête, le coup de sifflet part, les palais enchantés s'évanouissent » ; p. 439 : « Nous n'apercevons presque jamais la réalité des choses, mais leurs images réfléchies faussement par nos désirs. »

118. Admirable contraste final, à la fois rythmique et sémantique. Sainte-Beuve juge que « la beauté de la scène [...] se retrouve tout entière dans la situation, [...] dans ce cri de Chactas qui est plutôt déjà celui de René, celui de tout cœur malade et ulcéré qui se retourne et cherche ses représailles contre le Ciel » (t. 1, p. 198).

119. La cloche, le chien, le solitaire : c'est alors la structure de base de toute évocation des moines du Grand-Saint-Bernard venus sauver le voyageur égaré. Cf. *Génie*, p. 963 : « N'est-ce point le bruit d'une cloche qui frappe son oreille à travers le murmure de la tempête ? [...] Un autre bruit se fait entendre ; un chien jappe sur les neiges, il approche, il arrive, il hurle de joie : un solitaire le suit. » Les campagnes de Bonaparte en Italie avaient mis à la mode le célèbre hospice.

120. Le personnage du père Aubry est peut-être le plus original du roman : voir à ce sujet Pierre Sage, « Le père Aubry ou le Génie concordataire », dans *Le Bon Prêtre dans la littérature française*, Droz, 1951, p. 419-449. Chateaubriand ne précise pas son ordre, mais il faut le supposer jésuite, comme la plupart des missionnaires de La Nouvelle-France (voir *Génie*, IV, 4, 8). C'est un nom encore chargé, en 1801, de connotations très négatives. En le qualifiant de *solitaire*, Chateaubriand préfère rattacher le père Aubry à une riche et rassurante tradition littéraire ; en le qualifiant de *missionnaire*, il insiste en revanche sur une fonction sociale que les jésuites du Paraguay avaient remplie de façon positive au Siècle des Lumières. Mais

il en résulte un certain flou dans le portrait : le père Aubry vit seul dans une grotte, comme un ermite ; mais il dirige aussi une communauté, pour laquelle il célèbre la messe et administre les sacrements.

Dans son compte rendu (voir note 25), Fontanes est à dessein plus explicite, sans aller toutefois jusqu'à nommer la Compagnie de Jésus : « On reconnaît, à ce tableau, les mœurs bienfaisantes de ces pieux anachorètes qui, naguère encore, sur le mont Saint-Bernard ont mérité la reconnaissance [...] des soldats de Bonaparte. Le sujet amenait naturellement un éloge des anciens missionnaires [...]. Le grave Montesquieu [...], Raynal lui-même, au milieu de toutes ses déclamations anti-religieuses, vantent [...] ces prêtres législateurs qui gouvernèrent avec tant de sagesse les habitants du Paraguay. Le père Aubry est du même ordre qu'eux, il a suivi les mêmes principes dans la fondation de sa petite colonie. »

121. Dans le chapitre du *Génie du Christianisme* intitulé « Missions de la Nouvelle-France » (IV, 4, 8), Chateaubriand suggère qu'il a rencontré lui-même le modèle de ce portrait :

« J'ai rencontré moi-même un de ces apôtres, au milieu des solitudes américaines. Un matin que je cheminais lentement dans les forêts, j'aperçus, venant à moi, un grand vieillard à barbe blanche, vêtu d'une longue robe, lisant attentivement dans un livre, et marchant appuyé sur un bâton ; il était tout illuminé par un rayon de l'aurore, qui tombait sur lui à travers le feuillage des arbres : on eût cru voir Thermosiris, sortant du bois sacré des Muses, dans les déserts de la Haute-Égypte. C'était un missionnaire de la Louisiane ; il revenait de La Nouvelle-Orléans, et retournait aux Illinois où il dirigeait un petit troupeau de Français et de Sauvages chrétiens. Il m'accompagna pendant plusieurs jours : quelque diligent que je fusse au matin, je trouvais toujours le vieux voyageur levé avant moi, et disant son bréviaire, en se promenant dans la forêt. Ce saint homme avait beaucoup souffert ; il racontait bien les peines de sa vie ; il en parlait sans aigreur, et surtout sans plaisir, mais avec sérénité : je n'ai point vu un sourire plus paisible que le sien. Il citait agréablement et souvent des vers de Virgile et même d'Homère, qu'il appliquait aux belles scènes qui se succédaient sous nos yeux, ou aux pensées qui nous occupaient. Il me parut avoir des connaissances en tous genres, qu'il laissait à peine apercevoir sous sa simplicité évangélique ; comme ses prédécesseurs les apôtres, sachant tout, il avait l'air de tout ignorer. Nous eûmes un jour une conversation sur la Révolution française, et nous trouvâmes quelque charme à causer des troubles des hommes, dans les lieux les plus tranquilles. Nous étions assis dans une vallée, au bord d'un fleuve dont nous ne savions pas le nom, et qui, depuis nombre de siècles, rafraîchissait de ses eaux cette rive inconnue. J'en fis tout haut la réflexion et je vis le vieillard s'attendrir. Les larmes lui vinrent aux yeux, à cette image d'une vie ignorée sacrifiée dans les déserts à d'obscurs bienfaits. »

122. Selon le témoignage des naturalistes du XVIIIᵉ siècle (par

exemple Bernardin de Saint-Pierre dans la lettre XIII du *Voyage à l'Ile de France*), le giraumont est une citrouille moins grosse que la nôtre, une sorte de courge. On est donc surpris de voir Chateaubriand la traiter comme une pittoresque plante grimpante.

123. La grotte et son mobilier correspondent au décor habituel de la vie érémitique, à peine actualisé par quelques touches exotiques. La bêche, qui servira plus loin à enterrer Atala, est aussi destinée à cultiver un modeste jardin.

124. Les nombreuses périphrases que Chactas utilise pour désigner le père Aubry ont provoqué les sarcasmes de Morellet. Elles reviennent presque toujours à naturaliser le prêtre, à souligner ce qui, au-delà de toute religion particulière, lui donne une valeur universelle : un rôle paternel.

125. La *sensibilité* du père Aubry contraste avec la dureté du père Souël dans *René* : chacun incarne une image différente du prêtre.

126. Un des modèles du père Aubry, le père Jogues, dont Charlevoix retrace la carrière, avait ainsi été reçu à Paris par la veuve de Louis XIII, puis obtenu du pape, en 1644, la permission de célébrer la messe malgré ses mutilations.

127. Le missionnaire joue ici un rôle voisin de celui que Rousseau attribue au Législateur dans le processus de civilisation. Comme lui, il est à la fois dans la société et en marge de celle-ci (voir note 120).

128. Cette démultiplication apparente du soleil, ou *parhélie*, est un phénomène optique qu'on observe en général dans des régions plus septentrionales.

129. John G. Frank (« A Note on the Natural Bridge in *Atala* », *Modern Language Notes*, LXIV, june 1949) a cru pouvoir identifier ce pont naturel, ainsi que le paysage environnant (la grotte, le lac, le ruisseau, le bois) dans un site de la vallée du Tennessee, là même où le récit paraît situer la mission du père Aubry. Il est possible que Chateaubriand soit passé par là en octobre 1791. Souvenons-nous cependant que, dans la fiction, le pont est censé avoir disparu.

Du reste, Chactas indique lui-même la référence principale du texte : le célèbre pont naturel de la Virginie, qu'avaient fait connaître en France, la même année, deux publications. Les *Voyages* du marquis de Chastellux (Paris, Prault, 1786) consacrent à ce phénomène naturel une longue notice assez technique mais illustrée de trois gravures significatives. Une note du tome 2 (p. 303) signale qu'existe sur la même question un « excellent mémoire », composé par Thomas Jefferson en 1781, diffusé à quelques exemplaires hors commerce en 1785, et qu'un « homme de lettres très connu » (Morellet) vient de le traduire. Ces *Observations sur la Virginie* allaient paraître quelques semaines plus tard à Paris, un an avant la publication du texte original anglais, à Londres, en 1787. Malesherbes possédait ces ouvrages dans sa bibliothèque, où Chateaubriand a très bien pu en prendre connaissance avant même son voyage en Amérique. Mais il a pu aussi rendre visite à cette curiosité géologique, lors de son retour à Philadelphie en novembre 1791.

130. Cf. une ébauche de ce passage dans *Génie*, p. 1363 (« Fragment d'un épisode »).

131. Chateaubriand a consacré un chapitre du *Génie du Christianisme* à une « explication de la messe » comme sacrifice symbolique (IV, 1, 5) et un autre à décrire sa liturgie (IV, 1, 6). Un an plus tôt, *Atala* offre peut-être la première représentation romanesque de la messe, sans que toutefois son nom soit prononcé.

132. Certains critiques ont jugé cette mise en scène un peu forcée, ou même franchement déplacée (Sainte-Beuve). Sans doute pensaient-ils avec Boileau et Calvin, que

« Du Dieu des chrétiens les mystères terribles »

ne devaient pas se prêter à une ornementation poétique. Force est néanmoins de reconnaître que cette conjonction du soleil levant et du « pain de vie » constitue bien une de ces « harmonies de la religion chrétienne avec les scènes de la nature » que Chateaubriand a voulu peindre dans *Atala*.

133. Cf. *Essai historique*, p. 194 : « (Orphée) vivait dans un siècle à demi sauvage, au milieu des premiers défrichements des terres. Les regards étaient sans cesse frappés du grand spectacle des déserts, où quelques arbres abattus, un bout de sillon mal formé à la lisière d'un bois, annonçaient les premiers efforts de l'industrie humaine. Ce mélange de l'antique nature et de l'agriculture naissante, etc. » La mission du père Aubry ressemble à celles des jésuites du Paraguay (*Génie*, IV, IV, 4 et 5). Mais en y introduisant des « forges » et surtout des « arpenteurs », Chateaubriand se sépare de Rousseau qui voit dans la métallurgie, et surtout dans la propriété, le début de la corruption des sociétés « naturelles ».

134. Chactas a évolué, depuis son séjour auprès de Lopez. La petite communauté que lui présente le père Aubry est uniquement composée, il est vrai, de ses frères de race. Mais sans doute est-ce surtout la perspective de voir Dieu bénir son union avec Atala qui dispose en sa faveur le jeune Indien.

135. Au contrat social de Rousseau et à toutes les formes de pacte civil, Chateaubriand oppose ici le contrat adamique, scellé par Dieu entre les hommes et la nature.

136. Il ne faut pas voir dans ce terme une simple métaphore bucolique. Ce sont bien les diverses missions *pastorales* du prêtre que résume ce paragraphe : il administre les sacrements ; il préside à la naissance, au mariage et à la mort. Rappelons qu'au cours de son séjour dans le Suffolk, de 1794 à 1796, Chateaubriand avait été le témoin quotidien des activités du clergé anglican.

137. Voir la note 127.

138. C'est à peu près la même loi « naturelle » que le vicaire savoyard de Rousseau (*Émile*, livre IV) tire lui aussi des Évangiles.

139. Cette expression, qui ne figure pas dans les premières éditions, demeure obscure. Le quatrième évangile (I, 28) parle de « Béthanie, au-delà du Jourdain, où Jean baptisait » ; mais Jean-Baptiste est considéré dans ce passage comme celui qui donne le baptême, non pas comme celui qui le reçoit. En tout cas, il ne faut pas confondre cette localité avec le village de Judée, proche de Jérusalem, où Jésus ressuscita Lazare.

140. Il est intéressant de comparer ces réflexions de Chactas des conclusions que tire Chateaubriand de son aventure avec Charlotte Ives : *Mémoires*, X, 9 (t. 1, p. 572-573).

141. Voir la note 117.

142. Les vœux téméraires (Mme de Genlis intitule ainsi un de ses romans, publié en 1799) sont une donnée littéraire fréquente, au Siècle des Lumières : ressort dramatique essentiel aussi bien dans *Zaïre* (Voltaire) que dans *Les Incas* (Marmontel). Le *Journal de Paris* du 19 floréal an IX/9 mai 1801 établit un parallèle plus inattendu : « *Atala*, dont le but, semblable à celui de *La Religieuse* de Diderot, est de faire haïr la superstition en intéressant à ses victimes, [...] remplit bien plus sûrement son objet, puisqu'il montre le fanatisme cherchant jusque dans la vie sauvage des victimes que Diderot se contente de lui laisser choisir dans la société. » Ce rapprochement ne va pas sans perfidie, sous la plume du critique de 1801 ; mais il ne manque pas de justesse : comme Suzanne Simonin, Atala est une fille illégitime qu'une mère égoïste voue à expier sa propre faute « en acceptant le voile des vierges ».

143. Brusque tension du récit : devenu soudain adulte, Chactas pose avec énergie la question que Diderot développe dans le *Supplément au voyage de Bougainville*.

144. Le père Aubry se métamorphose à son tour, en prophète du Dieu terrible. Après avoir paru jouer sur le registre de la religion naturelle, il réaffirme avec force le dogme du péché originel.

145. Analysant le personnage de Phèdre, Chateaubriand écrit, dans le *Génie du Christianisme*, p. 694 : « le cri le plus énergique que la passion ait jamais fait entendre, est peut-être celui-ci :

> *Hélas ! du crime affreux dont la honte me suit,*
> *Jamais mon triste cœur n'a recueilli le fruit.*

Il y a là-dedans un mélange des sens et de l'âme, de désespoir et de fureur amoureuse, qui passe toute expression. Cette femme, qui se *consolerait d'une éternité de souffrance*, si elle avait joui *d'un instant de bonheur*, cette femme n'est pas dans le *caractère antique*; c'est la *chrétienne réprouvée*, c'est la pécheresse tombée vivante entre les mains de Dieu : son mot est le mot du damné. »

Cet emportement blasphématoire du désir frustré est inattendu chez Atala. Chose plus surprenante, la réaction du père Aubry est très compréhensive : après avoir parlé en docteur de la foi, il se transforme en confesseur psychologue.

146. Chateaubriand est très attaché à ce catholicisme salésien, « humaniste », que, pour sa génération, représente le personnage de Fénelon.

147. Cf. la mort de Socrate dans le *Phédon*.

148. Chateaubriand raconte dans ses *Mémoires* (XIII, 6) comment ce discours fut réécrit en une nuit sur les instances de Fontanes (voir introduction, p. 23). La dépréciation de la vie terrestre qu'il exprime, correspond moins à une « philosophie » qu'à une pastorale de la bonne mort (voir le commentaire de ce passage dans la préface de 1805, p. 79).

149. Dans son compte rendu du 6 avril 1801, Fontanes signale ce genre de « phrases jetées à la manière de Bossuet »; il rappelle que celui qui les prononce est un « contemporain de Charles Ier, de sa veuve et de ses enfants ». On retrouvera dans *René* une autre référence à la révolution anglaise : ce sont, bien entendu, des allusions transparentes à 1793.

150. Voir la note 102.

151. C'est le chapitre XXIII de la *Genèse* qui mentionne la mort de Sara. Le chapitre suivant se termine ainsi (XXIV, 67) : « Isaac introduisit Rébecca dans sa tente : il la prit et elle devint sa femme [...]. Et Isaac se consola de la perte de sa mère. »

152. *Jérémie*, XXXI, 15. Chateaubriand cite ce verset, dans le *Génie* (p. 664), comme la plus sublime expression du « cœur maternel ».

153. Allusion probable, malgré la chronologie, à Louise de la Vallière qui, après avoir été passionnément aimée de Louis XIV, se retira en 1675 dans un couvent de carmélites.

154. Comme le vicaire savoyard de Rousseau, le père Aubry a une expérience des passions : application au médecin des âmes du *non ignara mali* de Virgile.

155. Cette qualification doit être comprise dans un sens plus figuré que propre, puisque Chactas a pu entrevoir, au début de leur rencontre, « sa barbe et ses cheveux tout trempés ».

156. Chateaubriand est revenu souvent sur ce thème. Ainsi ce passage des *Mémoires* (XV, 7 ; t. 2, p. 129) :

> Mon chagrin ne se flattait-il pas, en ces jours lointains, que le lien qui venait de se rompre serait mon dernier lien ? Et pourtant, que j'ai vite, non pas oublié, mais remplacé ce qui me fut cher! Ainsi va l'homme de défaillance en défaillance. Lorsqu'il est jeune et qu'il mène devant lui sa vie, une ombre d'excuse lui reste; mais lorsqu'il s'y attelle et qu'il la traîne péniblement derrière lui, comment l'excuser ? L'indigence de notre nature est si profonde, que dans nos infirmités volages, pour exprimer nos affections récentes, nous ne pouvons employer que des mots déjà usés par nous dans nos anciens attachements. Il est cependant des paroles qui ne devraient servir qu'une fois : on les profane en les répétant. Nos amitiés trahies et délaissées nous reprochent les nouvelles sociétés où nous sommes engagés; nos heures s'accusent : notre vie est une perpétuelle rougeur, parce qu'elle est une faute continuelle. »

157. Contamination de la « terre de misère et de ténèbres » (*Job*, X, 22) et de la « vallée de larmes » (*Psaumes*, LXXXIII, 7) de la Vulgate, devenus dans la symbolique chrétienne la métaphore de la vie terrestre par opposition à la vie éternelle.

158. Expression des litanies de la Vierge servant à désigner Marie.

159. Morellet critique, au nom du naturel, la longueur de ce discours qu'à son avis le jeune Chactas est bien incapable de

comprendre, et dont il ne saurait se souvenir cinquante-trois ans plus tard.

160. Image que le romantisme appliquera au génie du poète : ainsi Théophile Gautier dans « Le Pin des Landes » (1840).

161. Atala se dirige enfin vers une mort apaisée, presque édifiante, qui rappelle celle de Julie dans *La Nouvelle Héloïse*.

162. Ce sont les propres termes de la prière des agonisants, par laquelle se termine le rituel du sacrement des malades ou extrême-onction, dont ce passage évoque brièvement, mais assez précisément, les phases successives. Cf. *Génie*, p. 511.

163. C'est aussi la question que se pose le lecteur ; mais elle ne saurait recevoir de réponse satisfaisante que dans le cadre élargi des *Natchez* où, pour « des raisons de politique et de patrie », Chactas ne peut se désolidariser de ses compatriotes en butte à la violence coloniale des Français. Chateaubriand repousse donc le plus longtemps possible sa conversion qui ne se produira que dans les dernières pages : c'est sur son lit de mort que Chactas, pour rejoindre sa bien-aimée, recevra un baptême de désir.

164. Une version antérieure de ce passage figure dans un fragment du *Génie du Christianisme* primitif (*Génie*, p. 1311). Chateaubriand se souvient peut-être de Shakespeare (*Antoine et Cléopâtre*, IV, 9) : « Souveraine maîtresse de vraie mélancolie, déverse sur moi les gouttes du mortel brouillard de la nuit. »

165. *Job*, XIV, 1, et III, 20. Le premier de ces versets est gravé sur le rocher dans le tableau de Girodet (voir note suivante).

166. C'est le moment qu'a voulu illustrer Girodet dans « Atala au tombeau ». Exposé au Salon de 1808, le tableau fut acheté en 1818 par Louis XVIII pour le musée du Louvre. Voir D. Wakefield, « Chateaubriand's *Atala* as a Source of Inspiration in Nineteenth Century Art », *The Burlington Magazine*, january 1978, p. 13-22.

167. Voir la note 30 et le commentaire de Chateaubriand dans la préface de 1805. Dans la *Vie de Marianne*, Marivaux exprime, par la bouche de son héroïne, une opinion opposée : « Nous qui sommes bornés en tout, comment le sommes-nous si peu quand il s'agit de souffrir ? » (Édition GF, p. 396.)

168. Cette comparaison se trouve déjà textuellement dans la « Lettre au citoyen Fontanes » du 22 décembre 1800 (*Génie*, p. 1279). Sur les puits naturels de la Floride, voir la note 73.

169. Comme le prologue (voir la note 38), cet épilogue a pris sa forme définitive et sa place actuelle assez tard. Il avait sans doute commencé par servir de conclusion à la totalité des *Natchez* dont il évoque tous les personnages. Remanié, il fut ensuite transposé dans *Atala*. Cet « adieu à la vie sauvage » introduit un nouveau personnage de narrateur : un voyageur-témoin qui ressemble fort à Chateaubriand sans se confondre avec lui. Il joue par ailleurs un rôle thématique : au fleuve initial, image de la création tumultueuse, correspond la cataracte finale, où se vont engloutir les débris des Indiens du Nouveau-Monde. Recadré de la sorte, *Atala* apparaît comme une sorte de quintessence des *Natchez*.

170. Dans le *Salon de 1859*, Baudelaire cite cette phrase pour

caractériser la « sauvage idylle » composée par Delacroix dans *Ovide chez les Scythes*.

171. Les lignes suivantes paraissent inspirées par un passage de Carver : « Pendant que j'habitais avec eux, un mari et une femme dont la cabane était voisine de la mienne perdirent un enfant de quatre ans. Ils furent si affligés [...] que le père en mourut ; la mère se consola en pensant que, bon chasseur, il pourvoirait à la nourriture de son fils au pays des Esprits. [...] Elle allait tous les soirs au pied de l'arbre sur les branches duquel étaient exposés les restes des personnes chéries et, après avoir coupé une boucle de ses cheveux, qu'elle jetait à terre, elle déplorait ses malheurs. Une récapitulation des actions que son fils aurait faites s'il eût vécu était le sujet le plus fréquent de ses plaintes funèbres : « Si tu avais continué de vivre parmi nous, disait-elle, cher enfant, combien un arc aurait été bien placé entre tes mains, et combien tes flèches auraient été funestes aux ennemis de notre nation. [...] Avec tes bras nerveux tu aurais saisi le buffle blessé, ou combattu l'ours furieux. Tes pieds légers t'auraient fait atteindre l'élan, ou rendu l'égal du daim à la course sur le sommet des montagnes », etc.

172. Adjonction de 1804, dans la quatrième édition du *Génie*. Cette allusion de Chateaubriand à son séjour en Italie (juin 1803-janvier 1804) renforce le caractère autobiographique de la narration.

173. En réalité, si le rossignol chante dans les ruines de Rome, il est inconnu en Amérique du Nord. Chateaubriand lui consacre une page du *Génie du Christianisme* (I, 5, 5).

174. En réalité petite-fille, comme il est précisé plus loin.

175. Chateaubriand avait déjà consacré une longue note de son *Essai historique* (p. 354) à la description des chutes du Niagara. Il rectifie ici quelques inexactitudes. Le dernier avatar du morceau se trouve dans les *Mémoires* (VII, 8 ; t. 1, p. 407-411). Chaque fois il évoque sa rencontre avec une famille indienne, mais de manière différente.

176. Voir *Les Natchez*, p. 443.

177. Sur le martyre des missionnaires du Canada, voir *Génie*, IV, 4, 8.

178. Le récit de ce pèlerinage supposé est absent de la version des *Natchez* que nous connaissons. Il va permettre la réunion de tous les personnages de cette histoire dans une même *cendre*.

179. Variation sur un thème de Pindare (Huitième Pythique, vers 96).

180. Cette conclusion correspond à un épisode vécu que Chateaubriand a maintes fois évoqué : voir *Essai historique*, p. 447-448 ; *Génie*, p. 1321.

RENÉ

181. En passant des *Natchez* au *Génie du Christianisme*, le personnage de René a subi des transformations sensibles que, de 1802 à 1805, les rééditions successives vont accentuer (voir édition Weil

et le commentaire de Pierre Barbéris). Ainsi, le récit de 1802 censure doublement la sexualité de René : son mariage est présenté à la fois comme une contrainte sociale, et comme un mariage blanc. *Les Natchez* au contraire nous apprennent que René a épousé Céluta par reconnaissance envers Outougamiz, et qu'elle lui a donné une fille, du reste déjà mentionnée dans *Atala*.

182. Dans *Les Natchez*, c'est Céluta que René avait commencé par emmener « au fond des forêts », pour tenter de réaliser en sa compagnie ses « anciennes chimères » (p. 243). Depuis qu'elle est devenue mère, il y retourne seul, rebelle à toute insertion sociale.

183. Le père Souël a réellement existé. Ce jésuite, né en 1695, arriva en Louisiane au début de 1726 ; il fut massacré par les Yazous révoltés, en 1729 (Charlevoix). Chateaubriand transforme en vieillard ce jeune prêtre de trente-quatre ans, parce qu'il est destiné à prendre en charge la morale finale. Le récit de René a donc pour destinataire une double instance paternelle : la première (Chactas) librement choisie, par adoption, incarne une écoute indulgente, presque complice ; la seconde (le père Souël) représente au contraire un sur-moi sans faiblesse.

184. Voir la note 46.

185. Voir p. 93.

186. René est un contemporain du chevalier des Grieux. De bonne famille comme lui (« bien né »), il est déplacé au milieu de la population de déclassés qui émigre alors en Amérique. Sa présence est suspecte : aurait-il quelque chose à cacher ? Il lui faut donc se justifier : c'est la raison du récit qui commence.

187. Voir *Atala*, p. 95.

188. Cf. *Les Natchez*, p. 413 : « J'écris sous l'arbre du désert, au bord d'un fleuve sans nom. » Juste avant de mentionner les Natchez, Bartram évoque en ces termes le *Laurus sassafras* du bas Mississipi : « C'est ici un très grand arbre dont le tronc parfaitement droit a quarante ou cinquante pieds (environ quinze mètres) de haut » (t. 2, p. 281). Dans *Les Natchez*, c'est un emblème du pays de Chactas : voir p. 181 (« sorti presque enfant de la terre des sassafras »), p. 199 (« O Sioux ! puisqu'il est vrai que je vous ai inspiré quelque pitié, ne retenez plus mes pas ; conduisez-moi aux rives du Meschacebé ; donnez-moi un canot de cyprès : que je descende à la terre des sassafras »), etc.

189. Cette « bordure » du tableau est toute imaginaire, puisque les Appalaches ne commencent qu'à des centaines de kilomètres du Mississipi. Mais Chateaubriand a besoin de cette vaste perspective pour servir de cadre à un récit qui est mis en scène sur le modèle de la profession de foi du vicaire savoyard dans *Émile*. Mais le contenu de ce cadre (colonisation, esclavage, occupation militaire) est beaucoup moins idyllique.

190. Cf. le début des *Confessions* de Rousseau : « Je coûtai la vie à ma mère, et ma naissance fut le premier de mes malheurs. »

191. Chateaubriand évoque, dans ses *Mémoires*, sa propre situation de cadet défavorisé. Mais c'est à sa mère qu'il attribue surtout une « préférence aveugle » pour son frère Jean-Baptiste : « Toutes

(ses) affections s'étaient concentrées sur son fils aîné » (I, 3; t. 1, p. 137).

192. Cf. *Mémoires d'outre-tombe*, I, 3 : « En sortant du sein de ma mère, je subis mon premier exil : on me relégua à Plancouët » (t. 1, p. 136) ; « en définitive, j'étais abandonné aux mains des gens » (p. 138), c'est-à-dire des domestiques. Chateaubriand pense aussi à ses années de collège.

193. Dans la première édition (1802) le paragraphe se présente ainsi :

« Ma mémoire était heureuse, je fis de rapides progrès; mais je portais le désordre parmi mes compagnons. *Mon humeur était impétueuse, mon caractère inégal; tour à tour bruyant et joyeux, silencieux et triste*; tantôt rassemblant *autour de moi mes jeunes* amis, *puis les abandonnant tout à coup pour* aller me livrer à des jeux solitaires. »

A cette version plus explicite, mais aussi plus autobiographique (voir *Mémoires*, livres II et III), Chateaubriand a substitué une rédaction plus « littéraire » : *cf.* le livre I des *Confessions*, et surtout un fragment de Beattie qu'il avait traduit dans un article du *Mercure de France* (« Beattie », 21 messidor an X/10 juillet 1802) :

« Edwin n'était pas un enfant vulgaire. Son œil semblait souvent chargé d'une grave pensée; il dédaignait les hochets de son âge, hors un petit chalumeau grossièrement façonné; il était sensible quoique sauvage, et gardait le silence quand il était content : il se montrait tour à tour plein de joie ou de tristesse, sans qu'on en devinât la cause. Les voisins tressaillaient et soupiraient à sa vue, et cependant le bénissaient. Aux uns il semblait d'une intelligence merveilleuse; aux autres il paraissait insensé.

Mais pourquoi dirais-je les jeux de son enfance ? Il ne se mêlait point à la foule bruyante de ses jeunes compagnons; il aimait à s'enfoncer dans la forêt ou à s'égarer sur le sommet solitaire de la montagne. Souvent les détours d'un ruisseau sauvage conduisaient ses pas à des bocages ignorés. Tantôt il descend au fond des précipices, du sommet desquels se penchent de vieux pins : tantôt il gravit des cimes escarpées, où le torrent brille de rochers en rochers; où les eaux, les forêts, les vents forment un concert immense, que l'écho grossit et porte jusqu'aux cieux.

Quand l'aube commence à blanchir les airs, Edwin, assis au sommet de la colline, contemple au loin les nuages de pourpre, l'océan d'azur, les montagnes grisâtres, le lac qui brille faiblement parmi les bruyères vaporeuses et la longue vallée étendue vers l'occident, où le jour lutte encore avec les ombres.

Quelquefois, pendant les brouillards de l'automne, vous le verriez escalader le sommet des monts. O plaisir effrayant! debout sur la pointe d'un roc, comme un matelot sauvé du naufrage sur une côte déserte, il aime à voir les vapeurs se rouler en vagues énormes, s'allonger sur les horizons; là se creuser un golfe, ici s'arrondir autour des montagnes. Du fond du gouffre, au-dessous de lui, la voix de la bergère et le bêlement du troupeau remontent jusqu'à son oreille, à travers la brume épaissie », etc.

194. Première apparition, sous la plume de Chateaubriand, du

site de Combourg. On le retrouvera, sous le voile de la fiction, dans *Les Martyrs* (épisode de Velléda), avant que les *Mémoires* ne viennent le célébrer sous son véritable nom. Toute cette « enfance de René », avec les éléments autobiographiques qu'elle comporte, est à rapprocher du livre III des *Mémoires*.

195. Cf. Delille, *Les Jardins* (1782), chant III :

> « J'aime à mêler mon deuil au deuil de la nature.
> De ces bois desséchés, de ces rameaux flétris,
> Seul, errant, je me plais à fouler les débris. »

196. Cf. le texte de Beattie cité à la note 193.

197. Dans une lettre à Fontanes du 19 août 1799 (*Correspondance*, t. 1, 1977, p. 94), Chateaubriand évoque, parmi les fragments des *Natchez* qu'il a décidé de transposer dans le *Génie*, un « morceau sur les cloches » (*cf. Génie*, IV. I, 1). Les cloches villageoises sont un sujet de prédilection dans la poésie anglaise du XVIIIe siècle : *cf.* Beattie : « Quand la cloche du soir, balancée dans les airs, chargeait de ses gémissements la brise solitaire, le jeune Edwin, marchant avec lenteur, et prêtant une oreille attentive, se plongeait dans le fond des vallées »; ou Gray, que Chateaubriand avait aussi traduit *(Les Tombeaux champêtres)* :

> « Dans les airs frémissants j'entends le long murmure
> De la cloche du soir qui tinte avec lenteur. »

En France, une loi du 22 germinal an IV/11 avril 1796 avait interdit leur usage. Mais Camille Jordan avait prononcé au Conseil des Cinq-Cents, dans la séance du 29 prairial an V/17 juin 1797 un *Rapport sur la police des cultes*, où il préconisait leur rétablissement : « On a proscrit les cloches; elles sonnent encore : la loi [...] est généralement violée dans les campagnes. [...] Ces cloches sont non seulement utiles au peuple, elles lui sont chères; elles composent une des jouissances les plus sensibles que lui présente son culte; lui refuserions-nous cet innocent plaisir? »

198. Chateaubriand a corrigé ici, de manière significative, le texte de 1802 : « Tout se trouve dans les réminiscences enchantées que donne le bruit de la cloche natale : *philosophie, pitié, tendresse*, et le berceau... »

On retrouve cette phrase, à peine transposée dans le pamphlet de 1814, *De Buonaparte et des Bourbons* : « Les souvenirs de la vieille France, la religion, les antiques usages, les mœurs de la famille, les habitudes de notre enfance, le berceau, le tombeau, tout se rattache à ce mot sacré de roi » (*Écrits politiques*, présentés par J.-P. Clément, Imprimerie nationale, 1993, t. 1, p. 92).

199. Le comte de Chateaubriand mourut le 6 septembre 1786 : son fils venait de quitter Combourg pour rejoindre son régiment.

200. Cf. un fragment du *Génie* (p. 1298-1299) ou, au contraire, la méditation beaucoup plus angoissée que suggèrent les exhumations de Saint-Denis dans les *Mémoires* (XXII, 25; t. 2, p. 545). La vision spiritualiste du cadavre sera un thème privilégié du romantisme. On la retrouve chez Lamartine *(Le Crucifix)* et Victor Hugo interrogera de la même façon, dans *Cadaver (Contemplations*, VI, 13), « cette sérénité formidable des morts ».

201. Sur cette fonction sociale, voire « thérapeutique » de la vie conventuelle, voir le texte du *Génie* cité dans la préface de 1805 (*supra*, p. 84). Un passage de *Jacques le Fataliste* évoque le problème un peu dans les mêmes termes, mais la conclusion de Diderot est fort différente :

« Il vient un moment où presque toutes les jeunes filles et les jeunes garçons tombent dans la mélancolie; ils sont tourmentés d'une inquiétude vague qui se promène sur tout, et qui ne trouve rien qui la calme. Ils cherchent la solitude; ils pleurent; le silence des cloîtres les touche; l'image de la paix qui semble régner dans les maisons religieuses les séduit. Ils prennent pour la voix de Dieu qui les appelle à lui les premiers efforts d'un tempérament qui se développe : et c'est précisément lorsque la nature les sollicite, qu'ils embrassent un genre de vie contraire au vœu de la nature. »

202. Cf. *Génie*, III, v, 2. Dans son *Voyage au Mont-Blanc* (1805), après avoir mis en garde contre le matérialisme implicite de Rousseau, qui consiste à faire « de l'âme une espèce de plante soumise aux variations de l'air », Chateaubriand reconnaît néanmoins que « l'instinct des hommes a toujours été d'adorer l'Éternel sur les lieux élevés : plus près du ciel, il semble que la prière ait moins d'espace à franchir pour arriver au trône de Dieu ».

203. Texte de 1802 : « de quelle philosophie mélancolique ».

204. Le désir de voyager pour « sortir de soi » caractérise la sensibilité du premier romantisme. Dans *Le Mercure de France* du 5 juillet 1801, Chateaubriand écrivait déjà : « Si un instinct sublime n'attachait l'homme à sa patrie, sa condition la plus naturelle sur la terre serait celle de voyageur. Une certaine inquiétude le pousse sans cesse hors de lui; il veut tout voir, et puis il se plaint quand il a tout vu. »

205. Au moment de la rédaction de *René*, Chateaubriand ne les connaît pas encore. C'est après la publication du livre qu'il réalisera ce programme : séjour en Italie (1803-1804); voyage en Grèce (1806).

206. Cf. *Génie*, p. 1057 : « La religion seule, comme une grande colonne élevée au milieu des ruines gothiques, offrait des abris, et un point de communication aux hommes » (IV, 6, 8).

207. Au chapitre III des *Ruines* de Volney (1791), on voit apparaître « le Génie des tombeaux et des ruines », mais loin de rester « pensif », il exhorte les hommes à prendre leur destin en main. En revanche, le livre de Volney a pour épigraphe : « J'irai vivre dans la solitude parmi les ruines; j'interrogerai les monuments anciens sur la sagesse des temps passés », tandis que son frontispice représente un voyageur qui médite sur les ruines de Palmyre. C'est bien le programme de René.

208. Cette statue de Jacques II signale, à Londres, le lieu où fut décapité Charles Ier. Voir M. Duchemin, « Chateaubriand à White-Hall. Note critique sur un passage de *René* », in *Chateaubriand. Essais de critique et d'histoire littéraire*, Vrin, 1938, p. 59-76. Elle a obsédé Chateaubriand (voir *Essai historique*, II, 16; *Le Mercure de France* du 5 juillet 1801) mais il a presque toujours cru qu'elle

représentait Charles II. Seul le texte de 1805 (que nous suivons) a rectifié cette fausse attribution.

209. Comme le héros du *Jeune Anacharsis* (1789), René va rendre visite à des « hommes illustres ».

210. Cette association du poète divin et du génie-enfant aura, dans le romantisme, une longue postérité. Déjà Beattie écrivait, dans *Le Ménestrel*, traduit par Chateaubriand (*Mercure de France*, 10 juillet 1802) : « Salut, savants maîtres de la lyre, poètes, enfants de la nature... »

211. C'est-à-dire en Écosse. La suite du paragraphe combine les éléments les plus caractéristiques de la poésie ossianique, alors très à la mode en France. C'est le moment où le Premier Consul commande, pour la Malmaison, *Ossian évoque les fantômes au son de la harpe* (Gérard, 1801), et *Ossian accueillant les ombres des héros français* (Girodet, 1802). Dans la préface de *Mélanges et Poésies* (t. XXII des *Œuvres complètes*, 1828), Chateaubriand écrit : « Lorsqu'en 1793 la révolution me jeta en Angleterre, j'étais grand partisan du Barde écossais. » Cf. « Lettre au Citoyen Fontanes » (*Le Mercure de France* du 22 décembre 1800) et *Génie du Christianisme*, IV, 5, 5. Une ode pindarique de Gray, *Le Barde* (1757), avait contribué à populariser, en Angleterre, le thème du « dernier barde » (cf. le célèbre tableau de John Martin, 1817).

212. Formules aussi banales qu'abstraites. Chateaubriand avouera dans ses *Mémoires* (XIII, 11; t. 2, p. 53) : « Sous le rapport des arts, je sais ce qui manque au *Génie du Christianisme*; cette partie de ma composition est défectueuse parce qu'en 1800, je ne connaissais pas les arts : je n'avais vu ni l'Italie, ni la Grèce, ni l'Égypte. »

213. C'est le type même du voyage sans apprentissage.

214. Cette apostrophe a subi une évolution significative au cours des premières éditions du texte : « et vous surtout, sage Chactas » (originale de 1802) se transforme en : « et vous surtout, sage habitant du désert » (*Génie*, 1802-1804). En 1805, Chateaubriand remplace ce singulier par un pluriel, c'est-à-dire qu'il cesse de privilégier Chactas et de le dissocier du père Souël. Il renforce ainsi leur solidarité « paternelle », qu'on retrouve un peu plus loin dans : « O vieillards » (1802-1804 : « vertueux vieillards »).

215. Localisation approximative, destinée à souligner la circularité du paysage. C'est en réalité le Vésuve que Chateaubriand gravira le 5 janvier 1804 : « Je montai au Vésuve et descendis dans son cratère. Je me pillais : je jouais une scène de *René* » (*Mémoires*, XV, 7; t. 2, p. 128). Dans le texte de 1802, il utilise des récits de voyage, en particulier celui de Brydone, qui évoque Empédocle (voir H. Tuzet, *Voyages français en Sicile au temps du Romantisme*, Boivin, 1945, p. 223-241).

216. Double allusion au célèbre fragment des *Pensées* de Pascal intitulé « Disproportion de l'homme » (Brunschvicg 72, Lafuma 390) et à ses hallucinations morbides. Sur cet « effrayant génie », voir *Génie*, III, II, 6, p. 824-830.

217. Chateaubriand résume dans ce paragraphe un passage de

son *Essai historique* (p. 185-186) sur « la Scythie heureuse et sauvage ».

218. Voir *Atala*, p. 92.

219. Cette image est empruntée à un fragment du *Génie* (p. 1362). C'est au livre VI des *Natchez* que Chactas raconte sa visite à Versailles.

220. Dans *Les Natchez*, la lettre de René à Céluta (p. 411) nous apprend que René a trente et un ans révolus à la veille de sa mort que Chateaubriand situe en 1727 (voir *Atala*, préface, et note 5). Il est donc né vers 1696 et son retour en France date des premières années de la Régence.

221. La réaction qui a suivi la mort de Louis XIV (1715), représente pour Chateaubriand un « esprit de décadence » qu'il a maintes fois stigmatisé dans le XVIIIᵉ siècle. Mais ce « changement » correspond aussi, dans une certaine mesure, à celui qu'il a pu constater en France, dans les premiers mois de 1792, au retour de son voyage en Amérique. Quelle que soit la signification précise de cette périodisation, elle marque une évolution du genre romanesque : le destin du héros se trouve désormais lié à une « révolution » historique, les contradictions du « cœur humain » (sa psychologie) ne sont plus séparables de la crise de la société.

222. Ce nom propre est la seule précision topographique du récit de René. Que faisait Amélie à Paris ? Nous ne le saurons jamais.

223. Qui ne me « comprenait » pas.

224. Une liaison amoureuse.

225. René est étranger au libertinage de sa génération.

226. Le texte original de 1802 est plus développé : « ... vastes déserts d'hommes, bien plus tristes que ceux des bois, car leur solitude est toute pour le cœur ». Cette image frappante ne manque pas de références littéraires. La Marianne de Marivaux pouvait déjà dire : « Plus je voyais de monde et de mouvement dans cette prodigieuse ville de Paris, plus j'y trouvais de silence et de solitude pour moi : une forêt m'aurait paru moins déserte, je m'y serais sentie moins seule, moins égarée », etc. Mais c'est dans une lettre célèbre de *La Nouvelle Héloïse* (II, 14) que Rousseau a vraiment préludé à ce thème de la solitude au milieu des villes : « J'entre avec une secrète horreur dans ce vaste désert du monde », etc. Cf. le chapitre des *Mémoires* intitulé : « Ma Vie solitaire à Paris » (IV, 8 ; t. 1, p. 258-259).

227. Le « vieil homme » est une expression de saint Paul (*Éphésiens*, IV, 22 ; *Colossiens*, III, 9), qui désigne la créature, soumise au péché, avant que la grâce de Dieu ne vienne illuminer son âme, pour la « convertir ». La phrase suivante utilise aussi des images bibliques (Psaumes, XXXV, 9-10).

228. Transposition dans un paysage urbain de cette image du *Génie du Christianisme* primitif (p. 1361) : « Par-delà les rivages du lac, le soleil s'enfonçait avec majesté derrière les montagnes. On le voyait encore suspendu à l'horizon entre la fracture de deux hauts rochers : son globe élargi, d'un rouge pourpre mouvant et environné d'une auréole glorieuse, semblait osciller lentement dans un fluide d'or, comme le pendule de la grande horloge des siècles. »

229. Cf. *Essai historique*, p. 315, avec une conclusion inverse. Musset reprendra ce mouvement dans *La Confession d'un enfant du siècle* : « Alors je rentrais dans la ville ; je me perdais dans les rues obscures ; je regardais les lumières de toutes ces croisées », etc.

230. Cette expression poétique désigne simplement une installation à la campagne, dans une maison toutefois assez grande pour que René puisse y accueillir Amélie, un peu plus loin, dans un « appartement » séparé.

231. Cf. les *Confessions* de saint Augustin (I, 1) : *Fecisti nos ad te, Domine, et inquietum est cor nostrum donec requiescat in te* (« Tu nous as créés pour toi, Seigneur, et notre cœur ne connaît pas de repos tant qu'il ne le trouve pas en toi »).

232. C'est à peu près la formule de Rousseau au début des *Rêveries* : « Me voici donc seul sur la terre, n'ayant plus de frère, de prochain, d'ami, de société, que moi-même. »
Le texte original (1802-1804) donne ensuite : « n'ayant point encore aimé, *mais cherchant à aimer*, j'étais... ». C'était rendre plus explicite la référence à saint Augustin : « *Nondum amabam, sed amare amabam, et amans amare quod amarem quaerebam.* »

233. Expression usuelle, au XVIIIe siècle, pour désigner le trop-plein séminal.

234. On retrouve des formules voisines dans un « Fragment » du *Génie* (p. 1350) où Chateaubriand analyse curieusement la passion comme un phénomène de classe :

> « Nous examinons donc à présent cette sorte d'amour qui n'est ni aussi saint que la piété conjugale, ni aussi gracieux que le sentiment des bergers, mais qui, plus poignant que l'un et l'autre, dévaste les âmes où il règne. Ne s'appuyant point sur la religion du mariage ou sur l'innocence des mœurs champêtres, et ne mêlant aucun autre prestige au sien, il est à soi-même sa propre illusion, sa propre folie, sa propre substance ; ignorée de l'artisan trop occupé et du laboureur trop simple, cette passion n'existe que dans ces rangs de la société où l'oisiveté nous laisse surchargés de tout le poids de notre cœur, avec son immense amour-propre et ses éternelles inquiétudes. C'est alors que, presque seul au milieu du monde avec une surabondance de vie, on sent en soi une force dévorante qui consomme l'univers sans être rassasiée. On cherche quelque chose d'inconnu, l'idéal objet d'une flamme future ; on l'embrasse dans les vents, on le saisit dans les gémissements du fleuve : tout est fantôme imaginaire, et les globes dans l'espace, et le principe même de vie dans la nature. »

Cette description, qui sera reprise dans la version définitive (II, III, 2) sous le titre « Amour passionné, Didon », concerne le dérèglement du désir adulte (René a environ vingt-cinq ans). Elle retrouvera, au livre III des *Mémoires*, son véritable objet : la crise qu'a traversée Chateaubriand adolescent à Combourg, et qu'il a placée sous le signe emblématique de la Sylphide.

235. Le texte original, maintenu jusqu'en 1804, comporte une

allusion plus précise : « ... charmes. J'aimais les rêveries dans lesquelles il me plongeait, même en usant les ressorts de ma vie. Un
jour... » Cf. le début de la note 193.

236. A la saison heureuse, et gorgée de fruits, de la poésie tradi-
tionnelle (septembre-octobre), qu'on retrouve encore dans *La Nouvelle Héloïse* (les vendanges à Clarens), Chateaubriand va substituer, pour longtemps, un tableau plus sombre, voire tourmenté, qui
est centré sur les mois de novembre ou décembre : le paysage se
dépouille, la scène se vide, le cœur se morfond.

237. Le xviii⁰ siècle a développé un imaginaire musical de la
mélancolie qui se prolonge jusqu'à Baudelaire. Mais Pascal écrivait
déjà : « On croit toucher des orgues ordinaires, en touchant
l'homme. Ce sont des orgues, à la vérité, mais bizarres, chan-
geantes, variables » (*Pensées*, Brunschvicg 111, Lafuma 103).

238. La suite du paragraphe transpose un fragment du *Génie du
Christianisme* primitif (p. 1305) : « Le pâtre, qui a allumé un feu de
broussailles à l'orée d'un bois, entre deux rochers, voit passer ces
oiseaux sur sa tête ; il les suit des yeux avec un vague désir ; il se
figure les lieux inconnus, les climats lointains où ils se rendent ; il
voudrait être sur leurs ailes, un secret instinct le tourmente, il sent
qu'il n'est lui-même qu'un voyageur. Homme ! la saison de la
migration n'est pas encore venue. Attends que le vent de ta mort se
lève ; alors tu déploieras ton vol vers ces régions inconnues que ton
cœur demande. »

239. De la Bible à Ossian, en passant par une ode de Jean-
Baptiste Rousseau citée par La Harpe dans son *Cours de littérature*
(t. VII, p. 106), cette image se rattache à une longue tradition littéraire, mais c'est Chateaubriand qui lui a donné son expression la
plus frappante, du reste souvent prise à contresens. Cette tempête
qui se lève pour arracher des branches les dernières feuilles de la
saison, ne symbolise pas le tumulte des passions (les « orages du
cœur ») ; c'est le « vent de la mort » qui doit emporter vers un autre
monde les âmes qui ont fini leur temps sur la terre. On la retrouve
dans les *Méditations* de Lamartine.

> « Et moi, je suis semblable à la feuille flétrie :
> Emportez-moi comme elle, orageux aquilons ! »

ou dans les *Fleurs du mal* : « O mort, vieux capitaine... »

Néanmoins, cette invocation à la mort exprime moins un désir de
total anéantissement qu'un obscur espoir de palingénésie : la mort
provisoire de la nature prélude à sa renaissance printanière.

240. Chateaubriand raconte dans ses *Mémoires* (III, 12) comment, vers sa dix-septième année, il tenta de se tuer avec un fusil de
chasse. Mais le pari fataliste de sa jeunesse (une sorte de mise en
scène de roulette russe) ne ressemble pas à la détermination suicidaire de René.

241. Propos de Canus Julius, rapportés par Sénèque (*De Tran-
quillitate animi*, XIV, 9) : « *Observare [...] proposui illo velocissimo
momento an sensurus sit animus exire se.* » Chateaubriand a peut-être
emprunté cette référence à Montaigne qui cite cette histoire dans les
Essais (II, 6).

242. Cf. *Mémoires*, III, 7 (t. 1 ; p. 221) : « La tendresse filiale et maternelle me trompait sur une tendresse moins désintéressée. »

243. C'est à la musique que René emprunte ses métaphores pour rendre sensible la délicieuse harmonie qui règne entre le frère et la sœur. Dans un fragment retranché des *Mémoires* (B.N., nouv. acq. fr. 12 454, f° 7, verso), Chateaubriand avait écrit : « Je me perdais dans ces sentiments indécis que fait naître la musique, art qui tient le milieu entre la nature matérielle et la nature intellectuelle, qui peut dépouiller l'amour de son enveloppe terrestre ou donner un corps à l'ange du ciel. Selon les dispositions de celui qui les écoute, ces mélodies sont des pensées ou des caresses. »

244. Ce sont des symptômes que le narrateur des *Mémoires* attribue à sa propre expérience. Mais, de Didon à Phèdre, les cautions littéraires ne manquent pas.

245. C'est seulement dans la version de 1805 que Chateaubriand généralisa le présent historique dans cette fin de paragraphe qu'il avait commencé par rédiger au passé simple.

246. Le débat sur la vie conventuelle a été très vif avant, pendant, et après la Révolution. On sait que la Constituante avait cru pouvoir interdire les vœux monastiques, comme contraires à la nature, aussi bien qu'à une saine vie sociale. Dans le cadre du renouveau catholique amorcé sous le Consulat, Chateaubriand cherche à les réhabiliter, non sans indiquer discrètement, à travers le personnage de René (qui est ici désigné comme un « esprit fort » potentiel), ses propres réserves : voir sa « Lettre au Citoyen Fontanes » (*Génie*, p. 1272) et les textes cités dans la préface de 1805.

247. Avoir une situation, exercer une responsabilité dans la société. Milord Édouard donne le même conseil à Saint-Preux désespéré (*La Nouvelle Héloïse*, III, 23). Le père Souël agira de même à la fin du récit. Pour un jeune noble comme René, dépourvu de terres à faire valoir, les possibilités sont restreintes : armée, charges de la cour, sacerdoce, haute administration ou magistrature.

248. Après avoir poussé son frère vers la vie religieuse sous prétexte qu'il ne saurait trouver une compagne digne de lui, Amélie suggère à René un mariage avec une femme comme... elle !

249. Cette initiale remplace, dans la version de 1805, celle du « jeune du T... » des premières éditions. On a vu là une allusion au frère de Pauline de Beaumont, Auguste de Montmorin, jeune officier de marine, dont Villèle, alors son camarade, évoque ainsi la disparition au début de 1794 : « Par un malheur que déplora toute la colonie, (il périt) dans un raz de marée, en se rendant dans une embarcation à bord de (son) navire, qui était en relâche aux îles Seychelles » (*Mémoires* de Villèle, Perrin, 1890, t. 1, p. 106).
Chateaubriand évoque aussi dans ses *Mémoires* le souvenir de son cousin Stanislas-Pierre de Chateaubriand du Plessis qui « entra dans la marine et se noya à la côte d'Afrique ». On ignore la cause de sa mort, survenue en réalité à bord du *Marquis-de-Castries*, le 15 mars 1785, au large de Madagascar, après une révolte des esclaves que le navire transportait. Il avait dix-huit ans et son corps fut jeté à la

mer, selon la coutume des marins. Il est permis de penser que
Lucile et François-René, alors à Combourg, furent très affectés par
cette disparition, et peut-être plus encore par le rapide oubli qui la
suivit dans le cercle familial.

250. C'est-à-dire : pour un homme dont elle avait honte, à cause
de sa situation sociale. Le texte des premières éditions (1802-1804)
est plus explicite : « ... une passion pour un homme d'un rang inférieur, et qu'elle n'osait avouer à cause de l'orgueil de notre famille ».
En jouant sur le double sens du verbe *avouer*, la version définitive
crée une ironie tragique.

251. Le texte des premières éditions (1802-1804) est plus cir-
constancié : « Je lui écrivis aussitôt pour lui faire les plus tendres
reproches, pour le supplier de m'ouvrir son cœur, et de ne pas
sacrifier le bonheur de sa vie à des parents qui lui étaient presque
étrangers. »

252. Dans les premières éditions (1802-1804), Amélie va plus
loin : « Elle ajoutait en finissant : "Je n'ai que trop négligé notre
famille ; c'est vous que j'ai uniquement aimé : mon ami, Dieu
n'approuve point ces préférences, il m'en punit aujourd'hui." Ce
billet me donna un mouvement de rage, je fus révolté... »

Ces variantes font système. Dans le texte original, c'est pour
répondre à des soupçons ou à des reproches injustifiés de son frère
qu'Amélie est contrainte à un aveu explicite. En vain : René ne
comprend pas (et ne peut pas comprendre) ; c'est un aveu pour rien
(sinon pour le lecteur). Dans la version définitive, Chateaubriand
supprime ces passages sans fonction narrative véritable ; il préfère
entretenir le suspens.

253. Chateaubriand transpose, dans ce passage, le souvenir de sa
dernière visite à Combourg, au mois de mars 1791, juste avant son
embarquement (*Mémoires*, III, 14 ; t. 1, p. 236). Mais le succès de
cette page auprès du public de 1802 a une autre raison : elle
exprime une expérience du retour commune à bien des émigrés,
après la spoliation « nationale ».

254. Ancien nom de la giroflée.

255. C'est-à-dire que les *tentures* (rideaux, tapisseries) avaient
été déposées, puis enlevées.

256. Des *Lettres portugaises* à *La Duchesse de Langeais*, le moment
décisif de la prise de voile a maintes fois été abordé par le roman, au
point de constituer un véritable thème littéraire : ainsi celle de
Nadine, au tome VI des *Mémoires d'un homme de qualité* de Prévost.
Un obscur roman de 1799, *Eugenio et Virginia*, comporte une description assez proche de celle de *René* :

> « Une foule immense remplissait l'église, tout ce qu'il y avait
> de personnes distinguées dans la ville de San-Cipriano, pla-
> cées près de la grille, fixait des regards attendris sur l'intéres-
> sante novice, dont la beauté, les grâces modestes faisaient
> naître une admiration qui s'exprimait sourdement par des
> regrets et des murmures. Virginia prononça la fatale formule
> d'une voix forte et élevée ; ses yeux brillaient d'un éclat
> céleste ; mais, bientôt après, une pâleur extrême se répandit

sur sa charmante figure ; et lorsqu'on plaça sur sa tête le drap mortuaire, emblème funèbre de son renoncement au monde, elle parut près de s'évanouir. L'abbesse, qui n'avait cessé de veiller à tous ses mouvements, l'emmena chez elle immédiatement après la cérémonie ; et là, par les discours les plus affectueux, les plus consolants, elle parvint à ranimer ses forces et son courage. »

(Cité par A. Monglond, *Le Préromantisme français*, José Corti, 1965, t. 1, p. 231.)

Dans *Delphine* (décembre 1802), Mme de Staël désacralise la cérémonie, mais son caractère dramatique subsiste, puisque Delphine est toujours obsédée par le souvenir de Léonce : voir édition de Lucia Omacini, Droz, 1987-1990, t. 1, p. 854-857 (5ᵉ partie, lettre XXIX), et t. 2, p. 258-259 et 368-369. La description de Chateaubriand est précise comme un rituel et comme un chapitre détaché du *Génie du Christianisme*. Rappelons que le 5 mai 1780 (à onze ans et demi) il avait assisté, avec toute la famille, à la prise de voile de sa cousine Marie-Anne-Renée de Chateaubriand du Plessis (la sœur du garçon évoqué à la note 249). La cérémonie avait eu lieu au couvent des ursulines de Saint-Malo, ou de la Victoire (voir *Mémoires*, I, 4), situé en bordure des remparts, du côté de la pleine mer.

257. La consécration religieuse est présentée comme une oblation.

258. *Ecclésiastique*, L, 9.

259. La colombe mystique désigne le Saint-Esprit tel, par exemple, qu'il se manifesta au baptême du Christ.

260. Cf, *Atala*, p. 146 : « Ce cercueil, lit nuptial que vous vous êtes choisi, ne sera point trompé ; et les embrassements de votre céleste époux ne finiront jamais ! »

261. Disposition, mise en scène.

262. Cette définition du Purgatoire (voir *Génie*, I, VI, 6 et II, IV, 15) se termine par une allusion *a contrario*, donc un peu alambiquée, au célèbre vers de Dante (*Enfer*, III, 9) : « *Lasciate ogni speranza, voi ch'entrate* » (« Abandonnez toute espérance, vous qui entrez »). Le Purgatoire est un lieu de souffrance, mais c'est un séjour provisoire.

263. Le texte original (1802) de ce paragraphe est beaucoup plus long :

« Un malheur personnel, quel qu'il soit, se supporte ; mais un malheur dont on est la cause involontaire, et qui frappe une victime innocente, est la plus grande des calamités. *Éclairé sur les maux de ma sœur, je me figurais* tout *ce qu'elle avait dû souffrir* auprès de moi, victime d'autant plus malheureuse, que la pureté de ma tendresse devait lui être à la fois odieuse et chère, et qu'appelée dans mes bras par un sentiment, elle en était repoussée par un autre.

« Que de combats dans son sein ! que d'efforts n'avait-elle point faits ! Tantôt voulant s'éloigner de moi, et n'en ayant pas

la force ; craignant pour ma vie, et tremblant pour elle et pour
moi. Je me reprochais mes plus innocentes caresses, je me faisais horreur. En relisant la lettre de l'infortunée (qui n'avait
plus de mystères !), je m'aperçus que ses lèvres humides y
avaient laissé d'autres traces que celles de ses pleurs. *Alors
s'expliquèrent pour moi plusieurs choses que je n'avais pu
comprendre : ce mélange de joie et de tristesse qu'Amélie fit
paraître lors de mon départ pour mes voyages, le soin qu'elle prit
de m'éviter à mon retour, et cependant cette faiblesse qui l'empêcha
si longtemps d'entrer dans un monastère ; sans doute la fille malheureuse s'était flattée de guérir !* Ses projets de retraite, et la disposition de ses biens *en ma faveur, avaient apparemment produit cette correspondance secrète qui servit à me tromper.* »

264. Dans ses lettres de 1799 (*Correspondance*, t. 1, p. 94 et 96),
Chateaubriand cite « le couvent au bord de la grève » comme un
morceau destiné au futur *Génie du Christianisme*. C'était peut-être
la 1ʳᵉ rédaction de ce passage.

265. Cf. la « Lettre au Citoyen Fontanes » (*Génie*, p. 1272) :

« Oh ! comme ils devaient être tristes, les tintements de la
cloche religieuse qui, dans le calme des nuits, appelaient les
vestales aux veilles et aux prières, et se mêlaient, sous les
voûtes du temple, aux derniers sons des cantiques et aux
faibles bruissements des flots lointains ! Combien elles étaient
profondes les méditations du Solitaire qui, à travers les barreaux de sa fenêtre, rêvait à l'aspect de la mer, peut-être agitée
par l'orage ! la tempête sur les flots ! le calme dans sa retraite !
des hommes brisés sur des écueils au pied de l'asile de la paix !
l'infini de l'autre côté du mur d'une cellule, de même qu'il n'y
a que la pierre du tombeau entre l'éternité et la vie !... Toutes
ces diverses puissances du malheur, de la religion, des souvenirs, des mœurs, des scènes de la nature, se réunirent pour
faire, du génie chrétien le génie même de la mélancolie. »

266. Le texte original (1802-1804) intercale une autre phrase :
« On respire ici quelque chose de divin, un air tranquille que ne
trouble point le souffle des passions. » La vie religieuse représente,
au XVIIIᵉ siècle, un avatar majeur de ce thème lucrétien du *Suave
mari magno*, qui exprime un idéal de « bonheur négatif », alors
maintes fois discuté (voir Michel Delon, « Naufrages vus de loin... »,
in *Rivista di Letteratura moderne e comparate*, XLI, 1988, fasc. 2,
p. 91-119).

267. Avec Héloïse, *Le Génie du Christianisme* (II, III, 5) donne un
exemple littéraire de cette sublimation passionnée : « Il faut qu'elle
choisisse entre Dieu et un amant fidèle, dont elle a causé les malheurs ! » etc.

268. A cette double *dérive* de la complaisance envers soi-même,
le père Souël va opposer la fermeté de sa certitude : il joue son rôle
de directeur de conscience, après avoir, pour ainsi dire, entendu
René en confession. Son discours, que Sainte-Beuve considère
comme une « moralité plaquée », exprime en réalité une authentique

morale chrétienne de la vie dans le siècle, qui finit par rejoindre la morale sociale des Lumières : dans son appréciation sévère du cas René, on retrouve curieusement un écho des reproches que les Encyclopédistes pouvaient adresser à Rousseau.

En proposant, par la bouche du prêtre, ce ralliement à un ordre social acceptable (par exemple celui qu'offre, en 1802, le Premier Consul de la République à ses concitoyens) sans doute est-ce le sur-moi de Chateaubriand qui parle. Mais la suite des *Natchez* ne verra pas le fils prodigue « revenir à la maison » : les propos du père Souël resteront sans effet, dévalorisés qu'ils auront été au préalable, par la référence nostalgique faite par Chactas au père Aubry, si efficace « ensevelisseur » des passions humaines.

269. Chateaubriand avait utilisé une comparaison voisine dans son *Essai historique* (II, 22) : « Une vie heureuse n'est ni un torrent rapide, ni une eau léthargique, mais un ruisseau qui passe lentement et en silence, répétant dans son onde limpide les fleurs et la verdure de ses rivages. » A son tour, Chactas paraît souhaiter la fin des révolutions et le retour à une vie civile normale.

270. Cf. *Mémoires*, t. 1, p. 93, 224, 888. René disparaît, sans laisser plus de traces qu'Atala : il ne subsiste qu'une légende : « On dit... », « On montre... »

LES AVENTURES DU DERNIER ABENCÉRAGE

271. Ce texte liminaire a remplacé, au tome XVI des *Œuvres complètes* (1826) un « Avertissement » plus ancien, dont le manuscrit, retrouvé en 1961, présente les mêmes caractéristiques que celui de la nouvelle. Voici sa transcription (Bernard Gagnebin, « Un manuscrit inédit du *Dernier Abencérage* », *Bulletin de la Société Chateaubriand* n 11-12, 1968-1969, p. 57-58) :

> « On m'a reproché de n'avoir presque rien dit de l'Espagne dans l'*Itinéraire*. Je n'ai sur ce beau pays que quelques notes relatives aux monuments [Mauresques] de Grenade et de Cordoue. Ces notes étaient trop peu de chose, pour trouver place dans un ouvrage de faits et de recherches. Elle pouvaient tout au plus [m'aider] entrer dans la composition [des tableaux] de quelque petit ouvrage dramatique ; de la même manière que j'ai [fait entrer] employé dans *Les Martyrs*, les *vues* que j'avais prises à Athènes et à Jérusalem. [J'ai donc tâché d'exécuter ce dessein dans les *Aventures du dernier Abencérage*. Je les donne aujourd'hui.] Je publie donc aujourd'hui les *Aventures du dernier Abencérage* comme une espèce de supplément à l'*Itinéraire*, et pour réparer l'omission dont on m'a fait un reproche. Sans ce reproche qui m'a été adressé [par les journaux français et étrangers] de toutes parts, je n'aurais jamais osé [le publier] donner au public une nouvelle qui n'a d'autre mérite que de représenter peut-être avec quelque exactitude Grenade et ses monuments.

« Je n'ai pas assez vu les Espagnols d'aujourd'hui pour [essayer de parler de leurs mœurs] les connaître. J'ai donc reporté ma scène sous le règne de Charles Quint, afin de n'avoir à peindre que des mœurs [purement] historiques et [de trouver en même temps l'occasion de] pour placer en même temps des personnages maures au milieu des monuments mauresques. On sait que Boabdil fut le dernier roi de Grenade, que ce roi imprudent et fastueux s'amusait à donner des fêtes tandis que Ferdinand et Isabelle s'approchaient pour le chasser de son royaume ; on sait encore que deux grandes familles, les Zégris et les Abencérages, se disputèrent la faveur de ce monarque ; que les premiers pour renverser les derniers accusèrent un des Abencérages d'avoir séduit la reine ou la sultane Alfaima ; que Boabdil transporté de jalousie attira la plupart des Abencérages dans l'Alhambra, et qu'il leur fit trancher la tête dans un cabinet qu'on montre encore [aujourd'hui]. Cette histoire des Abencérages, d'abord écrite par Gines Pérez, répétée ensuite par tous les romanciers espagnols, est aujourd'hui [assez] généralement connue des lecteurs français, grâce au *Gonzalve de Cordoue* de M. de Florian. Comme j'y fais souvent allusion dans les *Aventures du dernier Abencérage*, j'ai cru devoir la rappeler en quelques mots dans cet avertissement. »

Cette présentation, dans laquelle Chateaubriand insiste davantage sur ses sources, correspond au premier projet de publication, à la fin du printemps 1811.

272. Exactement 16 ans : c'est au mois de mars 1810 que la duchesse de Duras fut la première lectrice du manuscrit (*Correspondance*, t. 2, p. 62 et 64).

273. Voir p. 215 et note 313.

274. Le siège de Saragosse par les troupes de Lannes avait duré plus de huit mois (du 15 juin 1808 au 21 février 1809) : la résistance de la ville avait causé une vive impression en Europe.

275. Rappelons qu'en avril 1807, Chateaubriand passa moins de trois heures à Cordoue et ne resta pas trente-six heures à Grenade. Mais, comme il le déclare dans la préface de son *Itinéraire*, « un moment suffit au peintre de paysage pour crayonner un arbre, prendre une vue, dessiner une ruine ».

276. Comme il l'avait cru devoir le faire dans celui de 1811 (voir la note 271). Le lecteur de 1826 peut se référer au « Précis historique sur les Maures » qui précède, depuis 1791, toutes les éditions du *Gonzalve de Cordoue* de Florian ; mais aussi à la traduction-adaptation des *Guerras civiles de Granada* publiée par Sané sous le titre *Histoire chevaleresque des Maures de Grenade* (Cérioux jeune et Nicolle, 1809, 2 vol. in-8°) : avec ses « notes historiques et littéraires », c'était une véritable encyclopédie andalouse. A quoi il faut ajouter les *Voyages* de Swinburne (Londres, 1779 ; tr. fr. 1787), de Bourgoing (1788) et de Laborde (1806, 1812, 1820).

277. Mohammed XII Abou Abd Allah (devenu « Boabdil »), *el rey chico* du *Romancero* espagnol, fut le dernier souverain de la dynastie des Nasrides qui régna sur Grenade de 1232 à 1492.

278. Cette anecdote se rattache à toute une tradition littéraire (voir, par exemple, Swinburne, p. 198-199) que Chateaubriand se borne à reproduire. En réalité, le lieu-dit « Le Soupir du More » ne désigne pas une montagne, mais le col où la route de Motril franchit la bordure occidentale de la Sierra Nevada, non loin du village de Padul. C'est bien là qu'on aperçoit pour la dernière fois la ville de Grenade, mais la mer, distante de plus de cinquante kilomètres, demeure invisible. Le raccourci de cette mise en scène imaginaire unifie le registre thématique, mais suggère aussi par avance une identification possible entre Aben-Hamet et Boabdil : la contemplation de la mer va devenir emblématique de toute séparation.

279. Ou Aïcha, que les chroniques arabes nomment Fatima. Évincée de la cour de son mari, le sultan Abul Hassan, par une favorite chrétienne, elle dressa, pour se venger, Boabdil contre son père.

280. Chateaubriand emprunte ces informations au *Voyage dans la Barbarie* de Shaw (La Haye, 1743, p. 212). On pouvait déjà lire dans son *Itinéraire* : « Les Tunisiens ont recueilli les Maures de Grenade qui habitent le village de Tub-Urbo, à six lieues de Tunis, sur la Me-Jerdah. »

281. Expression qu'on rencontre souvent dans les romances arabes.

282. Formulation absurde : un musulman est censé faire la prière *cinq fois par jour*, tourné vers La Mecque.

283. Les Anciens localisaient dans le golfe de Gabès, à Djerba, ce peuple du Couchant « mangeur de lotus », auprès duquel Ulysse et ses compagnons avaient failli oublier Ithaque (*Odyssée*, IX, vers 82-104). C'est, par extension, la Tunisie entière, incapable de faire oublier Grenade.

284. Nom latin de la Medjerda (voir la note 280).

285. C'est la devise de Tancrède, dans la tragédie de Voltaire qui porte son nom.

286. Comme dans *Atala*, ce mot de la langue poétique désigne une habitation modeste (maison ou ferme) par opposition au palais des rois. Cette antithèse remonte à Malherbe (*Consolation à M. du Périer* : « Le pauvre en sa cabane, où le chaume le couvre », etc.).
Par « montagne du Mamelife », Chateaubriand désigne sans doute le Djebel Bou Kornine, dont le double sommet (dit « les deux mamelles ») domine, au sud-est du golfe de Tunis, le site thermal de Hammam-Lif ou bains du nez.

287. C'est-à-dire un « marabout », comme le précise la première rédaction du manuscrit.

288. Condensation du passage de Sané (t. 2, p. 60-61) décrivant un étendard qui « avait pour devise [...] un Sauvage brisant la mâchoire à un lion, et un autre Sauvage détruisant un monde avec sa massue ».

289. C'étaient, selon Sané (t. 1, p. 113), les couleurs favorites des Abencérages. C'étaient aussi celles de Notre-Dame de Nazareth, à qui Chateaubriand fut consacré par un vœu de sa nourrice, et qu'il porta jusqu'à sept ans (*Mémoires*, t. 1, p. 136 et 144).

290. Des burnous.

291. On rencontre ces noms légendaires dans le *Roman de Tristan*, dans *Lancelot* et dans *Amadis de Gaule*. Ces romans avaient connu un regain de popularité dans la seconde moitié du XVIIIᵉ siècle, à travers les adaptations du comte de Tressan : voir H. Jacoubet, *Le Comte de Tressan et les origines du genre troubadour*, 1923; *Le Genre troubadour et les origines du romantisme français*, 1929; *Comment le XVIIIᵉ siècle lisait les romans de chevalerie*, 1932.

292. Orthographe fantaisiste pour Sahara.

293. Chateaubriand a déjà souligné, dans son *Essai historique*, la vertu apaisante de la botanique qui « détourne les yeux des passions des hommes pour les porter sur le peuple innocent des fleurs ». Mais si la fréquentation des plantes est susceptible de consoler les « infortunés », celles-ci ont aussi le pouvoir de raviver, sous un ciel étranger, la nostalgie du sol natal.

294. Nous serions donc en 1516, puisque Grenade capitula le 2 janvier 1492. Mais comme un peu plus loin Aben-Hamet est censé arriver dans la ville quelque temps après la capture de François Iᵉʳ à Pavie, le 24 février 1525, il faut supposer un lapsus de Chateaubriand ou une coquille de son imprimeur pour : trente-quatre ans, ce qui fixerait le début de cette histoire à 1526. C'est une date que confirmeraient la mention du tombeau des rois catholiques (p. 211) et celle du palais de Charles-Quint (p. 218). Le « bourgeois de Gand » ne porta du reste ce nom qu'une fois devenu empereur, en 1519.

295. Ce passage combine assez curieusement le souvenir du voyage de 1807 et celui du premier voyage à Combourg (*Mémoires*, I, 7; t. 1, p. 165-166).

296. Chateaubriand a pu trouver toutes ces informations dans le *Voyage* de Swinburne (p. 186). Ce dernier serait alors responsable de la confusion faite ici entre le Darro (torrent grenadin orthographié : Dauro, par le traducteur français) et le Douro, le grand fleuve du Nord.

297. Cf. *Corinne*, IV, 3 : « En cherchant la gloire, j'ai toujours espéré qu'elle me ferait aimer » (édition Balayé, Folio, p. 98). Mais, plus généralement, c'est toute la tradition courtoise qui associe amour et « prouesse ».

298. Le dialogue suivant transpose une romance populaire, ainsi traduite par Sané (t. 1, p. 39-40) :

> ... le roi don Juan I, voyageant un jour sur les bords du Xenil, adressa ce discours au Maure Abénamar :
>
> « Abénamar! Abénamar! enfant basané de la brûlante Afrique, sais-tu que le jour de ta naissance a donné lieu à de grands pronostics? Un calme profond régnait sur les ondes, et la lune entrait dans son croissant. Un Maure qui naît dans de pareils signes ne doit jamais déguiser la vérité.

Abenamar

> Je suis fils d'un Maure et d'une captive Chrétienne; je ne mentirai jamais, dût-il m'en coûter la vie. Dès mes plus tendres ans, ma mère, en me peignant le mensonge sous les

couleurs les plus odieuses, me recommandait toujours de dire
la vérité. Interroge-moi donc, grand roi! Je vais te répondre
avec toute la candeur de l'enfance.

Don Juan

Je te sais bon gré de ta franchise. Quels sont ces châteaux
qui s'élèvent si pompeusement dans les airs?

Abenamar

C'est l'Alhambra, seigneur, et sa Mosquée dont les portiques sont d'un travail merveilleux. Cet autre château que tu
vois là-bas c'est le généralife, dont le parc enchanteur n'a
point de rival. Aperçois-tu plus loin cette grande forteresse?
Ce sont les Tours Vermeilles.

Cette référence littéraire a dissuadé Chateaubriand de retenir,
dans ce passage, une topographie réaliste (le panorama que devrait
découvrir un voyageur arrivant à Grenade par la route de Murcie).
De même, un peu plus loin, Aben-Hamet va pénétrer dans la ville
selon un itinéraire dépourvu de toute logique.

299. Épisode célèbre des *Guerras civiles* (voir Sané, t. 1, chapitre 4).

300. La première version de cette description est plus développée :

[Les pignons de ces maisons bordaient la place; liés
ensemble et se touchant par les côtés, ils se détachaient les uns
des autres à la hauteur du toit et se terminaient en pointe. Ils
étaient percés dans toute leur surface par des fenêtres en
ogives, qu'à peine séparaient entre elles des pilastres de
briques rouges : la place entière avait l'air d'une serre
immense couronnée par une dentelure d'ornements
gothiques.]

Chateaubriand a très vite renoncé (le passage est biffé sur le
manuscrit même) à ce tableau fantaisiste qui évoquerait plutôt certains palais vénitiens ou la Grand-Place de Bruxelles. Il est néanmoins assez révélateur du syncrétisme arabo-gothique encore de
mise, vers 1810, dans le genre troubadour.

301. Chateaubriand a rapporté ce terme turco-persan de *khan* de
son voyage en Orient. Dans le Maghreb, on parle plutôt de *fondouk*.

302. Cette brillante évocation de la Grenade andalouse, encore
plus développé dans la version primitive, combine divers passages
de Sané.

303. « Espèces de flûtes usitées chez les Arabes » (note de Sané,
t. 1, p. 17).

304. Le portrait de Blanca est composite. Au début comme à la
fin, il multiplie les marques du style troubadour. Mais la partie centrale (« Son corset noir », etc.) représente bien une de ces Espagnoles de 1807 que Goya pouvait peindre et dont Natalie de

Noailles endossait volontiers le costume, pour le plus grand plaisir de son amant.

305. Le « seigneur de la trompette », ou ange de la résurrection.

306. « Celles qui ont des yeux de gazelle » sont les beautés promises dans le paradis à tous les élus : voir *Coran*, sourate LV, 56 et 58, 72 et 74 ; sourate LVI, 22-24 et 35-37.

307. Lors de son bref séjour à Grenade, Chateaubriand ne trouva guère le temps de flâner le long du Darro. Il emprunte à Swinburne (p. 256-257) les éléments de la description qui suit. Le voyageur anglais avait déjà qualifié ce paysage de *romantic*.

308. Les *Moriscos* ou morisques sont les Arabes qui demeurèrent en Andalousie après la reconquête catholique. Malgré leur apparente conversion, ils furent traités avec une grande dureté par le Grand Inquisiteur Cisneros ; cela provoqua une révolte qui fut réprimée sans pitié (1500-1501). Ils seront finalement expulsés au début du XVIIᵉ siècle.

309. Les rois catholiques avaient donné ce nom au campement qu'ils avaient édifié, à la fin du printemps 1491, dans la vallée du Genil, pour leur servir de base lors du siège de Grenade.

310. En 1519. La prise de Mexico date de 1521. Carlos aurait donc vingt et un ans révolus au début du roman (1526).

311. Voir la notice que lui consacre le *Génie du Christianisme* (IV, 5, 3 ; p. 1017-1019).

312. On a coutume de reconnaître la comtesse de Noailles dans ce portrait de séductrice envoûtante, qui ne manque ni de références littéraires (la magicienne de la *Jérusalem délivrée*, ou la fée des romans bretons), ni de références historiques (les grandes courtisanes, depuis Aspasie jusqu'à Diane de Poitiers).

313. La suite du paragraphe est biffée sur le manuscrit. Chateaubriand a noté plus tard dans la marge : « J'avais rayé cette page lorsque je songeais à imprimer l'Abencérage sous Bonaparte. »

314. Coussins carrés destinés à joncher le sol ou à garnir un divan.

315. La mention du chocolat est un anachronisme, mais c'est au nom de la couleur locale contemporaine. Chateaubriand rassemble les composantes caractéristiques du *goûter* espagnol, sans oublier ces « petits pains de sucre, de forme carrée et de substance très spongieuse, qu'on appelle *azucar sponjado* ou *rosado* » signalés par Bourgoing.

316. Cette « danse très vive et très agréable » rappelle « un air guerrier sur lequel les Maures allaient au combat » (Sané, t. 1, p. 23, note 1).

317. La représentation de danses de caractère est une « spécialité » des romans de cette époque. On rencontre ainsi une polonaise dans *Delphine* (1802), une danse du châle dans *Valérie* (Mme de Krüdener, 1803), un menuet dans *Eugène de Rothelin* (Mme de Souza, 1808) ; la plus célèbre est la tarentelle exécutée par Corinne devant Oswald. De son côté, Chateaubriand avait évoqué les danses des Indiens dans *Les Natchez*. Mais dans cette page, il désire rendre un hommage particulier à Natalie de Noailles et à son goût pour la

danse dont tous ses amis se sont souvenu : « (elle) nous a charmés bien des fois en essayant les danses des pays que nous visitions ensemble », rapporte Hyde de Neuville dans ses *Mémoires* (t. 1, p. 445). On notera la vivacité langoureuse de celle-ci.

318. Dans leur vision du monde arabe, Chateaubriand et ses contemporains font une large place à la passion pour les contes. Voir *Itinéraire*, GF-Flammarion, p. 267, et ici p. 235-236 : « Ces récits enchantaient Aben-Hamet, dont la passion pour les histoires merveilleuses trahissait le sang arabe. »

319. Avec ce terme « gothique », qui désigne un cheval ou une jument dociles, réservés à des femmes, on est dans le registre troubadour. Mais il sera bien vite oublié puisque un peu plus loin, cette monture se métamorphosera en mule.

320. Pour la description qui suit, Chateaubriand utilise le souvenir de sa visite du 13 avril 1807 ainsi que les guides alors en usage. C'est en 1812 seulement que le tome du *Voyage pittoresque* de Laborde consacré à Grenade a été publié, avec ses magnifiques planches. Mais Chateaubriand avait pu voir les dessins préparatoires. Du reste, avant même son retour à Paris, il avait exprimé son enthousiasme dans ses lettres (*Correspondance*, t. 1, p. 406 et 408) ; et le 4 juillet 1807, à propos du premier volume de Laborde, il avait publié dans le *Mercure de France* une brève description du palais de Boabdil :

> « L'Alhambra semble être l'habitation des Génies : c'est un de ces édifices des *Mille et Une Nuits*, que l'on croit voir moins en réalité qu'en songe. On ne peut se faire une juste idée de ces plâtres moulés et découpés à jour, de cette architecture de dentelles, de ces bains, de ces fontaines, de ces jardins intérieurs, où des orangers et des grenadiers sauvages se mêlent à des ruines légères. Rien n'égale la finesse et la variété des arabesques de l'Alhambra. Les murs, chargés de ces ornements, ressemblent à ces étoffes de l'Orient que brodent, dans l'ennui du harem, des femmes esclaves. Quelque chose de voluptueux, de religieux et de guerrier, fait le caractère de ce singulier édifice, espèce de cloître de l'amour, où sont encore retracées les aventures des Abencérages ; retraites où le plaisir et la cruauté habitaient ensemble, et où le roi maure faisait souvent tomber dans le bassin de marbre la tête charmante qu'il venait de caresser. »

321. La *plaza de los Algibes* doit son nom à des citernes disposées sous son esplanade. C'est en 1527 que commença la construction du palais de Charles-Quint, qui ne fut jamais terminé.

322. Il semble qu'à la suite de Swinburne, Chateaubriand confonde la salle et la cour du méchouar avec la cour des Myrtes qui leur succède.

323. Il est permis de penser qu'au-delà de leur application immédiate, ces propos visent les Bourbons exilés.

324. La salle des Abencérages, au sud de la cour des Lions.

325. Ce *topos* touristique transmis de guide en guide, avait été

déjà dénoncé par Swinburne, p. 235 : « Notre guide [...] nous montra des taches de leur sang sur des morceaux de marbre blanc. Ces taches ne sont autre chose que les marques rougeâtres causées par la filtration des eaux ferrugineuses. »

C'est en réalité le sultan Abul Hassan qui avait décimé les Abencérages, une des principales factions grenadines. Ils se vengèrent en le chassant du pouvoir et en faisant proclamer roi son fils Boabdil.

326. Le texte de cette inscription, due au poète arabe Ibn Zumruk (1333-1393) a été publié, ainsi que quelques autres, pour la première fois en castillan par le père Juan de Echeverria dans ses *Paseos por Granada y contornos* (1764, t. 1, p. 152) ; il fut ensuite repris en anglais par Swinburne, (1779). Chateaubriand utilise la traduction française (Didot aîné, 1787), où la phrase continue ainsi : « ... que tu peux douter si ceci est une fontaine qui coule ou si ce sont les larmes de ses adorateurs ». Le caractère inachevé que Chateaubriand lui attribue sert à inscrire Blanca dans la fiction comme la souveraine imaginaire de ce lieu magique, mais présage aussi la rupture prochaine de cette idylle.

327. Toutes les éditions du XIXᵉ siècle ont : *Hymen*. Le recours au manuscrit a permis de rectifier cette malencontreuse coquille.

328. Écho de Swinburne p. 239 : « Dans un coin, il y a une grande dalle de marbre toute remplie de trous [...]. On peut présumer que c'était là que la reine des Maures était accoutumée de se placer pour recevoir des fumigations et se parfumer. »

329. Le manuscrit témoigne que, dans une première rédaction, Chateaubriand avait souhaité souligner davantage le trouble des jeunes gens :

« ... mystères. [Non loin de là, Blanca rafraîchissait à la fontaine des Lions sa bouche altérée. Consumé [de la même ardeur] <des mêmes feux>, l'Abencérage demande à partager le même secours. Blanca riante et pourtant troublée, lui présente un peu d'eau dans le creux de ses deux mains unies. Aben-Hamet colle ses lèvres à cette coupe empoisonnée [Il boit avec ardeur jusqu'à la dernière goutte du poison] et souhaite mourir dans ce moment. "Maure, ces jeux sont trop cruels, dit Blanca, respirant à peine. Le destin de ma vie est fixé sans retour.] Retiens bien..." »

Mais le passage, très raturé, a fini par être supprimé dans sa totalité.

330. Le « cheval arabe » et la « gazelle » du désert sont, bien entendu, emblématiques.

331. Permis de voyager, ou de faire du commerce, délivré par les autorités turques.

332. Fausse élégance néo-classique de 1826. Le manuscrit mentionne, plus simplement, « une peau de lion attachée par un long bandeau de pourpre ».

333. C'est un nom qui incarne, pour Chateaubriand, la fine fleur de la chevalerie française à la veille de sa disparition. Cette illustre famille est, au début du XVIᵉ siècle, représentée par trois person-

nages historiques : Thomas de Foix, maréchal de France, qui mourut de ses blessures après la bataille de Pavie ; son frère cadet, Odet, vicomte de Lautrec (1485-1528), qui fut, lui aussi, maréchal de France, enfin leur sœur, Françoise de Foix (1495-1537), comtesse de Chateaubriand, qui fut aimée de François Ier. Le personnage de la nouvelle est imaginaire : il possède un charme juvénile et une vertu exemplaire bien éloignés de ses homonymes.

334. Sur cette fraternité des armes, voir le chapitre du *Génie* intitulé « Vie et mœurs des chevaliers » (IV, 5, 4) : « Ces unions étaient confirmées par les plus redoutables serments : quelquefois les deux amis se faisaient tirer du sang, et se mêlaient dans la même coupe ; ils portaient pour gage de leur foi mutuelle, ou un cœur d'or, ou une chaîne, ou un anneau » (p. 1029).

335. Cette expédition ne se réalisa qu'en 1535 : la prise de Tunis aura pour conséquence la libération de vingt mille chrétiens.

336. En somme, Blanca invite son frère à prendre toute la responsabilité de son amitié virile.

337. De la même façon, dans *Mathilde* (Mme Cottin, 1805), la sœur de Richard Cœur de Lion déclare à son frère : « Non, Malek Adhel, mahométan, ne sera jamais mon époux », etc.

338. C'est par avance la morale du *Maître de Santiago*, mais aussi, dans une certaine mesure, celle de René.

339. On rencontre déjà dans *Mathilde* des situations de ce genre. La scène où un musulman est armé chevalier par un chrétien est une sorte de transposition « héroïque » du baptême. Du reste, lorsqu'un peu plus loin Aben-Hamet sera tenté de se convertir, il dira : « Prions donc aussi le Dieu des chevaliers et de la gloire. »

340. Toutes les références qui suivent proviennent de Sané : voir *Histoire chevaleresque*, t. 1, p. 58 sq., 142, 250, 268, 274.

341. Chateaubriand signale lui-même dans son « Avertissement » que le modèle de cette description est la cathédrale de Cordoue.

342. Cf. *René*, p. 188.

343. Pelayo, roi des Asturies (711-737) qui opposa une résistance victorieuse à la conquête arabe.

344. Une des planches du *Voyage pittoresque* de Laborde (t. 2, 1re partie, 1812, pl. XLIV) représente le « sabre du dernier roi maure de Grenade » ; il est aujourd'hui conservé à Madrid. Le cabinet des médailles de la Bibliothèque nationale, à Paris, possède une autre « épée de Boabdil » (donation du duc de Luynes, le 27 octobre 1862). Ce sont des armes somptueuses.

345. Allusion à une fable dont on connaît plusieurs versions : aussi bien chez Esope (n° 219) que chez La Fontaine (III, 10) ; mais aussi dans la tradition orientale (Lokman, *Fables choisies*, traduites par P. Marcel, Le Caire an VII-1800 et Paris 1803).

346. « Leurs cruautés, mon fils, ont obscurci leur gloire », avait écrit Voltaire dans *Alzire* (acte I, scène 1).

347. Personnages des *Mille et Une Nuits* (« Histoire de Ganem »).

348. Image chère à Chateaubriand qui la développe, à la même époque, dans son discours de réception académique (mars 1811) : « Les chevaliers eux-mêmes, s'ils sortaient de leur tombeau, sui-

vraient la lumière de notre siècle. On verrait se former cette illustre alliance entre l'honneur et la liberté, comme sous le règne des Valois les créneaux gothiques couronnèrent avec une grâce infinie dans nos monuments les ordres empruntés de la Grèce » (*Mémoires*, t. 2, p. 880).

349. Elle a paru en effet pour la première fois, avec sa musique et sous sa forme à peu près définitive, dans le *Mercure de France* du 31 mai 1806, sous le titre : « Le Montagnard émigré ». Sur son origine (auvergnate), son histoire et ses variantes, voir une étude de Lila Maurice-Amour dans le *Bulletin de la Société Chateaubriand* n° 32, 1989, p. 25-32. Cette romance, dont la première version remonte à la fin du séjour de Chateaubriand à Londres, exprime toute la nostalgie des émigrés sur un rythme de bourrée lente (cf. la vogue, à la même époque, du « ranz des vaches » helvétique). C'est ce qu'avait bien compris le cinéaste Jean Renoir qui la fait chanter dans un salon de Coblentz, au printemps de 1792, au début de son film *La Marseillaise*.

350. Voir la note 298.

351. Ces quatre vers alambiqués paraissent évoquer le pèlerinage des musulmans à La Mecque et à Médine (où se trouve le tombeau de Mahomet).

352. Ce thème de la *Follia* a été fixé par le violoniste Corelli (1653-1713): Ce fut un air de danse très populaire dans la France du XVIIIe siècle; mais on a contesté son origine espagnole.

353. « Le Cid, chant héroïque » a paru dès 1808 (*Almanach des Muses, Chansonnier des Grâces*). La romance a été mise en musique par Dalvimare, puis par Garat (« Les Adieux du Cid »).

354. Les paroles de la romance entremêlent des réminiscences cornéliennes et le souvenir de diverses traductions publiées avant la Révolution dans la *Bibliothèque des romans* (décembre 1782, juillet 1783, etc.).

355. C'est au moment où il est devenu sans objet que ce dessein nous est révélé, après trois allusions successives dans le cours du récit : voir p. 206, 209, 217.

356. Cf. la conclusion de *René*.

357. Dans le *Voyage du Levant* de Tournefort, que Chateaubriand possédait dans sa bibliothèque de la Vallée-aux-Loups, on peut lire cette description des tombes de Délos : « Les couvercles ont une arête qui porte une espèce de petite auge creusée en long [...]. Nous nous imaginâmes qu'elle servait à conserver l'eau de la pluie pour faire boire les oiseaux, mais cette précaution aurait été assez inutile dans un pays où il ne pleut que rarement. Il y a beaucoup plus d'apparence que cette auge recevait les libations. » Chateaubriand inverse la logique imaginaire de ce passage : il part de la « coupe funèbre » pour arriver à « l'oiseau du ciel ».

Peut-être faut-il percevoir un écho de ce paragraphe dans une déclaration de Pierre Louÿs : « Autrefois, j'ai failli mourir en Égypte. J'avais pensé à ma sépulture. Dans le désert, un petit tertre de sable, et une pierre creuse, pour les oiseaux altérés, lorsqu'il aurait plu » (témoignage rapporté par Franz Toussaint dans *Le Tombeau de Pierre Louÿs*, 1926, p. 107).

Quoi qu'il en soit, *Le Dernier Abencérage* se termine, comme *René*, par un monument énigmatique auquel se rattache une légende. Comme à la fin des *Mémoires d'outre-tombe*, le héros, le narrateur cèdent la place à un rocher-tombe : le monument de leur écriture.

BIBLIOGRAPHIE

ÉDITIONS DE RÉFÉRENCE

1. Établissement du texte.

Atala, édition critique par A. Weil; introduction, préfaces, texte définitif et variantes, avec le texte original en appendice, Paris, José Corti, 1950.

René, édition critique avec une introduction, des notes et des appendices par A. Weil, Paris, librairie E. Droz, 1935.

Les Aventures du dernier Abencérage, édition critique par Paul Hazard et Marie-Jeanne Durry, Paris, Champion, 1926.

2. Éditions avec commentaire.

Atala, René, Les Aventures du dernier Abencérage, introduction, notes, appendices et choix de variantes par F. Letessier, Paris, Classiques Garnier, 1958.

Les Natchez, comprenant *Atala* et *René*, introduction, commentaire, notes et bibliographie de Jean-Claude Berchet, Paris, Le Livre de Poche, 1989.

3. Autres Œuvres de Chateaubriand.

Essai sur les révolutions, Génie du christianisme, texte établi, présenté et annoté par Maurice Regard. Paris, Gallimard, Bibliothèque de la Pléiade, 1978.

Voyage en Amérique dans *Œuvres romanesques et voyages*, édition de Maurice Regard, Paris, Gallimard, Bibliothèque de la Pléiade, t. 1, 1969.

Mémoires d'outre-tombe, nouvelle édition critique établie, présentée et annotée par Jean-Claude Berchet, Paris, « Classiques Garnier », 1989-1996.

Correspondance générale, textes établis et annotés par Pierre Riberette, Paris, Gallimard, en cours de publication depuis 1977.

ÉTUDES CRITIQUES

1. *Généralités.*

Sainte-Beuve, *Chateaubriand et son groupe littéraire*, cours professé à Liège en 1848-1849, nouvelle édition annotée par Maurice Allem, Paris, Garnier, 1948.

Louis Martin-Chauffier, « Chateaubriand romancier », dans le *Livre du centenaire*, Paris, Flammarion, 1948, p. 59-76.

Pierre Moreau, *Chateaubriand*, Paris, Hatier, « Connaissance des Lettres », 1967.

Jean-Pierre Richard, *Paysage de Chateaubriand*, Paris, Le Seuil, 1967.

Pierre Barbéris, *Chateaubriand. Une réaction au monde moderne*, Paris, Larousse, 1976.

José Cabanis, *Chateaubriand, qui êtes-vous?*, Lyon, La Manufacture, 1988.

Jean-Marie Roulin, *Chateaubriand. L'exil et la gloire*, Paris, Champion, 1994.

Chateaubriand. Le Tremblement du temps, Colloque de Cerisy 1993. Textes réunis et présentés par Jean-Claude Berchet. Toulouse, Presses universitaires du Mirail, 1994.

2. *Étude des œuvres.*

ATALA

Thomas C. Walker, *Chateaubriand's natural Scenery. A Study of his descriptive art*. Baltimore, The John Hopkins Press, 1946.

Pierre Glaudes, *Atala. Le Désir cannibale*, Paris, Presses Universitaires de France, « Le Texte rêve », 1994.

Sur les sources américaines de Chateaubriand, voir *Les Natchez*, édition citée, p. 562-569.

RENÉ

Pierre Barbéris, *René de Chateaubriand. Un nouveau roman*, Paris, Larousse, 1973.

Jean-Claude Berchet, « Le Frère d'Amélie, ou la part du diable », dans *Eros philadelphe*, Colloque de Cerisy 1990, Paris, Éditions du Félin, 1992, p. 105-134.

LES AVENTURES DU DERNIER ABENCÉRAGE

Jean Cazenave, « Le Roman hispano-mauresque en France de *Zayde* au *Dernier Abencérage* », *Revue de littérature comparée*, octobre-décembre 1925, p. 594-640.

Pierre Herbert Dubé, *Chateaubriand's Les Aventures du dernier Abencérage. Past and present*, Francfort, Peter Lang, 1989.

Pierre Glaudes, « Chateaubriand troubadour », dans *Chateaubriand. Le Tremblement du temps*, p. 41-74.

Pour une information plus complète, on pourra consulter : *Les Natchez*, édition citée, p. 586-587 ; Pierre Herbert et Ann Dubé, *Bibliographie de la critique sur Chateaubriand*, Paris, Nizet, 1988 ; et la bibliographie annuelle que publie le *Bulletin de la Société Chateaubriand*, depuis 1957.

CHRONOLOGIE

1768 : *4 septembre* : Naissance, à Saint-Malo, de François-René de Chateaubriand, dernier-né des dix enfants (quatre sont décédés au berceau ou en bas-âge) de René de Chateaubriand (1718-1786) et Apolline de Bedée (1726-1798). Outre son frère aîné Jean-Baptiste (né le 23 juin 1759), il lui reste quatre sœurs : Marie-Anne (4 juillet 1760) ; Bénigne (31 août 1761) ; Julie (2 septembre 1763) ; Lucile (7 août 1764). Il est aussitôt mis en nourrice, pour trois ans, à Plancoët, près de Dinan, où réside sa grand-mère maternelle.

1771-1777 : Enfance à Saint-Malo où son père, ancien capitaine de vaisseau, est devenu armateur. Au mois de mai 1777, installation de toute la famille au château de Combourg (acheté en 1761).

1777-1781 : Études au collège de Dol. Vacances à Combourg.

12 avril 1781 : Première Communion.

Octobre 1781-décembre 1782 : collège de Rennes.

1783 : De janvier à juin, François-René prépare, à Brest, le concours de garde de la marine ; il rentre à Combourg sans avoir pu se présenter.

Inscription, en octobre, au collège de Dinan pour terminer ses Humanités ; il songe à se faire prêtre.

1784-1786 : « Années de délire » à Combourg, en compagnie de Lucile. On lui cherche une place dans les colonies.

9 août 1786 : départ pour Cambrai ; son frère a obtenu pour lui une place de « cadet-volontaire » au régiment de Navarre.

6 septembre 1786 : mort du comte de Chateaubriand.

1787-1790 : OFFICIER AU RÉGIMENT DE NAVARRE. Nommé sous-lieutenant de remplacement le 12 septembre 1787, mis en demi-solde le 17 mars 1788, puis réintégré comme cadet-gentilhomme le 10 septembre de la même année, Chateaubriand sera définitivement réformé à la suite de la loi du 13 mars 1791.

19 février 1787 : présentation à Versailles.

11 septembre 1789 : il est reçu chevalier de Malte. Ayant passé la majeure partie de cette période en congé à Fougères ou à Paris, Chateaubriand assiste en spectateur au début de la Révolution ; il commence à fréquenter les gens de lettres parisiens.

1791 : VOYAGE EN AMÉRIQUE

8 avril : départ de Saint-Malo, escales dans les Açores (du 3 au 6 mai), puis à Saint-Pierre (du 23 mai au 8 juin).

10 juillet : arrivée à Baltimore. Visite des principales villes de la côte Est, puis remontée vers le Canada. En août, Chateaubriand séjourne près des chutes de Niagara.

Septembre-novembre : descente jusqu'au Tennessee, puis retour à Philadelphie où il se réembarque début décembre. Il arrive au Havre le 2 janvier 1792, après une effroyable tempête.

1792 : Revenu à Saint-Malo désargenté, Chateaubriand épouse Céleste Buisson de la Vigne. Au mois de mai, le jeune couple, accompagné de Lucile et Julie, gagne Paris où la Révolution précipite son cours.

15 juillet : Chateaubriand émigre sans enthousiasme, avec son frère, pour rejoindre les corps de volontaires royalistes recrutés par le prince de Condé.

6 septembre : il est blessé au siège de Thionville, puis démobilisé. Parvenu, non sans mal, jusqu'à Ostende, il arrive à gagner Jersey, dans un état critique.

1793-1800 : SÉJOUR EN ANGLETERRE.

1793 : De janvier à mai, longue convalescence à Saint-Hélier.

21 mai : arrivée à Londres. Existence précaire dans les mois qui suivent.

Octobre : Céleste de Chateaubriand et ses belles-sœurs Julie (Mme de Farcy) et Lucile sont arrêtées à Fougères comme « suspectes » ; elles demeureront incarcérées jusqu'au 5 novembre 1794.

1794 : Chateaubriand trouve un emploi de professeur de français dans le Suffolk où il exercera près de trente mois.

10 février : sa mère est arrêtée à son domicile malouin. Transférée à Paris au mois de mai, elle ne sortira de prison qu'en octobre.

22 avril : Jean-Baptiste de Chateaubriand est guillotiné, en même temps que sa jeune femme et une partie de sa belle-famille (Malesherbes).

1795 : Chateaubriand séjourne toujours à la campagne ; il travaille à ses œuvres futures : *Les Sauvages, Essai historique sur les révolutions.*

1796 : Immobilisé par une fracture du péroné consécutive à une chute de cheval, il séjourne quelque temps chez un pasteur du voisinage. La jeune fille de la maison, Charlotte Ives, ne tarde pas à éprouver pour lui un tendre sentiment que le chevalier ne décourage pas, jusqu'au jour où il est mis en demeure de révéler son mariage et de les quitter brusquement.

Juin : retour précipité à Londres. De santé encore fragile Chateaubriand va recevoir désormais des secours du National Fund. Il termine son livre sur les révolutions.

1797 : *18 mars* : *Essai historique sur les révolutions anciennes et modernes considérées dans leurs rapports avec la révolution française.*

Début de notoriété pour Chateaubriand qui se rapproche du milieu « monarchien » de Londres. Sans doute est-ce alors que débute sa première liaison sérieuse : avec la vicomtesse de Belloy, une belle « créole » de Saint-Domingue qui passe pour avoir servi de modèle à Atala.

11 décembre : le *Paris* de Peltier publie « Les Tombeaux champêtres », traduction en vers de Gray, par « M..., de S. Malo ».

1798 : *6 janvier* : Chateaubriand propose à un éditeur parisien un roman américain intitulé : *René et Céluta*, qui deviendra *Les Natchez*.

Février-juin : il renoue avec Fontanes qui a fui Paris après Fructidor. Longues discussions littéraires.

31 mai : mort de Mme de Chateaubriand, à Saint-Servan. Son fils apprend la nouvelle dans la seconde quinzaine de juin.

Août-septembre : Chateaubriand travaille à la révision des *Natchez*, sur le conseil de Fontanes.

1799 : Au cours du printemps, il commence à rédiger un opuscule « sur la religion chrétienne », qui va prendre des proportions de plus en plus considérables.

26 juillet : mort de Julie de Farcy.

25 octobre : une lettre émouvante à Fontanes témoigne de la sincérité de la conversion de Chateaubriand. Il lit dans les salons des bonnes feuilles du futur *Génie du christianisme*.

1800-1813 : CARRIÈRE LITTÉRAIRE

1800 : Retour en France (mai). Situation précaire à Paris.
22 décembre : « Lettre au Citoyen Fontanes ».

1801 : *2 avril* : *Atala, ou les amours de deux sauvages dans le désert.*
21 juillet : Chateaubriand est radié de la liste des émigrés.
Juin-novembre : installé à Savigny-sur-Orge, avec Pauline de Beaumont, il termine le *Génie*.

1802 : *14 avril* : publication du *Génie du christianisme*, dans lequel on retrouve *Atala*, ainsi qu'un épisode inédit : *René*. Chateaubriand fête son succès; il prépare une nouvelle édition de son livre.
Octobre-novembre : voyage dans le midi de la France. Retour par Fougères, où il renoue avec sa femme, pas revue depuis 1792.

1803 : *4 mai* : Chateaubriand est nommé secrétaire de légation à Rome, auprès du cardinal Fesch, nouvel ambassadeur et oncle de Napoléon. Seconde édition du *Génie*, dédicacée au Premier Consul et précédée par une « Défense ».
27 juin : arrivée de Chateaubriand à Rome, *via* Lyon. Au cours des semaines suivantes, il multiplie les initiatives intempestives qui lui valent bientôt la méfiance, puis la franche hostilité de son chef de poste.
Octobre : arrivée de Pauline de Beaumont à Florence, puis installation à Rome. Atteinte de tuberculose, elle meurt le 4 novembre dans les bras de son amant.
Décembre : séjour à Tivoli.

1804 : *1ᵉʳ-12 janvier* : Voyage à Naples; ascension du Vésuve. Nommé dans le Valais, Chateaubriand quitte Rome le 21 janvier. Lorsqu'il arrive à Paris, règne un climat délétère de complot royaliste; arrestations successives de Moreau (le 15 février), de Pichegru (le 28) et de Cadoudal (le 9 mars).
21 mars : le duc d'Enghien est fusillé; Chateaubriand donne aussitôt sa démission. Il accepte enfin que sa femme vienne partager sa vie.
Printemps-été : Chateaubriand commence la rédaction des *Martyrs de Dioclétien*. Visites à Fervacques, chez Mme de Custine (une liaison orageuse qui prendra fin au début de 1806), à Méréville chez Alexandre de Laborde et sa sœur Natalie, comtesse de Noailles, enfin, avec sa femme, à Ville-

neuve-sur-Yonne, chez les Joubert. C'est là qu'ils apprennent la mort de Lucile, survenue à Paris le 10 novembre.

1805 : *Mars* : Installation des Chateaubriand place de la Concorde (hôtel de Coislin). *Les Martyrs* avancent.

30 mai : *Atala* et *René* sont réunis pour la première fois dans une édition indépendante du *Génie*.

Été-automne : nouvelles villégiatures autour de Paris, puis, du 5 août au 3 novembre, voyages dans le Sud-Est : Vichy, Lyon, Genève, le Mont-Blanc, Lausanne, la Grande-Chartreuse. Nouveau séjour à Villeneuve avant de regagner Paris.

1806 : VOYAGE EN ORIENT
Venise (juillet), Sparte, Athènes (août), Smyrne, Constantinople (septembre), Jérusalem (octobre), Le Caire (début novembre).

23 novembre : Chateaubriand se rembarque à Alexandrie.

1807 : *18 janvier* : après une périlleuse traversée, Chateaubriand arrive à Tunis, où il demeure plusieurs semaines.

Avril : séjour en Espagne, où il retrouve Natalie de Noailles : Cadix, Cordoue, Grenade (12-13 avril), Aranjuez, Madrid, Burgos... Retour à Paris le 5 juin.

4 juillet : Chateaubriand publie dans le *Mercure de France* un article où il dénonce le despotisme impérial. On lui signifie une interdiction de séjour à Paris ; mais il obtiendra de nombreuses dérogations à cette mesure au cours des années suivantes.

Octobre-décembre : installation à Châtenay, dans le domaine de la Vallée-aux-Loups.

1808 : *mars* : Chateaubriand termine *Les Martyrs*.

Août : il passe un mois à Méréville en compagnie de Mme de Noailles.

1809 : *27 mars* : *Les Martyrs, ou le triomphe de la religion chrétienne.*

31 mars : Armand de Chateaubriand est fusillé comme espion.

De mai à septembre, Chateaubriand travaille, à la Vallée-aux-Loups, à une « Défense » des *Martyrs*. Nouveau séjour à Méréville en octobre.

1810 : *Janvier-mars* : Chateaubriand séjourne à Paris.

Publication de la troisième édition des *Martyrs*, avec un « Examen » et des « Remarques ».

Rédaction des *Aventures du dernier Abencérage*.

Chateaubriand communique le manuscrit de cette nouvelle à la duchesse de Duras, qui va devenir pour lui une amie et une confidente.

Mai-décembre : il achève la rédaction de son *Itinéraire.*

1811 : *26 février* : *Itinéraire de Paris à Jérusalem.*

Février-avril : Chateaubriand est élu académicien, mais il est contraint de censurer son discours de réception.

Mai : De retour à la Vallée-aux-Loups, Chateaubriand commence une tragédie en vers, *Moïse.*

Octobre : il trouve le moyen de surseoir à la publication du *Dernier Abencérage.*

1812 : *Janvier* : rupture définitive avec Natalie de Noailles.

Mai : achèvement de Moïse.

Octobre : rédaction du 1ᵉʳ livre des *Mémoires de ma vie.*

1813 : Il est de nouveau question, en janvier, de publier le *Dernier Abencérage.* Chateaubriand a entrepris une *Histoire de France*; il continue la rédaction des *Mémoires* (livre 2).

1814-1830 : CARRIÈRE POLITIQUE

1814 : *31 mars* : entrée des Alliés à Paris.

5 avril : *De Buonaparte, des Bourbons et de la nécessité de se rallier à nos princes légitimes,* brochure de 84 p. Napoléon abdique le 6 avril.

Juin : lecture du *Dernier Abencérage* chez Mme Récamier.

27 novembre : *Réflexions politiques.*

1815 : *1ᵉʳ mars* : Napoléon débarque à Golfe-Juan. Le 18, Louis XVIII quitte Paris.

Avril-juin : Chateaubriand séjourne à Gand, auprès du roi.

8 juillet : retour de Louis XVIII à Paris. Le lendemain Chateaubriand est nommé ministre d'État, puis le 17 août, Pair de France, avec le titre de vicomte.

Septembre : élection de la chambre « introuvable ». Mais Chateaubriand est évincé du premier ministère Richelieu, où Decazes entre comme ministre de la Police.

1816 : Au nom de la majorité royaliste, Chateaubriand manifeste une méfiance croissante envers le ministère.

Septembre : la chambre des Députés est dissoute le 5; le 18, *De la monarchie selon la Charte* est saisi et son auteur destitué de son titre (et de sa pension) de ministre d'État.

Décembre : publication des *Mélanges de politique* : 2 volumes qui réunissent les écrits de Chateaubriand depuis 1814.

1817 : Année de grosses difficultés financières pour Chateaubriand, obligé de vendre sa bibliothèque (28 avril), puis sa maison.

Été : vacances « nomades » dans les environs de Paris, puis dans le Perche : rédaction du livre III des *Mémoires*.

Décembre : *Du Système politique suivi par le ministère.*

1818 : Au printemps, Chateaubriand travaille à son *Histoire de France*. Il publie, en août, des « Remarques sur les affaires du moment. »

OCTOBRE 1818-MARS 1820.

Chateaubriand anime *Le Conservateur*, organe périodique des royalistes opposés à Decazes, devenu président du Conseil le 19 novembre 1819 ; il multiplie ses interventions à la chambre des Pairs.

C'est au début de cette période que se noue sa liaison avec Juliette Récamier, qui sera désormais son égérie.

1820 : *14 février* : Assassinat du duc de Berry, neveu du roi et dernier espoir de la branche aînée : mais, le 8 mai, naissance de son fils Henri, duc de Bordeaux.

29 septembre : *Mémoires, lettres et pièces authentiques touchant la vie et la mort de S.A.R. (le) duc de Berry.*

Chateaubriand est nommé ambassadeur auprès du roi de Prusse (30 novembre).

1821 : *Janvier-juillet* : Chateaubriand ambassadeur à Berlin, où il séjourne du 11 janvier au 19 avril ; le 1er mai, on lui restitue son titre de ministre d'État, mais le 29 juillet, par solidarité avec Villèle, il donne sa démission.

12 décembre : chute du second ministère Richelieu. Après avoir espéré un portefeuille dans le nouveau cabinet, Chateaubriand est nommé ambassadeur à Londres.

1822 : *Avril-septembre* : Séjour en Angleterre.

Septembre-décembre : de retour à Paris le 12 septembre, Chateaubriand insiste pour être envoyé au Congrès de Vérone, auquel il participe du 14 octobre au 13 décembre.

28 décembre : il est nommé ministre des Affaires étrangères.

1823 : Chateaubriand pousse à une intervention française en Espagne : succès militaires et diplomatiques. Son ministère est marqué par une liaison brûlante avec la jeune comtesse de Castellane, tandis qu'au mois de novembre, Mme Récamier quitte Paris pour un long voyage en Italie.

1824 : *6 juin* : Chateaubriand est brutalement renvoyé du ministère. Sa rancune envers Villèle va le conduire à une opposition de plus en plus déclarée, dont le principal organe sera le *Journal des Débats*.

16 septembre : mort de Louis XVIII.

1825 : *29 mai* : Sacre de Charles X.

Retour à Paris de Mme Récamier, après une absence de 18 mois. Chateaubriand préside le comité de soutien aux Grecs insurgés : éditions successives de sa *Note sur la Grèce*.

1826 : *30 mars* : Chateaubriand signe avec Ladvocat un contrat mirifique pour la publication de ses *Œuvres complètes*.

15 juin : 1re livraison (tome XVI) : *Atala, René, Les Aventures du dernier Abencérage*, pour la première fois réunis.

Mai-juillet : Séjour des Chateaubriand à Lausanne. Au retour, installation, pour douze ans, dans un pavillon jouxtant la maison de retraite que Mme de Chateaubriand a fondée en 1819 (aujourd'hui 92, avenue Denfert-Rochereau).

1827 : *Février* : Premières difficultés financières de Ladvocat; Chateaubriand accepte de revoir à la baisse les termes de son contrat. La publication des *Œuvres complètes* se poursuivra néanmoins à un rythme soutenu jusqu'en 1828. Chateaubriand accentue, dans les *Débats* son offensive contre le ministère et pour la défense de la liberté de la presse : Villèle démissionne le 2 décembre.

1828 : *3 juin* : Évincé du nouveau ministère, Chateaubriand est nommé ambassadeur auprès du Saint-Siège.

16 septembre : les Chateaubriand quittent Paris pour Rome où ils arrivent le 9 octobre.

Novembre : 26 tomes (sur 31) des *Œuvres complètes* ont paru; mais Ladvocat, ruiné, cède ses droits.

1829 : *10 février* : Mort du pape Léon XII. Chateaubriand cherche, sans grand succès, à orienter le vote du conclave qui, le 31 mars, élira son successeur : Pie VIII.

16 mai : Chateaubriand, qui a demandé un congé, quitte Rome en compagnie de sa femme; ils arrivent à Paris le 28.

Juillet-août : villégiature à Cauterets; c'est là que Chateaubriand apprend la formation du ministère Polignac; il donne sa démission le 30 août.

1830 : Chateaubriand travaille à ses *Études historiques*. Il a repris une liaison commencée à Rome avec une jeune femme de lettres, Hortense Allart.

Juillet : Chute de Charles X.

7 août : Chateaubriand prononce son dernier discours à la chambre des Pairs : il refuse de reconnaître la légitimité du nouveau régime et renonce à toutes ses charges et pensions; il ne dispose plus désormais de revenus réguliers.

1831 : *24 mars* : *De la Restauration et de la monarchie élective*.

Avril : publication des *Études historiques*, avec une importante « Préface ». Avec un volume de tables et index, ce sont les dernières livraisons des *Œuvres complètes*.

Mai-octobre : séjour des Chateaubriand à Genève.

31 octobre : *De la nouvelle proposition relative au bannissement de Charles X et de sa famille.*

1832 : *Mars-avril* : Fermentation carliste à Paris et épidémie de choléra.

16-30 juin : brève incarcération de Chateaubriand à la préfecture de police pour « complot ».

8 août : Chateaubriand quitte Paris pour la Suisse, avec un « énorme bagage de papiers ». Il retrouve à Constance Mme Récamier, voyage en solitaire de Lucerne à Lugano, avant de rejoindre, à la mi-septembre sa femme à Genève, pour une installation durable.

Révision de la partie existante des *Mémoires*; ébauche de la « Préface testamentaire ».

12 novembre : informé de la récente arrestation, à Nantes, de la duchesse de Berry, Chateaubriand se hâte de regagner Paris.

29 décembre : *Mémoire sur la captivité de Madame la duchesse de Berry.*

1833 : Le procès qu'on lui intente pour cette publication tourne à la confusion du ministère public : il est acquitté.

14 mai-5 juin : voyage-éclair à Prague pour porter à Charles X exilé un message de la duchesse de Berry.

3 septembre-6 octobre : nouveau voyage à Prague en passant par Venise (10-17 septembre).

Chateaubriand date du « 1ᵉʳ décembre 1833 » la « Préface testamentaire » des *Mémoires d'outre-tombe*, dont 18 livres sont achevés.

1834-1848 : Au cours de cette dernière partie de son existence, Chateaubriand quitte la scène politique pour se consacrer à la rédaction de ses *Mémoires* et de quelques ouvrages de circonstance.

1836 : Au printemps, accord pour la publication des *Mémoires* et montage financier qui libère enfin Chateaubriand de ses soucis alimentaires.

25 juin : *Essai sur la littérature anglaise* qui précède une traduction du *Paradis perdu* de Milton.

1836-1839 : Nouvelle édition des *Œuvres complètes* (Pourrat, 36 vol.).

1838 : *28 avril* : Publication du *Congrès de Vérone*.

Août : installation au 112 de la rue du Bac; ce sera le dernier domicile parisien de Chateaubriand.

1844 : *Vie de Rancé.*
1847 : *8 février* : Mort de Mme de Chateaubriand.
1848 : *4 juillet* : Mort de Chateaubriand.
1849 : *11 mai* : Mort de Mme Récamier.

Janvier 1849-octobre 1850 : publication des *Mémoires d'outre-tombe* en librairie (12 volumes) après leur diffusion en feuilleton dans le journal *La Presse* (du 21 octobre 1848 au 5 juillet 1850).

TABLE

DERNIÈRES PARUTIONS